公路工程造价人员考试复习题库与案例分析

Gonglu Gongcheng Zaojia Renyuan Kaoshi Fuxi Tiku yu Anli Fenxi

本书编写组　编

人民交通出版社

内 容 提 要

本书根据公路工程造价人员考试要求编写，全书共分四篇，内容包括公路工程造价管理相关知识、公路工程造价的确定与控制、公路工程技术与计量、公路工程造价案例分析的相关题库。

本书可供参加公路工程造价人员资格考试的人员复习参考。

图书在版编目(CIP)数据

公路工程造价人员考试复习题库与案例分析/《公路工程造价人员考试复习题库与案例分析》编写组编.—北京:人民交通出版社,2010.7

ISBN 978-7-114-08553-6

I.①公… II.①公… III.①道路工程-工程造价 IV.①U415.13

中国版本图书馆 CIP 数据核字(2010)第 141143 号

书　　名：公路工程造价人员考试复习题库与案例分析
著 作 者：本书编写组
责任编辑：沈鸿雁　刘永超
出版发行：人民交通出版社
地　　址：(100011)北京市朝阳区安定门外外馆斜街 3 号
网　　址：http://www.ccpress.com.cn
销售电话：(010)59757969,59757973
总 经 销：人民交通出版社发行部
经　　销：各地新华书店
印　　刷：北京盈盛恒通印刷有限公司
开　　本：787×1092　1/16
印　　张：17
字　　数：415 千
版　　次：2010 年 7 月　第 1 版
印　　次：2010 年 7 月　第 1 次印刷
书　　号：ISBN 978-7-114-08553-6
印　　数：0001~5000 册
定　　价：48.00 元

前　　言

公路交通运输是国民经济和社会发展的基础性和服务性产业。以科学发展观为指导，建立公路工程造价人员培训考试制度，培养一支高素质的造价管理人才队伍，切实加强公路建设中的投资控制和造价管理，最大限度地节约资金和资源，提高投资效益，是建设资源节约型、环境友好型行业，实现我国公路交通全面协调可持续发展的必由之路。

公路工程造价人员考试有利于全面提升我国公路造价人员业务素质，有助于公路造价人员充分理解公路工程造价有关的规章制度、公路工程定额和造价编制的基本原理、基本方法，熟悉和掌握我国公路建设中的新结构、新工艺、新设备、新材料，对所掌握知识融汇贯通并加以正确运用。

为了帮助广大应考人员系统地复习公路造价知识，在较短时间内掌握考试内容，顺利地通过考试，我们依据最新版的《公路工程造价人员考试用书》及其他的相关资料，结合实际工作经验，编写了这本复习题库。复习题库紧扣考试大纲，覆盖了考试大纲所要求的全部知识点，并力求突出重点。书中编制了大量有针对性的复习题，可帮助应考人员在有限的时间内进行系统的复习。我们力求读者通过借助这本复习参考书进行复习后，能够达到建立完善知识体系框架、准确记忆重点内容、熟练运用答题技巧，正确解答各类题目的要求。

请读者在使用中注意总结经验，若有意见和建议，请函告交通公路工程定额站（地址：北京市西城区德外大街85号德胜国际A座308，邮编100088，电话：010－82017075 82017076），以便再次修订时研用。

本书编写组

2010年8月

目　　录

第一篇　公路工程造价管理相关知识……………………………………………………………1
第一章　绪论……………………………………………………………………………1
第二章　投资管理体制及项目融资……………………………………………………4
第三章　工程经济 ……………………………………………………………………11
第四章　公路建设项目管理 …………………………………………………………21
第五章　经济法律法规 ………………………………………………………………26
第六章　工程合同管理 ………………………………………………………………34
参考答案 ……………………………………………………………………………41
第二篇　公路工程造价的确定与控制 ……………………………………………………45
第一章　概述 …………………………………………………………………………45
第二章　公路工程造价计价依据 ……………………………………………………54
第三章　公路工程造价的确定与控制 ………………………………………………66
参考答案 ……………………………………………………………………………92
第三篇　公路工程技术与计量 ……………………………………………………………96
第一章　概述 …………………………………………………………………………96
第二章　路基工程……………………………………………………………………104
第三章　路面工程……………………………………………………………………118
第四章　隧道工程……………………………………………………………………128
第五章　桥涵工程……………………………………………………………………135
第六章　其他工程……………………………………………………………………149
第七章　公路工程施工组织…………………………………………………………154
参考答案……………………………………………………………………………163
第四篇　公路工程造价案例分析…………………………………………………………169
附件　往年考试案例分析试题……………………………………………………………240
2005 年甲级公路工程造价人员资格考试案例分析试题 ……………………………240
参考答案……………………………………………………………………………243
2005 年乙级公路工程造价人员资格考试案例分析试题 ……………………………247
参考答案……………………………………………………………………………249
2006 年甲级公路工程造价人员资格考试案例分析试题 ……………………………252
参考答案……………………………………………………………………………255
2006 年乙级公路工程造价人员资格考试案例分析试题 ……………………………260
参考答案……………………………………………………………………………263

第一篇　公路工程造价管理相关知识

第一章　绪　论

一、单项选择

1. 工程造价，是指进行一个工程的建造所需要花费的(　　)。

A. 全部成本　　B. 全部费用

C. 固定资产投资费用　　D. 流动资产费用

2. 施工过程中耗费的构成工程实体以及有助于工程形成的各项费用之和称为(　　)。

A. 其他工程费　　B. 全部费用

C. 直接工程费　　D. 预算总和

3. 一个公路建设项目各个阶段的计价是相互衔接、由粗到细、由浅到深、由预期到实际的发展过程。前者是后者的依据，后者是前者的修正和补充，这说明计价的(　　)。

A. 多次性　　B. 组合性

C. 单件性　　D. 计价方法的多样性

4. (　　)与经济相结合是控制工程造价最有效的手段。

A. 管理　　B. 法律　　C. 工程　　D. 技术

5. 企业管理费是指施工企业(　　)所发生的管理费用。

A. 管理以及生产过程中　　B. 在运营过程中

C. 组织施工生产经营活动　　D. 在施工过程中

6. 其他工程费是指(　　)以外施工过程中发生的直接用于工程的费用。

A. 企业管理费　　B. 直接工程费

C. 规费　　D. 设备器具购置费

7. 凡需动用预留费用时，属于公路交通运输部门投资的项目，需经建设单位提出，按建设项目隶属关系，报(　　)核定批准。

A. 相应的发展和改革委员会　　B. 相应的各级政府

C. 审计局　　D. 交通运输部或交通运输厅基建主管部门

8. 工程造价管理体制进入改革阶段，在编制投资估算、设计概算中公路工程造价管理考虑了(　　)。

A. 影响造价的动态因素　　B. 资金的时间价值

C. 影响造价的主要因素　　D. 费率的影响

9.《建筑工程工程量计算规则》(SMM)是由(　　)制定的。

A. 英国　　B. 联合国
C. 美国　　D. 国际咨询工程师联合会

10. 在美国,ENR(Engineering News-Record)造价指标由(　　)四种个体指数组成。
A. 构件钢材、水泥、石灰和普通劳动力
B. 构件钢材、水泥、木材和普通劳动力
C. 石灰、水泥、木材和普通劳动力
D. 石灰、水泥、砂石和普通劳动力

11. 在可行性研究报告阶段,编制价格计算通常被称之为(　　)。
A. 预算　　B. 概算　　C. 估算　　D. 决算

12. 在香港,业主对工程的估价一般要委托(　　)来完成。
A. 工料测量师行　　B. 专业估价公司
C. 设计部门　　D. 监理工程师

二、多项选择

1. 建设项目工程造价包括下列(　　)费用之和。
A. 一次性费用总和　　B. 无形资产
C. 直接费和间接费　　D. 固定资产投资
E. 铺底流动资金

2. 公路工程属建设工程,其造价由(　　)所组成。
A. 利润　　B. 设备及工器具购置费
C. 工程建设其他费用　　D. 税金
E. 建筑安装工程费

3. 公路工程造价计价的特点为(　　)。
A. 计价的单件性　　B. 计价的多次性
C. 按工程构成分部组合计价　　D. 计价方法的多样性
E. 计价依据的多样性

4. 公路工程造价管理的特点为(　　)。
A. 时效性　　B. 公正性
C. 规范性　　D. 多样性
E. 准确性

5. 工程造价管理的基本内容就是(　　)。
A. 严格控制工程成本　　B. 合理确定工程成本
C. 检查工程造价　　D. 合理确定工程造价
E. 有效控制工程造价

6. 工程造价管理体制是指对工程造价实施管理所采取的(　　)。
A. 组织体系　　B. 管理方法
C. 一套制度　　D. 管理程序
E. 基本体系

7. 建国以来,我国工程造价管理体制的发展,大体上可分为(　　)阶段。

A. 实行国家计划下的工程预算制度阶段
B. 建立与计划经济相适应的概预算制度阶段
C. 概预算制度被削弱和严重破坏的阶段
D. 工程造价管理体制进入改革阶段
E. 概预算制度重建和发展阶段

8. 工具、器具购置费不包括下列(　　)的购置费用。
A. 第一套不构成固定资产的工卡模具、器具、工作台
B. 新建项目和扩建项目中购置或自制的全部设备
C. 构成固定资产的设备
D. 已列入设备购置费中的专用工具
E. 第一套不构成固定资产的设备、仪器、仪表

9. 设备购置费由(　　)所构成。
A. 离岸价　　B. 设备运杂费
C. 关税　　D. 到岸价
E. 设备原价

10. 工程建设其他费用包括下列(　　)费用
A. 土地征用及拆迁补偿费　　B. 建设项目管理费
C. 研究试验费　　D. 建设项目前期工作费
E. 专项评价(估)费

11. 美国工程造价估算中的人工费由(　　)组成。
A. 保险金　　B. 税金
C. 基本工资　　D. 退休金
E. 工资附件

12. 有效控制造价应该体现以下(　　)原则。
A. 以设计阶段为重点的建设全过程造价控制
B. 以施工阶段为重点的建设全过程造价控制
C. 采取主动控制,以取得令人满意的结果
D. 采取被动控制,以取得令人满意的结果
E. 技术与经济相结合是控制工程造价最有效的手段

三、判断题(正确者打✓,错误者打×)

1. 工程项目建设,是通过工程勘察、工程设计、建筑施工、安装施工、生产准备、竣工验收等一系列非常复杂的技术经济活动,为物质生产活动的全过程。(　　)

2. 公路工程造价是指建设一条公路或一座独立大桥或隧道,所花费的全部费用。(　　)

3. 建筑安装工程费由直接费、间接费、利润、税金等四部分组成。(　　)

4. 设备购置费系指为满足公路的营运、管理、养护需要,购置的构成固定资产标准的设备和虽低于固定资产标准但属于设计明确列入设备清单的设备的费用。(　　)

5. 预留费用计算方法是指采用单利法计算。(　　)

6. 公路工程造价管理的对象分为客体和主体。客体是指公路工程建设项目,主体是指业

主或投资人(建设单位)。 ( )

7. 造价管理的过程中应采取主动控制,抛弃被动控制,以取得令人满意的结果。 ( )

8. 1985 年中国建设工程造价管理协会成立,这标志着建设工程造价管理工作由政府统管变为社会团体参与管理的新局面。 ( )

9. 国外的计价依据不像我国具有指令性或指导性,而一般都只是参考性的。 ( )

10. 规费系指法律、法规、规章、规程建议施工企业缴纳的费用。 ( )

第二章 投资管理体制及项目融资

一、单项选择题

1. 投资运动过程包括四个阶段,其中最重要的是( )阶段。
   A. 资金筹集 B. 投资分配 C. 投资运用与实施 D. 投资回收
2. 公路工程中,( )不属于生产性固定资产。
   A. 路基 B. 管养房屋 C. 隧道 D. 桥梁
3. 盈利高、见效快的经营性投资项目最适合由( )投资主体投资。
   A. 企业 B. 政府 C. 国家授权 D. 个人
4. 根据我国的国情,投资体制应采用的模式为( )。
   A. 高度集权型投资体制 B. 综合型投资体制
   C. 分散型投资体制 D. 集中型投资体制
5. 改革政府对企业投资的管理制度,按照( )的原则,落实企业投资自主权。
   A. 谁投资、谁决策、谁收益、谁承担风险 B. 无行政干预
   C. 政府决策 D. 国家统一安排
6. 资金筹集成本不包括( )。
   A. 银行借款手续费 B. 发行股票代理费
   C. 股票发行广告费 D. 银行贷款利息
7. 固定资产投资是指( )以外的全部固定资产再生产的投资。
   A. 大修理 B. 机器设备
   C. 工具、器具 D. 建筑物、构筑物
8. 宏观投资管理的主体是( )。
   A. 国务院和省级政府 B. 国家
   C. 中国人民银行 D. 国家发展与改革委员会
9. 宏观投资管理的主体是( )。
   A. 企业 B. 国家 C. 行业部门 D. 地区
10. 在项目融资的过程中,贷款人( )。
   A. 不承担风险 B. 承担全部风险
   C. 按合理的比例承担有限风险 D. 视情况而定
11. 负债筹资不包括( )。

A. 银行贷款　　B. 发行债券
C. 设备租赁　　D. 发行股票

12. 在建设项目(　　)被批准后,正式组建项目法人。
A. 项目建议书　　B. 可行性研究报告
C. 初步设计　　D. 招标文件

13. 关于项目法人责任制,下列说法中表述正确的是(　　)。
A. 由原有企业负责建设的大中型建设项目,需设立子公司的,原企业法人即是项目法人
B. 由原有企业负责建设的大中型建设项目,需设立分公司或分厂的,要重新设立项目法人
C. 凡应实行项目法人责任制而没有实行的建设项目,可在投资计划管理部门批准后实施
D. 项目法人责任制依据的是《中华人民共和国公司法》的有关规定

14. 建设项目董事会具有的职权包括(　　)。
A. 组织工程设计、施工、监理招标　　B. 组织工程建设实施
C. 编制建设项目财务预、决算　　D. 提出项目开工报告

15. 对项目风险的分析和评估应在(　　)阶段完成。
A. 投资决策分析　　B. 融资结构分析
C. 融资决策分析　　D. 融资谈判

16. 在双方签订的贷款协议中,借款方以其全部收益作为贷款担保时,我们称贷款方对借款方有(　　)。
A. 完全追索权　　B. 无追索权
C. 有限追索权　　D. 特定追索权

17. 下列各种投资中,不属于证券投资的是(　　)。
A. 股票投资　　B. 债券投资
C. 基金投资　　D. 信托投资

18. 在双方签订的贷款协议中,借款方以特定的一部分资产作为贷款担保时,我们称贷款方对借款方有(　　)。
A. 完全追索权　　B. 无追索权
C. 有限追索权　　D. 特定追索权

19. 公路工程投资项目的资本金应占总投资比例(　　)及以上。
A. 25%　　B. 35%　　C. 20%　　D. 30%

20. 下列融资方式筹集的资金形成项目资本金的是(　　)。
A. 国家财政预算内投资　　B. 租赁设备
C. 发行债券　　D. 借用国外资金

21. 发行股票筹资的资金成本(　　)发行债券筹资的资金成本。
A. 等于　　B. 大于　　C. 小于　　D. 不可比

22. 在市场经济条件下,只有在投资项目的资金利润率(　　)其资金成本率时,项目才具有投资的价值。

A. 等于大于　　B. 大于　　C. 小于　　D. 等于

23. 下列属于发行股票筹资的缺点的是(　　)。

A. 不改变企业的资产负债率　　B. 支出固定

C. 削弱原有股东的控制权　　D. 是永久性投资

24. 下列属于发行债券筹资的优点的是(　　)。

A. 可以提高自有资金利润率　　B. 提高企业负债比率

C. 是弹性融资方式　　D. 是永久性投资

25. 某高速公路公司发行优先股股票,票面额按正常市价计算为 3 000 万元,筹资费费率为 3%,股息年利率为 10%,其资金成本率为(　　)。

A. 10%　　B. 10.31%　　C. 13.40%　　D. 16%

26. 某高速公路公司向银行贷款 5 000 万元,筹资费费率为 2%,贷款年利息率为 5.85%,所得税税率为 33%,其资金成本率为(　　)。

A. 5.00%　　B. 4.08%　　C. 4.87%　　D. 4.00%

27. 某高速公路公司发行普通股正常市价计算为 8 000 万元,筹资费费率为 3%,第一年股息利率为 8%,以后每年增长 3%,其资金成本率为(　　)。

A. 10%　　B. 11.25%　　C. 13.31%　　D. 10.25%

28. 某高速公路公司发行长期债券 5 000 万元,筹资费费率为 5%,债券利息率为 9.5%,所得税税率为 33%,其资金成本率为(　　)。

A. 13.47%　　B. 11.37%　　C. 6.70%　　D. 6.17%

29. 某公司用保留盈余进行投资,总金额 500 万元,已知第一年的股利为 10%,以后每年增长 5%,其资金成本率为(　　)。

A. 15.5%　　B. 15%　　C. 10.5%　　D. 10%

30. 某特大桥工程筹资总额为 20 亿元人民币,其中 15% 为发行股票,筹资成本率为 6%;25% 为发行债券,筹资成本率为 4%;其余为向银行贷款,筹资成本率为 5%,则该建设项目筹资的平均成本为(　　)。

A. 6.09%　　B. 5.23%　　C. 4.90%　　D. 3.43%

31. 下列说法中,关于财务杠杆表述正确的是(　　)。

A. 表明借入资金收益率对负债比率的反映程度

B. 表明自有资金收益率对息前税前盈余变动的反映程度

C. 表明息前税前盈余变动对自有资金收益率的反映程度

D. 表明负债率对自有资金收益率的反映程度

32. 一般情况下,融资租赁的资金成本率要(　　)债券和银行贷款的资金成本率。

A. 小于等于　　B. 小于

C. 大于　　D. 等于

二、多项选择题

1. 公路工程中,下列(　　)属于生产性固定资产。

A. 路面　　B. 桥梁

C. 隧道　　D. 收费站

2. 从管理组织角度看,投资体制主要由(　　)三要素组成。
A. 投资主体的决策层次与结构　　B. 宏观调控管理机制
C. 投资运行机制　　D. 各经济实体之间的关系
3. 从系统论角度看,投资体制主要由(　　)组成。
A. 投资决策系统　　B. 投资调控系统
C. 投资动力系统　　D. 投资信息系统
4. ABS 融资方式主要特点有(　　)。
A. 发行高等级债券筹集资金　　B. 分散投资风险
C. 筹资成本低　　D. 发行股票筹集资金
5. 生产经营性投资运动过程包括(　　)等阶段。
A. 投资决策　　B. 投资分配
C. 投资运用　　D. 投资回收
6. 下列各种投资中,属于信用投资的是(　　)。
A. 信贷投资　　B. 信托投资
C. 股票投资　　D. 债券投资
7. 下列各种投资中,属于证券投资的是(　　)。
A. 股票投资　　B. 债券投资
C. 信用投资　　D. 信托投资
8. 下列关于固定资产简单再生产的正确表述是(　　)。
A. 通过更新改造使消耗的固定资产得到补偿
B. 是扩大生产力的过程
C. 固定资产在原有规模上的再生产
D. 是恢复生产力的过程
9. 下列关于固定资产扩大再生产的正确表述是(　　)。
A. 通过建设使新增固定资产大于消耗掉的资产
B. 是恢复生产力的过程
C. 固定资产扩大规模的再生产
D. 是扩大生产力的过程
10. 公路工程固定资产投资的特点是(　　)。
A. 一次性投入且资金数额大　　B. 风险大
C. 回收期长　　D. 单件性
11. 根据投资决策的集权程度不同,投资体制可分为(　　)等模式。
A. 高度集权型投资体制　　B. 多元型投资体制
C. 分散型投资体制　　D. 综合型投资体制
12. 政府投资资金根据资金来源、项目性质和调控需要,安排方式有(　　)。
A. 直接投资　　B. 资本金注入
C. 投资补助　　D. 转贷和贷款贴息
13. 建设监理的两个层次是(　　)。
A. 政府建设监理　　B. 社会建设监理

C. 新闻媒体监督　　　　　　　　　　D. 监理单位监理

14. 吸收国外资本直接投资的方式有(　　)。

A. 合资经营　　　　　　　　　　B. 合作经营

C. 合作开发　　　　　　　　　　D. 外资独营

15. 政府投资属于公共投资范畴,投资领域主要有(　　)。

A. 公益性项目　　　　　　　　　　B. 基础性项目

C. 欠发达地区建设　　　　　　　　D. 扶持高新技术产业

16. 下列微观投资决策方法属于静态分析方法的是(　　)。

A. 净现值比较法　　　　　　　　B. 决策树法

C. 追加投资回收期法　　　　　　D. 折算费用法

17. 下列微观投资决策方法属于动态分析方法的是(　　)。

A. 年等值比较法　　　　　　　　B. 收益率比较法

C. 投资回收期法　　　　　　　　D. 现值法

18. 从管理对象来讲,投资体制主要由(　　)等组成。

A. 投资项目管理体制　　　　　　B. 设计体制

C. 施工管理体制　　　　　　　　D. 投资经营管理体制

19. 从管理职能来讲,投资体制主要由(　　)等组成。

A. 投资计划管理体制　　　　　　B. 投资经营管理体制

C. 投资决策管理体制　　　　　　D. 投资资金管理体制

20. 工程建设管理体制的主要内容包括(　　)。

A. 项目法人责任制　　　　　　　B. 工程监理制

C. 招标投标制　　　　　　　　　D. 合同管理制

21. 实行项目法人责任制,项目法人的责任有(　　)。

A. 项目建议书的申报　　　　　　B. 项目策划

C. 资金筹措　　　　　　　　　　D. 资金的保值增值

22. 建设项目董事会具有的职权包括(　　)。

A. 编制建设项目财务预、决算　　　B. 负责筹措建设资金

C. 负责提出项目竣工验收报告　　　D. 提出项目开工报告

23. 建设项目总经理具有的职权包括(　　)。

A. 组织工程设计、施工、监理招标　　B. 组织工程建设实施

C. 编制建设项目财务预、决算　　　D. 提出项目开工报告

24. 建设项目总经理具有的职权包括(　　)。

A. 编制建设项目财务预、决算　　　B. 负责筹措建设资金

C. 负责提出项目竣工验收报告　　　D. 提出项目开工报告

25. 建设项目总经理具有的职权包括(　　)。

A. 负责控制工程投资、质量和工期　　B. 编制建设项目财务预、决算

C. 组织编制项目初步设计文件　　　D. 组织项目后评估

26. 项目融资与传统贷款相比,有以下基本特点(　　)。

A. 项目导向　　　B. 有限追索　　　C. 风险分担　　　D. 成本较高

27. 项目资本金的形式可以是(　　)。

A. 现金　　B. 实物

C. 递延资产　　D. 流动资产

28. 项目融资的方式包括(　　)。

A. 产品支付　　B. 远期购买

C. 融资租赁　　D. 个人出资

29. 项目融资的方式包括(　　)。

A. BOT 方式　　B. ABS 方式

C. TOT 方式　　D. PFI 方式

30. 下列融资方式筹集的资金,属项目资本金的包括(　　)。

A. 发行股票　　B. 自筹投资　　C. 发行债券　　D. 保留盈余

31. 属于不可用于自筹投资的资金是(　　)。

A. 上缴财政的各项资金和国家有指定用途的专款

B. 银行贷款

C. 信托投资

D. 流动资金

32. 负债筹资的方式有(　　)。

A. 银行贷款　　B. 发行股票

C. 设备租赁　　D. 发行债券

33. 银行贷款的发放和使用必须符合国家法律、法规,应遵循(　　)的原则。

A. 效益性　　B. 安全性

C. 公正性　　D. 流动性

34. 发行股票筹资的优点包括(　　)。

A. 是一种有弹性的融资方式　　B. 无到期日

C. 可降低项目的负债比率　　D. 资金成本高

35. 发行股票筹资的缺点包括(　　)。

A. 降低原有股东的控制权　　B. 无到期日

C. 可降低项目的负债比率　　D. 资金成本高

36. 发行债券筹资的优点包括(　　)。

A. 可提高自有资金利润率　　B. 支出固定

C. 企业控制权不变　　D. 少纳所得税

37. 发行债券筹资的缺点包括(　　)。

A. 降低企业的财务信誉　　B. 承受一定的风险

C. 少纳所得税　　D. 企业控制权受到影响

38. 负债筹资是项目筹集资金的重要方式,一般包括(　　)。

A. 银行贷款　　B. 发行债券

C. 借入国外资金　　D. 保留盈余

39. 资金成本(　　)。

A. 全部计入产品成本　　B. 一部分计入产品成本

C. 全部作为利润分配　　D. 一部分作为利润分配

40. 下列(　　)费用属于资金使用成本。

A. 银行贷款利息　　B. 银行贷款担保费

C. 股东红利　　D. 发行股票代理费

三、判断题(正确者打√,错误者打×)

1. 投资项目一般是先确定项目法人,后上项目;先项目决策,后项目实施。(　　)

2. 固定资产是指在社会物质再生产过程中,可供长时间反复使用,并在使用过程中基本上不改变其实物形态的劳动资料和其他物质资料。(　　)

3. 按投资在再生产过程中周转方式不同,其可分为固定资产投资和流动资产投资。(　　)

4. 固定资产投资是指大修理以外的全部固定资产再生产的投资。(　　)

5. 按照投资的领域,投资可分为生产经营性投资和非生产经营性投资。(　　)

6. 固定资产投资比流动资产投资的回收时间要长得多。(　　)

7. 根据我国目前情况应采用综合型投资模式。(　　)

8. 投资决策主体是指在投资活动中具有独立决策权的法人,是筹集与运用投资资金的责、权、利紧密结合的统一体,是投资体制的核心要素,它表明投资体制的真正属性。(　　)

9. 政府投资只具有公益目标。(　　)

10. 高等级公路上的收费站、服务房屋属于非生产性固定资产。(　　)

11. 改革政府对企业投资的管理制度,按照“谁投资、谁决策、谁受益、谁承担风险”的原则,落实企业投资自主权。(　　)

12. 固定资产投资是基本建设投资的一个组成部分。(　　)

13. 企业投资应严格执行产业政策和行业准入标准,不得投资建设国家禁止发展的项目。(　　)

14. 流动资产投资是指对运输工具等流动性的生产资料的投资。(　　)

15. 对于企业不使用政府投资建设项目,一律不再实行审批制,区别不同情况实行核准制和备案制。(　　)

16. 中观投资管理是指地区和行业的投资管理。(　　)

17. 投资宏观调控方式以直接调控方式为主。(　　)

18. 微观投资管理是指对事业单位、企业单位、机关团体、个人投资的管理。(　　)

19. ABS 融资方式是通过发行股票来筹集资金。(　　)

20. 微观投资管理不包括国家对投资项目的管理。(　　)

21. 微观投资决策的方法有静态分析法和动态分析法两种。(　　)

22. 工程项目管理是微观投资管理的一个方面。(　　)

23. 净现值比较法属于静态分析法。(　　)

24. 无追索项目融资是有限追索项目融资的特例。(　　)

25. 债权可以作为项目资本金。(　　)

26. 项目的资金来源可分为投入资金和借入资金,前者形成项目的资本金,后者形成项目的负债。(　　)

27. 资金筹集成本一般属于一次性费用,筹资次数越多,资金筹集成本越大。（　　）

28. 建设项目可通过争取国家财政预算内投资、发行股票、自筹投资和利用外资直接投资等多种方式来筹集资本金。（　　）

29. 银行贷款可以作为投资项目的资本金。（　　）

30. 项目资本金形式,可以是现金、实物、无形资产,但无形资产的比重要符合国家有关规定。（　　）

31. 发行债券筹集资金降低原有投资者对企业的控制权。（　　）

32. 举债经营可以给项目带来一定的好处,能提高企业自有资金的使用效果,但负债的多少必须与自有资金和偿债能力的要求相适应。（　　）

33. 银行贷款利息属于资金的使用成本。（　　）

34. 发行股票筹资的资金成本低于发行债券筹资的资金成本。（　　）

35. 一般来说,融资租赁的资金成本要高于发行股票和发行债券的资金成本。（　　）

36. 一般来说,银行贷款流动性越高,安全性越高,贷款的效益性越差;相反,效益性越好,贷款的流动性和安全性越差。（　　）

37. 资金成本是企业进行资金结构决策的基本依据。（　　）

38. 项目全部资金来源的综合资金成本率通常是用算术平均来计算的。（　　）

39. 财务杠杆系数越小,表明财务风险越大。（　　）

40. 在企业息前税前盈余相同的情况下,负债比率越高,筹资风险越小。（　　）

41. 在市场经济条件下,只有在投资项目的资金利润率高于其资金成本率时,项目才具有投资价值。（　　）

42. 不考虑时间因素对投资效果影响的微观投资决策方法都是静态分析法,考虑时间因素对投资效果影响的则是动态分析法。（　　）

43. 国家规定工程建设项目伊始必须正式组建项目法人。（　　）

44. 项目总经理可以根据董事会的提名聘任或解聘项目高级管理人员。（　　）

第三章　工程经济

一、单项选择题

1. 资金的时间价值是指(　　)。

A. 现在所拥有的资金在将来投资时所能获得的收益

B. 资金随时间的推移本身能够增值

C. 资金在生产和流通过程中随时间推移而产生的增值

D. 可用于储蓄或贷款的资金在储蓄或贷款时所产生的利息

2. 某投资者购买了 1 000 元的债券,期限 3 年,年利率 10%,到期一次还本付息,按照复利法,则 3 年后该投资者可获得的利息是(　　)元。

A. 220　　B. 300　　C. 100　　D. 331

3. 某项目计息周期为半年,名义年利率为 8%,则项目的实际年利率为(　　)。

A. 4%　　B. 8%　　C. 8. 16%　　D. 16. 64%

4. 一般来说,在不确定性分析法中,只适用于项目的财务评价的是(　　)。

A. 盈亏平衡分析　　B. 敏感性分析　　C. 概率分析　　D. 功能评价

5. 下列关于内部收益率的表述中,不正确的是(　　)。

A. 内部收益率是使净现值为零的收益率

B. 内部收益率是该项目能够达到的最大收益

C. 内部收益率说明该方案的实际获利水平

D. 内部收益率小于基准收益率时,应该拒绝该项目

6. 在项目不存在其他收入的情况下,项目在正常生产期内每年净现金流量的计算公式为(　　)。

A. 净现金流量 = 销售收入 - 经营成本 - 销售税金及附加

B. 净现金流量 = 销售收入 - 总成本 - 销售税金及附加

C. 净现金流量 = 销售收入 - 经营成本 - 销售税金及附加 - 所得税

D. 净现金流量 = 销售收入 - 总成本 - 销售税金及附加 - 所得税

7. 下面(　　)不是敏感性分析的步骤。

A. 确定具体经济效益指标为敏感性分析对象

B. 先取不确定性因素为敏感性变量

C. 分析成本因素

D. 通过比较分析找出敏感性因素

8. 同一时点上现金流入量与现金流出量之(　　)称为净现金流量。

A. 和　　B. 差　　C. 积　　D. 商

9. 资金在运动过程中,把未来某一时间收支的货币换算成现在时刻的价值,称为(　　)。

A. 时值　　B. 现值　　C. 终值　　D. 等额年金

10. 在建设工程项目财务评价时,当(　　)时,建设工程项目可行。

A. FNPV≥O　　B. FNPV≤0

C. FNPV≥IC(设定折现率)　　D. FNPV≤IC

11. 属于建设项目主要赢利性指标的是(　　)。

A. 资本金利润率　　B. 财务内部收益率

C. 投资利润率　　D. 流动比率

12. (　　)是考察建设工程项目单位赢利能力的静态指标。

A. 财务净现值　　B. 投资回收期　　C. 借款回收期　　D. 投资利润率

13. 对现有企业扩大再生产的一个主要途径是进行(　　)。

A. 贷款融资　　B. 发行股票

C. 企业债券　　D. 更新改造

14. 以向生产的广度发展为特征的企业扩大再生产属于(　　)。

A. 简单扩大再生产　　B. 外延扩大再生产

C. 循环扩大再生产　　D. 内涵扩大再生产

15. 以提高活劳动效率和生产资料效率的扩大再生产属于(　　)。

A. 简单扩大再生产　　B. 外延扩大再生产

C. 循环扩大再生产　　D. 内涵扩大再生产

16. 更新改造主要指的是对(　　)的更新和技术改造。

A. 企业原有固定资产　　B. 企业现有资产

C. 企业全部资产　　D. 企业原有资产

17. 设备修理,是对设备由于使用而丧失掉的一部分(　　)的恢复。

A. 工作效率　　B. 生产效率　　C. 工作能力　　D. 生产能力

18. 设备更新的策略大致可以分为(　　)种。

A. 4　　B. 3　　C. 5　　D. 2

19. 设备有形磨损的局部补偿方式是(　　)。

A. 修理　　B. 现代化改装　　C. 更新　　D. 维护保养

20. 根据设备在使用过程中的平均持续时间来计算的模型,称为(　　)。

A. 直线模型　　B. 等差更新模型

C. 年序递减分数模型　　D. 产量更新模型

21. 设有一台设备,目前实际价值 7 000 元,预计残值 600 元,第一年的设备运行成本 600 元,每年设备的劣化增量是均等的,年劣化值 200 元,则该设备的经济寿命为(　　)年。

A. 6　　B. 7　　C. 8　　D. 9

22. 某企业欲租赁一台设备,设备的价格为 24 万元,租期为 5 年,每年年末支付租金,折现率为 12%,附加率为 4%,每年租金为(　　)。

A. 6.66 万元　　B. 5.94 万元　　C. 16.8 万元　　D. 17.28 万元

23. 某银行年贷款利率为 r,一年计算利息 m 次,如果折算为一年计算一次,则对应的平计息率 i 为(　　)。

A. mr　　B. r^m

C. $(1+mr)m-1$　　D. $(1+r/m)^m-1$

24. 某建设项目,当折现率 $i_1=10\%$ 时,财务净现值 $FNPV_1=200$ 万元;当 $i_2=15\%$ 时,$FNPV_2=-100$ 万元,其财务内部收益率为(　)。

A. 15%　　B. 20%　　C. 13.3%　　D. 11.67%

25. 设计生产能力为生产 40 万件,每件产品价格为 120 元,单位产品可变成本为 100 元,年固定成本为 420 万元,产品销售税金及附加占销售收入的 5%,则盈亏平衡产量为(　)。

A. 30 万件　　B. 21 万件　　C. 24 万件　　D. 40 万件

26. 价值工程的目的是(　　　)。

A. 以最低的生产成本实现最好的经济效益

B. 以最低的生产成本实现使用者所需功能

C. 以最低的寿命周期成本实现使用者所需最高功能

D. 以最低的寿命周期成本可靠地实现使用者所需功能

27. 价值工程的核心是(　)。

A. 对象选择　　B. 信息资料收集

C. 功能评价　　D. 功能分析

28. 某产品由 3 个零部件构成,其功能评价与成本情况见下表。若希望将该产品的目标成本控制在 80 元,则零部件甲的成本改进期望值应为(　　　)。

序　号	零　部　件	功能得分	功能指数	目前成本(元)	成本指数
1	甲	10	0.20	30	0.30
2	乙	15	0.30	30	0.30
3	丙	25	0.50	40	0.40
合计		50	1.00	100	1.00

A. −6 元　　B. −10 元　　C. −14 元　　D. −20 元

29. 在进行产品功能价值分析时,若甲、乙、丙、丁四种零部件的价值系数分别为 $V_{甲}=0.5$,$V_{乙}=0.8$,$V_{丙}=1$,$V_{丁}=1.2$,则应重点研究改进的对象是(　　)。

A. 零部件甲　　B. 零部件乙

C. 零部件丙　　D. 零部件丁

30. 某公司发行优先股股票,票面额按正常市价计算为 300 万元,筹资费费率为 5%,股息年利率为 14%,则其资金成本率为(　　)。

A. 14.74%　　B. 13.33%　　C. 19.26%　　D. 21.27%

31. 若 $i_1=2i_2$,$n_1=n_2/2$,则当 P 相同时,(　　)。

A. $(F/P,i_1,n_1)<(F/P,i_2,n_2)$

B. $(F/P,i_1,n_2)=(F/P,i_2,n_2)$

C. $(F/P,i_1,n_1)>(F/P,i_2,n_2)$

D. 不能确定 $(F/P,i_1,n_1)$ 与 $(F/P,i_2,n_2)$ 的大小

32. 对于具有常规现金流量的投产方案,其内部收益率的精确解与近似解数值之间的关系是(　　)。

A. 近似解小于精确解　　B. 近似解等于精确解

C. 近似解大于精确解　　D. 没有规律性

33. 某项目有 4 种方案,各方案的投资、现金流量及有关评价指标见下表。若已知基准收益率 $i_c=18\%$,则经比较最优方案为(　　)。

方　案	投资额(万元)	IRR(%)	△IRR(%)
A	250	20	—
B	350	24	△IRR*B*−*A*=20.0
C	400	18	△IRR*C*−*B*=5.3
D	500	26	△IRR*D*−*B*=31.0

A. 方案 *A*　　B. 方案 *B*　　C. 方案 *C*　　D. 方案 *D*

34. 已知有 *A*、*B*、*C* 三个独立投资方案,其寿命期相同。各方案的投资额及评价指标见下表。若资金受到限制,只能筹措到 6 000 万元资金,则最佳的组合方案是(　　)。

方　案	投资额(万元)	净现值(万元)	净现值率(%)
A	2 100	110.50	5.26
B	2 000	409.12	20.45
C	3 500	264.25	7.55

A. *A*+*B*　　B. *A*+*C*　　C. *B*+*C*　　D. *A*+*B*+*C*

35. 设备更新方案比较的特点之一是不考虑(　　)。

A. 沉没成本　B. 使用成本　C. 设备残值　D. 设备的经济寿命

36. 下列选项中不属于现金流量的是(　　)。

A. 新增流动资金　B. 固定资产折旧

C. 回收的固定资产余值　D. 销售税金及附加

37. 某企业于第一年年初和第二年年初连续两年各向银行贷款 30 万元,年利率为 10%。约定于第三年、第四年、第五年三年年末等额偿还,则每年应偿还(　　)。

A. 23.03 万元　B. 25.33 万元　C. 27.87 万元　D. 30.65 万元

38. 下列方法中,不属于价值工程中功能评价值的推算方法是(　　)。

A. 方案估算法　B. 实际价值标准法

C. 成本差异系数法　D. 实际统计值评价法

39. 对于房地产企业的在建房屋,属于(　　)。

A. 固定资产　B. 流动资产　C. 短期投资　D. 待摊费用

40. 某固定资产原值为 100 万元,预计净残值为 5 万元,使用年限为 10 年。若采用年数总和法计提折旧,则第六年计提的折旧额为(　　)。

A. 8.64 万元　B. 8.19 万元　C. 6.91 万元　D. 6.55 万元

41. 价值工程是以(　　),可靠地实现产品或作业的必要功能。

A. 最低寿命周期费用　B. 最低周期费用

C. 最低费用　D. 控制成本费用

42. 价值工程是着重于(　　)的有组织的活动。

A. 价格分析　B. 功能分析　C. 成本分析　D. 产品价值分析

43. (　　)是指价值工程研究对象所具有的能够满足某种需求的一种属性。

A. 成本　B. 价值　C. 价值指数　D. 功能

44. 价值工程的目标表现为(　　)。

A. 产品价值的提高　B. 产品功能的提高

C. 产品功能与成本的协调　D. 产品价值与成本的协调

45. 一般而言,随着产品质量的提高,生产产品的成本呈(　　)趋势。

A. 上升　B. 下降　C. 平衡　D. 不确定

46. 一般而言,随产品质量的提高,产品在使用过程中的维修费用将呈(　　)趋势。

A. 上升　B. 下降　C. 平衡　D. 不确定

47. 价值工程是一种(　　)方法。

A. 工程技术　B. 技术经济　C. 经济分析　D. 综合分析

48. 价值工程应注重于(　　)阶段。

A. 研制设计　B. 试制阶段

C. 生产阶段　D. 使用和寿命终结阶段

49. 价值工程中的价值是指研究对象的功能与成本(即费用)的(　　)。

A. 绝对值　B. 相对值　C. 绝对比值　D. 相对比值

50. 价值工程的工作程序一般可以归结为(　　)个阶段。

A. 三　B. 四　C. 五　D. 六

51. 风险识别具有(　　)。

A. 客观性　　B. 重复　　C. 确定性　　D. 不确定性

52. 某企业向银行借贷一笔资金,按月计息,月利率为 1.2%,则年名义利率和年实际利率分别为(　　)。

A. 13.53% 和 14.40%　　B. 13.53% 和 15.39%

C. 14.40% 和 15.39%　　D. 14.40% 和 15.62%

53. 某项目建设期为 2 年,建设期内每年年初分别贷款 600 万元和 900 万元,年利率为 10%。若在运营期前 5 年内于每年年末等额偿还贷款本利,则每年应偿还(　　)万元。

A. 343.20　　B. 395.70　　C. 411.52　　D. 452.68

54. 在下列投资方案评价指标中,反映借款偿债能力的指标是(　　)。

A. 偿债备付率和投资收益率　　B. 利息备付率和偿债备付率

C. 利息备付率和投资收益率　　D. 内部收益率和借款偿还期

55. 在投资方案评价中,投资回收期只能作为辅助评价指标的主要原因是(　　)。

A. 只考虑投资回收前的效果,不能准确反映投资方案在整个计算期内的经济效果

B. 忽视资金具有时间价值的重要性,在回收期内未能考虑投资收益的时间点

C. 只考虑投资回收的时间点,不能系统反映投资回收之前的现金流量

D. 基准投资回收期的确定比较困难,从而使方案选择的评价准则不可靠

56. 下列关于基准收益率的表述中正确的是(　　)。

A. 基准收益率是以动态的观点所确定的投资资金应当获得的平均赢利率水平

B. 基准收益率应等于单位资金成本与单位投资的机会成本之和

C. 基准收益率是以动态的观点所确定的、可接受的投资项目最低标准的收益水平

D. 评价风险小、赢利大的项目时,应适当提高基准收益率

57. 某项目初期投资额为 2 000 万元,从第 1 年年末开始每年净收益为 480 万元。若基准收益率为 10%,并已知(P/A,10%,5) = 3.790 8 和(P/A,10%,6) = 4.355 3,则该项目的静态投资回收期和动态投资回收期分别为(　　)年。

A. 4.167 和 5.33　　B. 4.167 和 5.67

C. 4.83 和 5.33　　D. 4.83 和 5.67

58. 下列关于互斥方案经济效果评价方法的表述中正确的是(　　)。

A. 采用净年值法可以使寿命期不等的互斥方案具有可比性

B. 最小公倍数法适用于某些不可再生资源开发型项目

C. 采用研究期法时不需要考虑研究期以后的现金流量情况

D. 方案重复法的适用条件是互斥方案在某时间段具有相同的现金流量

59. 现有甲、乙、丙、丁四个相互独立的投资项目,其投资额和净现值见下表(单位:万元)。由于可供投资的资金只有 1 800 万元,则采用净现值率排序法所得的最佳投资组合方案为(　　)。

A. 项目甲、项目乙和项目丙

B. 项目甲、项目乙和项目丁

C. 项目甲、项目丙和项目丁

D. 项目乙、项目丙和项目丁

项　目	投　资　额	净　现　值	净现值率
甲	800	650	0.81
乙	600	450	0.75
丙	400	320	0.8
丁	500	200	0.4

60. 某企业有一台设备,目前的实际价值为38万元,预计残值为2.5万元,第一年的使用费为1.8万元,在不考虑资金时间价值的情况下经估算得到该设备的经济寿命为12年,则该设备的平均年度资产消耗成本为(　　)万元/年。

A. 2.81　　B. 2.96　　C. 3.02　　D. 4.76

二、多项选择题

1. 在下述各项中,属于不确定性分析方法的是(　)

A. 价值分析　B. 盈亏平衡分析　C. 敏感性分析　D. 概率分析　E. 功能分析

2. 下面关于资金时间价值的论述,正确的有(　　)。

A. 时间价值是货币随着时间的推移而产生的一种增值,因而它是由时间创造的

B. 资金投入生产经营才能产生增值,因此时间价值是在生产经营中产生的

C. 货币没有时间价值,只有资金才有时间价值

D. 一般而言,时间价值应按复利方式计算

E. 资金时间价值取决于商品货币经济中有风险和通货膨胀条件下的社会平均利润率

3. 关于盈亏平衡分析的论述,下列说法中正确的是(　　)。

A. 盈亏平衡点的含义是指企业的固定成本等于变动成本

B. 当实际产量小于盈亏平衡产量时,企业亏损

C. 盈亏平衡,产量越小,抗风险能力就越强

D. 生产能力利用率大于盈亏平衡点,就可盈利

E. 盈亏平衡产量越大,抗风险能力就越强

4. 在下述名义利率与实际利率的说法中正确的是(　)

A. 在计息期为一年时,名义利率等于实际利率

B. 实际利率真实反映了资金时间价值

C. 名义利率真实反映了资金时间价值

D. 名义利率相同时,周期越短与实际利率差值越大

E. 名义利率越小,周期越短与实际利率差值越大

5. 在进行资金时间价值计算前,首先应了解以下(　)概念。

A. 现值　B. 终值　C. 年金　D. 单利法　E. 终值系数

6. 价值工程中为提高价值,可通过(　　)途径来实现。

A. 成本不变,功能提高　　B. 功能不变,成本降低

C. 功能降低,成本降低　　D. 成本提高,功能提高

E. 功能提高,成本降低

7. 价值工程中功能分析包括(　　)。

A. 功能定义　B. 功能配置　C. 功能组合　D. 功能整理　E. 功能评价

8. 价值工程中,方案评价包括(　　)。

A. 方案设计评价　B. 概略评价

C. 详细评价　D. 方案优化评价

E. 方案具体化

9. 价值工程中方案实施阶段的工作包括(　　)。

A. 方案预审　B. 方案审批

C. 方案实施　D. 方案实施检查

E. 成果总评

10. 产品寿命周期是指产品从(　　)直至报废的整个周期。

A. 开发　B. 设计

C. 制造　D. 使用

E. 维护

11. 设备更新主要包括(　　)。

A. 设备修理　B. 设备原型更新

C. 设备的现代化改装　D. 设备技术更新

E. 设备更换

12. 设备更新的策略有(　　)。

A. 以扩大设备拥有量为主　B. 以扩大设备能力为主

C. 以设备改造和更换为主　D. 以扩大设备效率为主

E. 以设备改造为主

13. 影响设备更新的因素主要有(　　)。

A. 设备的使用年限　B. 设备的经济使用年限

C. 有形磨损　D. 无形磨损

E. 工艺技术

14. 设备更新方案的比选应遵循(　　)原则。

A. 按照设备方案的直接现金流量进行比较

B. 逐年滚动

C. 不考虑沉没成本

D. 按照设备方案的直接现金现值进行比较

E. 不考虑固定成本

15. 租赁可以采取不同形式,主要包括(　　)。

A. 维修租赁、回租租赁和综合性租赁　B. 衡平租赁

C. 设备租赁　D. 经营租赁

E. 融资租赁

16. 价值工程中功能评价的方法有(　　)。

A. 功能成本法　B. 头脑风暴法

C. 功能指数法　D. 哥顿法

E. 专家调查法

17. 评价公路建设项目可行的条件有(　　)。

A. 投资收益率 ≤ 行业平均投资收益率

B. 平均报酬率 ≤ 期望报酬率

C. 投资收益率 ≥ 行业平均投资收益率

D. 平均报酬率 ≥ 期望报酬率

18. 公路建设项目经济评价中敏感性分析的具体经济效益评价指标是(　　)。

A. 静态投资收益率　　B. 内部收益率

C. 投资回收期　　D. 获利指数

19. 不确定分析的方法有(　　)。

A. 盈亏平衡分析　　B. 绝对值法

C. 敏感性分析　　D. 相对值法

E. 概率分析

20. 公路建设项目多方案比选中,寿命期相同的互斥方案的比选方法有(　　)。

A. 净现值法　　B. 净现值率法

C. 差额内部收益率法　　D. 最小费用法

21. 投资项目的资本金通常可通过(　　)方式筹集。

A. 银行贷款　　B. 国家财政投资

C. 发行股票　　D. 发行债券

E. 利用外资的直接投资

22. 投资项目负债筹资方式可以是(　　)。

A. 银行贷款　　B. 国家财政投资

C. 发行股票　　D. 发行债券

E. 利用外资的直接投资

23. 下列资产属于有形资产的是(　　)。

A. 存货　　B. 短期证券

C. 长期证券　　D. 专利权

E. 土地使用权

24. 价值规律、供求规律和纸币流通规律是支配价格运动的经济规律,下列表述中正确的有(　　)。

A. 价格是以货币形式表现的商品价值,因此,商品的价格和价值是一致的

B. 供求关系的变动影响价格的变动,而价格的变动又会影响供求关系的变动

C. 纸币流通量不能满足需要时,它所代表的价值就会高于金属货币的价值

D. 价格通常是或高或低地偏离价值,围绕着价值上下波动

E. 纸币作为金属货币的符号,具有贮藏职能

25. 在工程经济学中,作为衡量资金时间价值的绝对尺度,利息是指(　　)。

A. 占用资金所付出的代价

B. 放弃使用资金所得的补偿

C. 考虑通货膨胀所得的补偿

D. 资金的一种机会成本

E. 投资者的一种收益

26. 在下列投资方案经济效果评价方法中，属于动态评价方法的有(　　)。

A. 增量投资收益率法　　B. 增量内部收益率法

C. 最小公倍数法　　D. 增量投资回收期法

E. 综合总费用法

27. 净现值和内部收益率作为评价投资方案经济效果的主要指标，二者的共同特点有(　　)。

A. 均考虑了项目在整个计算期内的经济状况

B. 均取决于投资过程的现金流量而不受外部参数影响

C. 均可用于独立方案的评价，并且结论是一致的

D. 均能反映投资过程的收益程度

E. 均能直接反映项目在运营期间各年的经营成果

28. 进行多方案经济效果评价时，下列做法中正确的有(　　)。

A. 评价现金流量相关型方案时，将现金流量间具有正影响的方案视为独立方案

B. 比选有资金限制的独立方案时，用独立方案互斥化法能保证获得最佳组合方案

C. 评价经济上互补而又对称的互补型方案时，可将其结合为一个综合体来考虑

D. 评价经济上互补又不对称的互补型方案时，可以分别组成独立方案来考虑

E. 评价现金流量相关型方案时，将现金流量间具有负影响的方案视为互斥方案

29. 在价值工程活动中进行功能评价时，可用于确定功能重要性系数的方法有(　　)。

A. 强制打分法　　B. 排列图法

C. 多比例评分法　　D. 相交曲线法

E. 环比评分法

30. 下列方法中，属于风险评价方法的有(　　)。

A. 决策树法　　B. 价值工程法

C. 敏感性分析法　　D. 直方图法

E. 控制区间与记忆模型法

三、判断题(正确者打√，错误者打×)

1. 现金流量图包括大小、流向和时间点三大要素。(　　)

2. 价值工程是研究如何以最小的人力、物力、财力和时间获得最大的使用价值的技术经济分析方法。(　　)

3. 已知$(F/A,I,n)=1.25$，$F=100$万元，则A为85万元。(　　)

4. 项目方案的财务效益是评判方案可行与否的唯一条件。(　　)

5 一个项目的收益越大，它对国民福利目标的贡献就越大。(　　)

6. 在工程多方案比较中，投资回收期小的方案是最优方案。(　　)

7. 社会折现率的高低不直接影响项目的经济特性。(　　)

8. 工程方案不确定性分析中，最敏感因素就是要重点采取措施控制的因素。(　　)

9. 盈亏平衡点越低，表明项目适应市场变化的能力越强，抗风险能力越大；反之，项目适应市场变化的能力越小，抗风险能力越弱。(　　)

10. 敏感性分析与风险分析的区别在于，敏感性分析中不确定性因素的概率分布是已知的，而风险分析中不确定性因素的概率分布是未知的。（　）

11. 价值系数等于成本系数除以功能系数。（　）

12. 项目净效益现值 NPV 越大的方案，其投资回收期越短。（　）

13. 若两寿命相等方案进行比较，其增量内部收益率大于标准折现率，则应选择投资小的方案。（　）

14. 同一笔资金在占用的总时间相同的情况下，计息周期不同，则计算结果是不同的。（　）

15. 年初借入 1 000 元现金，年利率 6%，按单价公式计算时，年末应付的本利为 1 080 元。（　）

16. 对公路项目投资的经济评价时，一般用三类指标进行，它们是币值、时间及收益率。（　）

17. 净现值是指把项目经济寿命期内各年的净现金流量按一定的基准折现率折现在某一基准年度的现值累加值。（　）

18. 某建设工程，当折现率 $i=10\%$ 时，财务净现值 FNPV＝200 万元；当 $i=12\%$ 时 FNPV＝－100 万元，用内插公式法可求得内部收益率为 11.67%。（　）

19. 资金利息计算，采用静态计算没有考虑资金时间价值，采用动态计算则考虑了资金时间价值。（　）

20. 某建设项目，当 $i_1=20\%$ 时，净现值为 78.70 万元；当 $i_2=23\%$ 时，净现值为 －60.54 万元，则该项目的内部收益率为 21.70%。（　）

21. 净现值在实践中常用来评价项目方案经济效果，它反映了项目在经济寿命期内的获利能力，NPV≤0 时，项目方案是不可取的。（　）

22. 价值工程侧重于设计阶段开展工作，以提高产品价值为中心。（　）

23. 年净现今流量是当年现金流入与现金流出之差，它应大于 0，否则该项目不可行。（　）

24. 机械台班费用中，既包括折旧、大修费、经常修理费、安装拆卸辅助设施费，以及功力燃烧费、养路费、车船使用税，但不包括机上人员的人工费。（　）

25. 工程经济在利率的内涵中考虑通货膨胀的影响。（　）

第四章　公路建设项目管理

一、单项选择题

1. 项目管理的核心任务是（　）。
   A. 项目的目标控制　　B. 优化资源配置
   C. 节约投资　　D. 成本控制

2. 项目管理的目的是（　）。

A. 获得最大利益　B. 优化资源配置
C. 保证项目目标的实现　D. 动态管理

3. 在建设工程项目管理中,(　　)的项目管理是项目管理的核心。
A. 业主方　B. 施工方　C. 设计方　D. 供货方

4. 对建设工程的业主方而言,费用目标是指(　　)。
A. 成本目标　B. 预算目标　C. 投资目标　D. 估算目标

5. 公路工程建设项目的管理者是(　　)。
A. 交通主管部门　B. 国家发展与改革委员会
C. 项目法人　D. 公路主管部门

6. 为保证实现项目的三大目标,在实施过程中要采取(　　)。
A. 系统控制　B. 动态控制　C. 静态控制　D. 反馈控制

7. 在直线制项目组织中,各个工作部门的指令来源有(　　)。
A. 2 个　B. 1 个　C. 3 个　D. 多个

8. 在矩阵式项目组织中,各个工作部门的指令来源有(　　)。
A. 2 个　B. 1 个　C. 多个　D. 无法确定

9. 项目管理目标能否实现的决定性因素是(　　)。
A. 项目管理组织　B. 项目经理能力　C. 项目目标分解　D. 项目合同关系

10. 如果对一个建设工程的项目管理进行诊断,应首先分析其(　　)方面存在的问题。
A. 技术　B. 组织　C. 经济　D. 合同

11. 项目经理是一个(　　)的名称。
A. 工作岗位　B. 技术职称　C. 管理人士　D. 专业人士

12. 分部工程是由若干个(　　)组成。
A. 工程细目　B. 单位工程　C. 分项工程　D. 单项工程

13. 在建设工程目标控制措施中,最重要的是(　　)。
A. 组织措施　B. 技术措施　C. 经济措施　D. 合同措施

14. 按公路建设项目划分原则,桥梁的下部构造是(　　)。
A. 单项工程　B. 单位工程　C. 分项工程　D. 分部工程

15. 项目目标动态控制的准备工作是将项目目标进行分解,以确定用于目标控制的(　　)。
A. 偏差值　B. 调整值　C. 计划值　D. 实际值

16. 某高速公路的业主制订节约投资奖励措施,这是属于投资控制纠偏的(　　)。
A. 组织措施　B. 技术措施　C. 经济措施　D. 合同措施

17. 某施工项目进行成本管理,采取了多项措施,其中实行项目经理责任制、编制工作流程图等措施属于施工成本管理的(　　)。
A. 组织措施　B. 技术措施　C. 经济措施　D. 合同措施

18. 某施工项目在实施成本管理中,通过预先分析,发现有潜在问题,则立即拟订了预防措施,这是属于对成本管理的(　　)。
A. 被动控制　B. 定期控制　C. 动态控制　D. 主动控制

19. 不确定的损失程度和损失发生的概率常用(　　)表示。

A. 风险事件　　B. 风险函数　　C. 风险量　　D. 损失量

20. 风险管理工作流程的第一步是(　　)。

A. 风险转移　　B. 风险控制　　C. 风险分析　　D. 风险辨识

21. 属于风险转移的对策是(　　)。

A. 风险控制　　B. 预留风险金　　C. 保险　　D. 减少风险损失

22. 在建设工程中,业主将合同责任和风险转移给第三方属于(　　)。

A. 保险转移　　B. 非保险转移　　C. 风险回避　　D. 损失控制

23. 下列不是风险识别的特点的是(　　)。

A. 个别性　　B. 主观性　　C. 客观性　　D. 不确定性

24. 项目经理是(　　)。

A. 项目法人代表　　B. 施工队长

C. 企业法定代表人的代理人　　D. 工长

25. 项目经理是(　　)的全权代表人。

A. 企业法人在项目上　　B. 项目法人在项目上

C. 企业法定代表人在项目上　　D. 企业经理在项目上

26. 项目管理的项目控制目标最核心的是(　　)。

A. 实行现代企业制度　　B. 质量、投资、工期

C. 落实项目法人责任制　　D. 掌握市场信息

27. 关于项目三大目标的说法中,下列表述正确的是(　　)。

A. 质量高,必定投资高　　B. 三者是对立统一的关系

C. 质量高,必定工期长　　D. 三者没有必然的关系

28. 要完成目标必须对建设项目实施有效的(　　)。

A. 组织　　B. 控制　　C. 指挥　　D. 协调

29. 所谓(　　)就是指行为主体为保证在变化的条件下实现其目标,按照事先拟订的计划和标准,通过采用各种方法,对被控对象实施中发生的各种实际值与计划值进行对比、检查、监督、引导和纠正的过程。

A. 组织　　B. 控制　　C. 指挥　　D. 协调

30. 项目管理职能的重点是(　　)。

A. 目标控制　　B. 进度控制　　C. 质量控制　　D. 投资控制

31. 项目控制过程中,反复循环过程的控制状态称为(　　)。

A. 静态控制　　B. 主动控制　　C. 动态控制　　D. 被动控制

32. 在建设项目实施过程中,纠正偏离目标的行为称为(　　)。

A. 组织　　B. 计划　　C. 控制　　D. 指挥

33. 工程建设监理是(　　)的一个重要分支。

A. 建筑业管理　　B. 企业管理

C. 房地产开发管理　　D. 工程项目管理

34. 监理单位受(　　)的委托,依据国家有关法律、法规和批准的工程项目建设文件、有关合同文件,对工程建设实施的监督管理,称为工程建设监理。

A. 工程项目建设行政主管部门　　B. 项目法人

C. 工程项目建设指挥部　　D. 建设单位的负责人

35. 工程建设监理不具有(　　)。

A. 服务性　　B. 依附性　　C. 公正性　　D. 科学性

36. 工程建设监理单位是指(　　)的监理公司、监理事务所和兼承监理业务的工程设计、科学研究及工程建设咨询单位。

A. 取得监理资质证书、具有法人资格　　B. 项目法人认可

C. 具有相当数量国家认可的监理工程师　　D. 熟悉 FIDIC 条款

37. 对于工程变更、设计修改要严格把关，事前对其进行技术经济合理性分析，属于(　　)的内容。

A. 施工阶段投资控制　　B. 施工招投标

C. 设计阶段投资控制　　D. 编制施工预算

38. 监理工程师在实施建设工程监理期间，除收取监理合同中规定的酬金外，个人(　　)接受业主或承包人给予的额外津贴、奖金或补贴。

A. 在特殊情况时，可以　　B. 可以

C. 一般不得，但特殊情况时可以　　D. 不得

39. 某一大型建设项目中项目的每一名成员都接受项目经理和职能部门经理的双重领导，该项目的组织机构采用的是(　　)组织形式。

A. 直线制　　B. 职能制　　C. 矩阵制　　D. 直线职能制

40. 对工程项目可行性研究、项目评估且初步设计的工作进度安排，使项目本阶段各项工作的时间得到控制，这是(　　)的内容。

A. 工程项目前期工作计划　　B. 工程项目建设总进度计划

C. 工程项目年度计划　　D. 工程项目生产运作计划

二、多项选择题

1. 常用的项目组织形式有(　　)。

A. 直线制项目组织　　B. 职能制项目组织

C. 矩阵式项目组织　　D. 框架式项目组织

2. 按事物的发展过程，可将控制分为(　　)。

A. 事前控制　　B. 事中控制

C. 反馈控制　　D. 事后控制

3. 风险识辨的方法有(　　)。

A. 专家调查法　　B. 流程图法

C. 初始清单法　　D. 经验数据法

4. 风险转移包括(　　)。

A. 保险转移　　B. 非保险转移

C. 风险回避　　D. 损失控制

5. 按照纠正措施或控制信息来源，控制可分为(　　)。

A. 开环控制　　B. 闭环控制

C. 反馈控制　　D. 前馈控制

6. 属于工程投资控制纠偏的技术措施有(　　)。

A. 调整工作流程组织　　B. 优化施工方法

C. 调整或修改设计　　D. 强化合同管理

7. 建设项目管理内涵是:自项目开始至项目完成,通过项目策划和项目控制使项目(　　)的三大目标得以实现。

A. 质量　　B. 进度　　C. 费用　　D. 效益

8. 为了取得目标控制的理想成果,通常可采取的措施有(　　)。

A. 组织措施　　B. 技术措施

C. 经济措施　　D. 合同措施

9. 为了取得目标控制的理想成果,通常可采取的措施有(　　)。

A. 计量措施　　B. 技术经济评价措施

C. 经济措施　　D. 合同措施

10. S 形曲线控制法可用于(　　)。

A. 技术控制　　B. 进度控制　　C. 质量控制　　D. 投资控制

11. 国家规定必须实行建设监理的工程范围大致包括(　　)。

A. 外资及中外合资工程项目　　B. 政府投资项目

C. 市政、公用工程项目　　D. 大中型工程项目

12. 工程建设监理的性质是(　　)。

A. 服务性　　B. 独立性　　C. 公正性　　D. 科学性

13. 下列控制方法中,能够进行质量控制的是(　　)。

A. 香蕉曲线图　　B. S 形曲线图　　C. 直方图　　D. 控制图

14. 根据风险管理理论,工程项目中的风险分担的基本原则是(　　)。

A. 工程建设中的风险应由业主和承包人平均分配。

B. 工程建设中的风险大部分应由业主承担。

C. 工程建设中的风险应由承包人承担。

D. 业主和承包人谁有能力承担该风险谁就承担该风险。

15. 在采取风险控制措施时,所制订的风险控制措施应当形成一个周密的、完整的损失控制计划系统,包括(　　)。

A. 预防计划　　B. 灾难计划　　C. 应急计划　　D. 控制计划　　E. 转移计划

三、判断题(正确者打✓,错误者打×)

1. 项目是指在一定约束条件下具有特定目标的一次性任务。　　(　　)

2. 每个项目都有自己的特点而不同于其他的项目。　　(　　)

3. 项目的约束条件为限定的时间、限定的质量和限定的投资,一般称这三个约束条件为项目的三大目标。　　(　　)

4. 凡属于一个总体设计中分期分批进行建设的主体工程和附属配套工程、综合利用工程、供水供电工程都作为一个建设项目。　　(　　)

5. 非工业建设项目不分大型与中型项目,统称为大中型项目。　　(　　)

6. 单项工程由若干个单位工程组成，单位工程可分解为若干个分部工程，分部工程又可分为若干个分项工程。（ ）

7. 分部工程是能够用较简单的施工过程生产出来，可以用适量的计量单位计算并便于测定或计算的工程基本构造要素。（ ）

8. 施工项目是指建筑施工企业对多个建筑产品的施工过程或成果。（ ）

9. 施工项目管理的管理者是施工企业，建设单位、设计单位、监理单位虽然从不同的角度对施工项目实施管理和监督，但都不能称做施工项目管理。（ ）

10. 建设程序也称基本建设程序，是指建设项目全过程的各个阶段、各个环节以及各主要工作内容之间必须遵循的先后顺序，也是现行的建设工作程序。（ ）

11. 第三方担保在风险对策中属于保险转移。（ ）

12. 风险识别的特点具有客观性。（ ）

13. 按风险的影响范围大小可将风险分为基本风险和特殊风险。（ ）

14. 对业主来说，固定总价合同的风险要比单价合同的风险小得多。（ ）

15. 风险管理过程的第一步是风险识别。（ ）

16. 应用现代化方法、手段、仪器跟踪、测试、检查项目实施过程的数据，发现异常情况及时采取措施是被动控制。（ ）

17. 工程项目进度控制包括事前控制、事中控制、事后控制。（ ）

18. 项目目标控制应采用动态控制。（ ）

19. 香蕉曲线法可用于控制工程造价和工程进度。（ ）

20. 全过程项目管理由监理方进行管理。（ ）

21. 项目指标有很多，但最核心的是质量目标、工期目标和投资目标。（ ）

22. 建设项目控制的重点是投资控制。（ ）

23. 对一个建设项目而言，项目控制的三大目标是一个既统一又矛盾的整体。（ ）

24. 工程建设监理是以工程建设活动为对象的，它包括工程项目活动的全过程监理，也可以是工程项目活动的某一阶段的监理。（ ）

25. 公司制是现代企业组织的主要形式。（ ）

26. 通过保险的方式可以转移工程项目的所在风险。（ ）

27. CM 单位是以承包人的身份进行施工管理。（ ）

28. 竣工图必须由施工单位单位绘制。（ ）

29. Partnering 模式强调参与各方之间的合作精神，不需要有组织保证。（ ）

30. 总分包模式由于承包人和分包人签订合同，因此，不利于业主方的合同管理；平行发包模式由于是业主和多个分包人分别签订合同，因此有利于工程造价的控制。（ ）

第五章　经济法律法规

一、单项选择题

1. 下列选项中（ ）不是工程建设法律关系的构成要素。

A. 法律关系主体　　B. 法律关系客体
C. 法律关系内容　　D. 法律关系规定性文件

2. 下列关于法人的表述，错误的是(　　)。
A. 具有民事权利能力　　B. 具有民事行为能力
C. 是自然人和企事业单位的总称　　D. 能够独立承担民事责任

3. 某高速公路公司与施工单位签订了价款为8 000万元的固定总价施工合同，则这笔8 000万元工程价款是(　　)。
A. 法律关系主体　　B. 法律关系客体
C. 法律关系的内容　　D. 法律关系内容中的义务

4. 经济法律关系的产生，是指经济法律关系的主体之间形成了一定的(　　)关系。
A. 权利和义务　　B. 合同　　C. 契约　　D. 协议

5. 经济法律关系主体之间的权利和义务不复存在，彼此丧失了约束力即为经济法律关系的(　　)。
A. 中止　　B. 终止　　C. 中断　　D. 暂停

6. 财产所有权具有(　　)，所有人无须他人的积极协助就可以实现，其权利可以对抗其他任何人。
A. 相对性　　B. 绝对性　　C. 全面性　　D. 充分性

7. 某主管采购材料的项目副经理甲某委托乙某去采购劣质钢材用于该工程建设，则对于这种代理行为说法正确的是(　　)。
A. 该委托代理行为有效
B. 该代理行为的后果应由被代理人承担
C. 该代理行为的后果应由代理人承担
D. 该代理行为的后果应由代理人与被代理人共同承担

8. 父母作为监护人代理未成年人进行民事活动属于(　　)。
A. 法定代理　　B. 指定代理　　C. 约定代理　　D. 委托代理

9. 在无权代理的情况下，由(　　)承担法律责任。
A. 代理人　　B. 行为人　　C. 被代理人　　D. 第三人

10. 代理人没有代理权、超越代理权限范围或代理权终止后进行活动，属于(　　)。
A. 非法代理　　B. 表见代理　　C. 无权代理　　D. 越权代理

11. 诉讼时效时间从知道或应当知道权利被侵害时起计算。但是，从权利被侵害之日起超过(　　)年的，人民法院不予保护。
A. 5　　B. 10　　C. 20　　D. 30

12. 某贸易公司租用某房地产公司的办公楼，但拒付租金，则该房地产公司要求贸易公司支付租金的诉讼时效是(　　)。
A. 6个月　　B. 1年　　C. 2年　　D. 4年

13. 在债发生的依据中，(　　)是引起债权债务关系发生的最主要、最普遍的根据。
A. 合同　　B. 侵权行为　　C. 无因管理　　D. 不当得利

14. 诉讼时效中止是指在诉讼时效期间的最后(　　)个月内，由于不可抗力或其他障碍，权利人不能行使请求权，诉讼时效期暂停计算，从障碍消除之日起，诉讼时效继续计算。

A. 1　　B. 2　　C. 4　　D. 6

15. 某公路工程施工合同约定,业主应于1997年5月10日支付工程款,但业主一直未按约定支付。1999年3月10日发生了持续一个月阻碍施工单位提起诉讼的不可抗力事件,则该欠款纠纷的诉讼时效期限至(　　)。

A. 2000年9月9日　　B. 1998年5月9日

C. 1999年6月9日　　D. 1999年5月9日

16. 2002年6月1日张三向李四借款1 000元,说好年底前归还,但到期并未归还。张三于2003年3月1日离家出走,2004年7月31日才回来,则李四最迟应该在(　　)前请求自己的债权。

A. 2004年12月31日　　B. 2005年1月31日

C. 2005年6月1日　　D. 2005年3月1日

17. 甲单位以电子邮件的方式向乙单位发出要约,此要约的生效时间是(　　)。

A. 该电子邮件发出的时间

B. 该电子邮件进入乙单位指定的电子邮箱的时间

C. 乙单位知道已经收到该电子邮件的时间

D. 乙单位知悉该电子邮件内容的时间

18. 甲单位以电子邮件的方式向乙单位发出要约,乙单位共有四个电子邮箱并且没有特别指定,则此要约的生效时间是(　　)。

A. 该电子邮件进入乙单位任一电子邮箱的首次时间

B. 该电子邮件进入乙单位四个电子邮箱的最后时间

C. 乙单位知道已经收到该电子邮件的时间

D. 乙单位知悉该电子邮件内容的时间

19. 下列表述中,错误的是(　　)。

A. 要约可以撤回　　B. 要约可以撤销

C. 承诺可以撤回　　D. 承诺可以撤销

20. 合同法律关系的客体是指(　　)。

A. 合同的当事人　　B. 合同的标的

C. 合同双方的权利　　D. 合同双方的义务

21. 下面行为中当事人应当承担缔约过失责任的是(　　)。

A. 承包人没有按照合同约定的时间完成工程

B. 业主没有按照合同约定的时间支付工程款

C. 承包人在投标时借用了其他企业的资质,在资格预审时没有通过审查

D. 业主在招标过程中擅自公开了承包人的商业秘密,使承包人遭受经济损失

22. 下列选项中属于要约的是(　　)。

A. 招股说明书　　B. 投标书　　C. 招标公告　　D. 商品价目表

23. 甲公司向乙公司发出要约,乙公司作出的承诺生效后,该要约和承诺的内容对(　　)产生法律效力。

A. 甲公司　　B. 乙公司　　C. 甲乙双方　　D. 双方都不

24. 合同当事人承担违约责任的方式不包括(　　)。

A. 采取补救措施　　B. 偿付赔偿金　　C. 支付违约金　　D. 行政拘留

25. 合同中关于(　　)的条款的效力具有相对独立性，不受合同无效、变更或者终止的影响。

A. 违约责任　　B. 解决争议　　C. 价款或酬金　　D. 数量和质量

26. 下列合同中，属于无效合同的是(　　)。

A. 主体的权利、义务明显不公平的合同　　B. 条款不完整的合同

C. 条款内容有矛盾的合同　　D. 损害社会公共利益的合同

27. 承包人在竣工验收时提交的工程产品质量不合格，则该承包人违背了合同履行中的(　　)。

A. 全面适当履行的原则　　B. 诚实信用的原则

C. 公平合理、促进合同履行的原则　　D. 当事一方不得擅自变更合同的原则

28. 甲乙两人签订一份钢材买卖合同，约定甲先付款，乙后发货。当合同的履行期限届至，甲因担心收不到货而未付款，于是乙在发货期限届至时也未发货。此时，乙行使的权力是(　　)。

A. 先履行抗辩权　　B. 后履行抗辩权

C. 同时履行抗辩权　　D. 不安抗辩权

29. 工程施工中由于(　　)原因导致工期延误，承包人应该承担违约责任。

A. 承包人的设备损坏　　B. 不可抗力

C. 工程量变化　　D. 设计变更

30. 某材料采购合同中约定如果一方违约，则支付合同价款的8%作为违约金。同时，该合同中还约定了承包人向材料供应商缴纳500元作为定金。结果材料供应商没能按照合同的约定及时提供材料，如果该批材料价值1万元，则承包人最多可以向材料供应商要求(　　)元赔偿。

A. 800　　B. 1 000　　C. 1 800　　D. 500

31. 债权人转让权利后，债务人的抗辩可以向(　　)主张。

A. 债权人　　B. 债务人　　C. 让与人　　D. 受让人

32. 合同约定由第三方向债权人履行债务的，当第三方未履行债务或履行债务不符合约定时，应由(　　)承担违约责任。

A. 债权人　　B. 债务人　　C. 第三方　　D. 公证人

33.《中华人民共和国合同法》规定，债权人转让权利的，应(　　)，否则该转让对债务人不发生效力。

A. 取得债务人的同意　　B. 通知债务人

C. 取得受让人的同意　　D. 通知受让人

34.《中华人民共和国合同法》规定，债权人转让权利的通知，除(　　)外，不得撤销。

A. 取得债务人的同意　　B. 通知债务人

C. 取得受让人的同意　　D. 通知受让人

35.《中华人民共和国合同法》规定，对(　　)实行严格责任原则。

A. 缔约过失　　B. 无效合同

C. 违约责任　　D. 合同变更或撤销

36.《中华人民共和国合同法》规定，当事人承担违约责任的原则是(　　)。

A. 过错责任原则　　B. 双方自愿原则

C. 严格责任原则　　D. 回避原则

37.(　　)是指没有法律上或合同上依据，有损于他人利益而自身取得利益的行为。

A. 无因管理　　B. 侵权　　C. 不当得利　　D. 损害

38. 当事人在合同中既约定违约金又约定定金的，当一方违约时，另一方可选择适用(　　)的条款。

A. 先采用违约金，再采用定金　　B. 同时采用定金和违约金

C. 先采用定金，再采用违约金　　D. 定金或违约金

39. 根据我国经济立法的情况和实践经历，解决合同纠纷主要有(　　)方式。

A. 2 种　　B. 3 种　　C. 4 种　　D. 5 种

40. 公路工程勘察设计合同发生纠纷时，首先应通过(　　)解决。

A. 协商　　B. 调解　　C. 仲裁　　D. 起诉

41. 当一方当事人不履行仲裁裁决时，另一方当事人可(　　)。

A. 向仲裁委员会申请强制执行　　B. 再申请仲裁

C. 向法院申请强制执行　　D. 向法院提请诉讼

42. 合同纠纷当事人一方向仲裁机构申请仲裁，另一方向人民法院起诉的，该纠纷案件应由(　　)受理。

A. 先收到诉请文件的仲裁机构或人民法院　B. 人民法院

C. 当事人协商选择仲裁机构或人民法院　　D. 仲裁机构

43. 仲裁机构受理合同纠纷的前提条件是(　　)。

A. 上级主管部门指定　　B. 当事人一方选定

C. 合同当事人自愿达成仲裁协议　　D. 法院判决

44. 下列(　　)是指国家将国有土地使用权在一定年限内让给土地使用者，由土地使用者向国家支付土地使用权出让金的行为。

A. 土地使用权转让　　B. 土地使用权划拨

C. 土地使用权出让　　D. 土地使用权占用

45. 通过土地使用权出让方式取得有限的土地使用权，应向政府支付(　　)。

A. 土地征用费　　B. 土地开发费

C. 土地使用权出让金　　D. 土地补偿费

46. 下列当事人中，(　　)不是保险合同的当事人。

A. 投保人和保险人　　B. 受益人和保险人

C. 投保人和被保险人　　D. 被保险人和保险人

47. 下列(　　)是指对某一征税对象开始征税的最低点。

A. 免征额　　B. 税率　　C. 起征点　　D. 纳税额

48. 投标是(　　)。

A. 要约邀请　　B. 承诺　　C. 要约　　D. 履约

49.《中华人民共和国招标投标法》规定，采取邀请招标方式招标的，必须向(　　)个以上的潜在投标人发出邀请。

A. 2　　B. 3　　C. 4　　D. 5

50. 招标人和投标人应当自中标通知书发出之日起(　　)日内,按照招标文件和中标人的投标文件订立书面合同。

A. 10　　B. 30　　C. 15　　D. 60

二、多项选择题

1. 经济法律关系的违约终止可能是由于(　　)。

A. 法律关系主体一方违约　　B. 发生不可抗力

C. 当事人双方协商一致　　D. 法律关系主体双方均违约

2. 下列选项中属于经济法律行为的是(　　)。

A. 酒后驾驶　　B. 梦游　　C. 违约　　D. 签订合同

3. 经济法律关系的变更是指经济法律关系的(　　)发生变化。

A. 主体　　B. 内容　　C. 客体　　D. 主观方面

4. 某业主没有按照合同的约定及时支付工程款,则在诉讼时效期间发生(　　)的情况下符合诉讼时效的中断,诉讼时效需要重新计算。

A. 承包人提起诉讼　　B. 不可抗力不能行使请求

C. 承包人向业主发出支付工程款通知　　D. 业主书面同意 7 天后支付工程款

5. 下列选项中(　　)属于法定代理中止的原因。

A. 代理期限届满　　B. 被代理人取得民事行为能力

C. 代理人辞去委托　　D. 代理人死亡

6. 法律行为的成立要件有(　　)。

A. 法律行为主体具有相应的民事权利能力和行为能力

B. 行为人意思表示真实

C. 行为内容合法

D. 行为形式合法

7. 下列选项中,(　　)的诉讼时效为 1 年。

A. 身体受到伤害要求赔偿　　B. 延付或拒付租金

C. 国际货物买卖合同争议提起诉讼　　D. 技术合同争议提起诉讼

8. 根据《中华人民共和国合同法》,下列合同中无效的有(　　)。

A. 损害社会公共利益的合同　　B. 附条件合同

C. 以合法形式掩盖非法目的的合同　　D. 附期限合同

9. 在下列处理方法中,(　　)采取过错责任原则。

A. 可变更合同　　B. 缔约过失

C. 无效合同　　D. 可撤销合同

10. 无处分权人处分他人财产,在(　　)的情况下,该合同有效。

A. 经过权利人追认　　B. 与其年龄相适应

C. 无处分权人在订立合同后取得处分权　　D. 与其智力相适应

11. 下列(　　)属于效力待定合同。

A. 限制民事行为能力人订立的合同

B. 无权代理的行为人签订的合同

C. 滥用代理权的行为人签订的合同

D. 合同双方的代理人为同一人签订的合同

12. 当事人约定由第三人向债权人履行债务的，下列说法中正确的是(　　)。

A. 第三人向债权人履行债务，必须征得债权人同意

B. 第三人向债权人履行债务，并不因此而成为合同当事人

C. 第三人未向债权人履行债务的，债务人应向债权人承担违约责任

D. 第三人未向债权人履行债务的，应向债权人承担违约责任

13. 质押包括(　　)。

A. 动产质押　　B. 不动产质押　　C. 权利质押　　D. 固定资产质押

14. 因重大误解订立的合同，(　　)有权作出变更或撤销的决定。

A. 合同当事人　　B. 工商行政管理部门

C. 仲裁机构　　D. 人民法院

15. 根据我国经济立法的情况和实践经历，解决合同纠纷的方式主要有(　　)。

A. 协商　　B. 调解　　C. 仲裁　　D. 诉讼

16. 合同当事人订立仲裁协议的作用是(　　)。

A. 仲裁机构对纠纷进行仲裁的先决条件　　B. 排除了法院对纠纷的管辖

C. 合同当事人均受仲裁协议的约束　　D. 市场竞争的需要

17. 下列条件中属于申请施工许可证必须具备的条件有(　　)。

A. 已经办理该建筑工程用地批准手续　　B. 有满足施工需要的施工图纸

C. 按规定已经委托了监理　　D. 建设资金已全部到位

18. 某公路工程项目，评标由依法组建的评标委员会负责。评委下列做法不符合招标投标法规定的有(　　)。

A. 评委甲接受某投标单位的请客吃饭

B. 评委乙为某投标单位的法律顾问，但乙保证秉公评标

C. 评委丙在业主的授意下，向某投标单位泄漏标底

D. 评委丁拒绝向权威媒体透露关于中标候选人的推荐情况

19. 建筑工程一切险承保的内容有(　　)。

A. 工程本身　　B. 施工用设施

C. 施工用设备　　D. 场地清理费

20. 投标人以行贿手段谋取中标的法律后果是(　　)。

A. 中标无效

B. 有关单位和责任人应当承担相应的行政责任或刑事责任

C. 吊销营业执照

D. 如果给他人造成损失的，有关责任人和单位应当承担民事责任

三、判断题(正确者打✓，错误者打×)

1. 经济法律关系由主体、客体、内容三要素组成。　　(　　)

2. 经济法律关系主体是指经济法律关系的参加者或当事人，即参与经济法律关系、依法享

有经济权利、承担经济义务的当事人。 ( )

3. 法人可以分为企业法人、机关法人、事业单位法人和社会团体法人等。 ( )

4. 法定代表人是指依照法律或者法人组织章程的规定,代表法人行使职权的负责人。 ( )

5. 法人必须依法定的程序成立。 ( )

6. 公民是自然人,可以作为经济法律关系的主体。 ( )

7. 经济法律关系客体包括财、物、行为和智力成果。 ( )

8. 经济权利是指经济法律关系主体为或不为一定行为和要求他人为或不为一定行为。 ( )

9. 法人是自然人和企事业单位的总称。 ( )

10. 经济义务是指经济法律关系主体为或不为一定行为和要求他人为或不为一定行为。 ( )

11. 经济法律事实是指能够引起经济法律关系产生、变更或消灭的客观现象。 ( )

12. 行政行为和发生法律效力的法院判决、裁定以及仲裁机关发生法律效力的裁决均属法律事实。 ( )

13. 根据代理权产生的依据不同,代理分为委托代理、法定代理和指定代理。 ( )

14. 代理人不得擅自变更或扩大代理权限,否则被代理人对此不承担法律责任。 ( )

15. 代理人可以以被代理人的名义同自己实施法律行为。 ( )

16. 虽然代理人超越代理权限的行为不属于代理行为,但被代理人仍应对其行为承担责任。 ( )

17. 合同是引起债权债务关系发生的最普遍、最主要的依据。 ( )

18. 对于无权代理行为,被代理人完全不承担法律责任。 ( )

19. 财产处分权是财产所有权最基本的权利,是财产所有权内容的核心。 ( )

20. 按照规定,一般诉讼时效期间为两年。 ( )

21. 承诺可以撤回,也可以撤销。 ( )

22. 合同亦称契约,是当事人之间设立、变更、终止民事关系的协议。 ( )

23. 合同宣告无效,其有关解决争议的方法的条款也不具有法律效力。 ( )

24. 工程招标、投标是要约,定标是承诺。 ( )

25. 无效合同的确认权归人民法院或仲裁机构,其他任何机构均无权确认合同无效。 ( )

26. 要约撤回是指要约在发生法律效力之后,欲使其丧失法律效力而取消要约的意思表示。 ( )

27. 恶意串通,损害国家、集体或第三人利益的合同属无效合同。 ( )

28. 要约撤销是指要约在发生法律效力之前,欲使其不发生法律效力而取消要约的意思表示。 ( )

29. 我国合同法规定,缔约过失、无效合同和可撤销合同适用严格责任制原则。 ( )

30. 对格式条款的理解有两种以上解释的,应作出有利于提供格式条款一方的解释。 ( )

31. 无效合同从执行时起即不具有法律效力。 ( )

32. 合同变更的必要条件是当事人协商一致,任何一方都不得擅自变更合同。( )

33. 合同解除后,当事人之间原确定的合同权利义务仍然存在。( )

34. 根据规定,只要当事人双方经过协商一致同意,可以变更和解除合同。( )

35. 凡是法律规定或约定有违约金的合同,违约方不论是否给对方造成损失,都要支付违约金。( )

36. 当事人既约定违约金又约定定金的,一方违约时,对方可将两种违约责任合并使用。( )

37. 仲裁机构作出裁决后,当事人就同一纠纷向人民法院起诉的,人民法院应予受理。( )

38. 仲裁不是解决合同纠纷的必要程序,只有双方自愿并达成书面协议,才能申请仲裁,否则,仲裁机构不予受理。( )

39. 在第三者的主持下,经双方当事人进一步协商自愿达成的调解协议,具有法律效力。( )

40. 合同必须进行鉴证或公证,否则不具有法律效力。( )

41. 工商行政管理部门可以对合同进行鉴证或公证。( )

42. 经过鉴证的合同和经过公证的合同,在经济纠纷诉讼中具有同等法律效力。( )

43. 只有工商行政管理部门才具有管理合同的职能。( )

44. 纳税人是指依照税法规定,对国家负有纳税义务的社会组织和自然人。( )

第六章 工程合同管理

一、单项选择题

1.《中华人民共和国合同法》规定,建设工程合同中没有规定的,适用( )的有关规定。

A. 委托合同 B. 技术合同 C. 承揽合同 D. 买卖合同

2.《中华人民共和国合同法》规定,建设工程合同应采用( )订立。

A. 口头形式 B. 要约形式 C. 书面形式 D. 其他形式

3. 公路工程总承包合同的当事人是( )。

A. 建设单位和监理单位 B. 建设单位和总承包单位

C. 总承包单位和分包单位 D. 施工单位和设计单位

4. 在采取建设项目总承包方式时,业主一般仅与( )发生直接关系。

A. 总承包单位各职能部门 B. 总承包单位

C. 专业承包单位 D. 项目经理

5. 公路工程设计合同生效后,委托方应按估算设计费的( )向承包人给付定金。

A. 10% B. 15% C. 20% D. 30%

6. 公路工程设计合同履行后,定金应( )。

A. 不再返还委托单位 B. 返还委托单位

C. 返还设计单位 D. 上缴有关部门

7. 某合同，甲乙双方议定的违约金为 1.5 万元，在合同履行过程中，由于乙方违约造成甲方损失 2.8 万元，请问乙方应支付给甲方的赔偿金是(　　)。

A. 2.8 万元　　B. 1.5 万元　　C. 1.3 万元　　D. 4.3 万元

8.《中华人民共和国合同法》规定：给付定金的一方不履行合同的，无权请求返还定金。接受定金的一方不履行合同的，应当(　　)返还定金。

A. 全部　　B. 按 50%　　C. 双倍　　D. 五倍

9. 某设计单位已接受委托方支付的定金 20 万元人民币，无正当理由却拒不履行合同义务，则委托方有权要求该设计单位返还(　　)人民币定金。

A. 10 万元　　B. 20 万元　　C. 40 万元　　D. 0 万元

10. 某设计单位已接受委托方支付的定金 20 万元人民币，而委托方在无正当理由的情况下却另换设计单位，则该设计单位应返还委托方(　　)万元人民币定金。

A. 10 万元　　B. 20 万元　　C. 40 万元　　D. 0 万元

11. 初步设计经主管部门批准后，在原定工程范围内的必要修改，应由(　　)承担。

A. 主管部门指定的单位　　B. 建设单位

C. 设计单位　　D. 施工单位

12. 公路工程施工合同文件中，下列(　　)具有最高的解释效力。

A. 中标通知书　　B. 合同协议书　　C. 合同通用条款　　D. 合同专用条款

13. 公路工程施工合同文件中，下列(　　)具有很强的通用性，基本适用于各类建设项目。

A. 中标通知书　　B. 合同协议书　　C. 合同通用条款　　D. 合同专用条款

14. 公路建设项目常用施工合同形式是(　　)。

A. 总价合同　　B. 单价合同

C. 成本加酬金合同　　D. 其他

15. 下列(　　)适用于工程量不太大且能精确计算、工期较短、技术不太复杂、风险不大的建设项目。

A. 总价合同　　B. 单价合同

C. 成本加酬金合同　　D. 施工合同

16. 下列(　　)适用范围较宽，其风险可以得到合理分担，并能鼓励承包人通过提高工效等手段从成本节约中提高利润。

A. 总价合同　　B. 单价合同

C. 成本加酬金合同　　D. 施工合同

17. 下列(　　)中，业主需承担项目实际发生的一切费用，即承担项目的全部风险。

A. 总价合同　　B. 单价合同

C. 成本加酬金合同　　D. 施工合同

18. 如果单项工程的分类已详细明确，但实际工程量与预计工程量可能有较大出入时，应优先选择(　　)。

A. 总价合同　　B. 单价合同

C. 成本加酬金合同　　D. 施工合同

19. 如果建设项目的外部环境恶劣，即项目的成本高、风险大、不可预见的因素多，则选择

(　　)比较合适。

A. 总价合同　　B. 单价合同

C. 成本加酬金合同　　D. 施工合同

20. 发包人更换工程师，应当至少于更换前(　　)以书面形式通知承包人。

A. 7 天　　B. 14 天　　C. 21 天　　D. 28 天

21. 发包人代表的职责(　　)与监理单位委派的总监理工程师的职责相互交叉。

A. 不得　　B. 可以　　C. 可能　　D. 经常

22. 因工程师未及时完成自己的职责或因工程师发布的指令、通知错误，而给承包人造成损失时，(　　)应赔偿承包人的损失，并顺延延误的工期。

A. 监理单位　　B. 工程师　　C. 发包人　　D. 承包人

23. 在工程建设过程中，因(　　)造成的工期延误，工期不予顺延。

A. 发包人不能按合同约定支付工程款，致使工程施工不能正常进行

B. 工程师未按合同约定提供所需指令、批准等，致使工程施工不能正常进行

C. 设计变更和工程量增加

D. 承包人自身的原因

24. 承包人按工程师指示对已隐蔽的工程进行剥露后重新检验，如重新检验不合格，则剥露、修复、重新覆盖的费用损失和工期的处理为(　　)。

A. 费用由承包人承担，工期不予顺延　　B. 费用和工期损失均由业主承担

C. 费用由承包人承担，工期予以顺延　　D. 费用和工期损失均由承包人承担

25. 承包人按工程师指示对已隐蔽的工程进行剥露后重新检验，如重新检验合格，则剥露、重新覆盖的费用损失和工期的处理为(　　)。

A. 费用由承包人承担，工期不予顺延　　B. 费用和工期损失均由业主承担

C. 费用由承包人承担，工期予以顺延　　D. 费用和工期损失均由承包人承担

26. 建设工程施工合同文本规定，引起工期延误的事件发生后，承包人应在(　　)内向工程师提交工程延期申请。

A. 7 天　　B. 14 天　　C. 21 天　　D. 28 天

27. 索赔事件发生后的(　　)内，承包人应向工程师发出索赔意向通知。

A. 7 天　　B. 14 天　　C. 21 天　　D. 28 天

28. 公路工程施工中，因不可抗力事件导致工程本身的损害，应由(　　)承担。

A. 承包人　　B. 发包人

C. 双方分别　　D. 双方均不

29. 公路工程施工中，因不可抗力事件导致运至施工现场用于施工的材料和待安装的设备的损害，应由(　　)承担。

A. 承包人　　B. 发包人

C. 双方分别　　D. 双方均不

30. 公路工程施工中，因不可抗力事件导致承包人的机械设备损坏及停工损失，应由(　　)承担。

A. 发包人　　B. 承包人

C. 双方分别　　D. 双方均不

31. 公路工程施工中，运至施工现场用于工程的材料和待安装设备，不论由哪一方保管，都应由(　　)办理保险，并支付保险费用。

A. 承包人　　B. 发包人

C. 材料、设备供应商　　D. 工程师

32. 分包合同签订后，发包人与分包单位之间(　　)直接的合同关系。

A. 可能存在也可能不存在　　B. 存在

C. 由承包人决定是否存在　　D. 不存在

33. 在公路工程施工中若发现文物或其他有考古价值的物品时，承包人应立即停止施工保护好现场，并按要求采取妥善保护措施。由此发生的费用由(　　)承担，并相应顺延延误的工期。

A. 文物管理部门　　B. 承包人

C. 国家有关部门　　D. 发包人

34. 承包人将其承包的全部工程转包给他人，或肢解后以分包名义分别转包给他人，(　　)有权解除合同。

A. 主管部门　　B. 分包人

C. 工程师　　D. 发包人

35. 买卖合同的出卖人除了应向买受人交付标的物并转移标的物的所有权外，还应对标的物的瑕疵承担(　　)。

A. 违约责任　　B. 赔偿责任

C. 担保义务　　D. 严格责任

36. 建设工程合同的当事人在买卖合同中总是处于(　　)的位置。

A. 担保人　　B. 出卖人　　C. 买受人　　D. 第三人

37. 工程施工中，借款单位如遇不可抗力情况影响按期还款的，可提出贷款展期申请，经银行审查同意可以(　　)。

A. 展期 1 次且还款期延长不得超过 1 年

B. 展期 1 次且还款期延长不得超过 2 年

C. 展期 2 次且还款期延长不得超过 1 年

D. 展期 2 次且还款期延长不得超过 2 年

38. 我国《中华人民共和国担保法》规定的担保方式主要有(　　)。

A. 2 种　　B. 3 种　　C. 4 种　　D. 5 种

39. 施工合同的担保合同属于(　　)。

A. 从合同　　B. 主合同

C. 分包合同　　D. 无偿合同

40. 委托合同一定是(　　)。

A. 只能以委托人的名义办理委托事宜　　B. 有偿合同

C. 需要办理公证手续后才有效　　D. 双务合同

41. 承揽合同的标的是(　　)。

A. 工作过程　　B. 智力的支出过程

C. 工作成果　　D. 劳务的支出过程

42. FIDIC 是(　　)的缩写词。

A. 国际注册建筑师联合会　　B. 国际咨询工程师联合会

C. 国际造价工程师联合会　　D. 国际估价工程师联合会

43. 在 FIDIC 合同条件下,当构成合同的文件相互之间产生冲突或含义不清时,应由工程师进行解释,其先后次序应为(　　)。

A. 合同协议书,中标函,投标书,专用条件,通用条件,规范,图纸,标价的工程量清单

B. 专用条件,通用条件,规范,图纸,标价的工程量清单,合同协议书,中标函,投标书

C. 规范,图纸,标价的工程量清单,合同协议书,中标函,投标书,专用条件,通用条件

D. 投标书,标价的工程量清单,中标函,合同协议书,专用条件,通用条件,规范,图纸

44. FIDIC 条款中对合同拥有解释权的是(　　)。

A. 承包人　　B. 业主

C. 监理工程师　　D. 第三方

45. 在 FIDIC 合同条件中,(　　)是指包括在合同中并在工程量表中以该名称标明,供工程任何部分的施工或提供货物、材料、设备、服务或提供不可预料事件的费用的一项金额。

A. 保留金　　B. 定金

C. 备用金　　D. 违约金

46. 依法对合同的真实性、合法性进行审查和鉴定的机构是(　　)。

A. 工商行政管理部门　　B. 业务主管部门

C. 司法行政机关　　D. 公证机关

47. 依法对合同的真实性、合法性作出公证的机构是(　　)。

A. 工商行政管理部门　　B. 业务主管部门

C. 司法行政机关　　D. 公证机关

二、多项选择题

1. 建设工程合同是一种(　　)。

A. 双务合同　　B. 有偿合同

C. 诺成合同　　D. 要物合同

2. 公路工程施工合同的发包人是指(　　)。

A. 取得建设项目总承包资格的总承包单位　　B. 监理单位

C. 建设单位　　D. 承包单位

3. 公路工程施工合同中的工程师是指(　　)。

A. 监理单位委派的总监理工程师　　B. 发包方的总工程师

C. 发包人指定的履行合同的负责人　　D. 承包方的总工程师

4. 公路工程施工合同文本的主件由(　　)组成。

A. 中标通知书　　B. 协议书

C. 通用条款　　D. 专用条款

5. 建设工程施工合同文本共有三个附件,下列(　　)不是施工合同的附件。

A. 承包人承揽工程项目一览表　　B. 合同协议书

C. 工程质量保修书　　D. 施工图纸

6. 按付款方式的不同,公路工程施工合同可划分为(　　)。

A. 总价合同　　B. 单价合同

C. 成本加酬金合同　　D. 总包合同

7. 在工程建设过程中,因(　　)造成的工期延误,经工程师确认,工期可以顺延。

A. 发包人不能按合同条款的约定提供开工条件

B. 一周内非承包人原因停水、停电、停气造成停工累计超过 8 小时

C. 承包人施工机械损坏

D. 不可抗力

8. 公路工程施工合同解除的条件有(　　)。

A. 因不可抗力因素致使合同无法履行

B. 承包人将其承包工程全部转包

C. 发包人不按约定支付工程款使合同无法履行

D. 合同当事人协商一致

9. 我国《中华人民共和国担保法》规定的担保方式主要有(　　)。

A. 定金　　B. 保证　　C. 抵押　　D. 质押

10. 下列合同与施工合同具有主从关系的是(　　)。

A. 勘测设计合同　　B. 施工保险合同

C. 监理服务合同　　D. 履约担保合同

11. 下列合同与施工合同不具有主从关系的是(　　)。

A. 勘测设计合同　　B. 施工保险合同

C. 监理服务合同　　D. 履约担保合同

12. 下列机构可以作为合同的担保人的是(　　)。

A. 政府机构　　B. 社会团体　　C. 企业　　D. 银行

13. 借款方向贷款方申请建设工程贷款,应具备的条件有(　　)。

A. 贷款项目必须具备已被批准的项目建议书、可行性研究报告等有关文件

B. 借款方必须有政府部门担保

C. 借款方必须要有不少于总投资 30% 的自筹资金或其他资金

D. 贷款项目的概算已经贷款方审查并通过

14. 下列合同中,(　　)属于委托合同。

A. 勘察设计合同　　B. 监理合同

C. 招标代理合同　　D. 施工合同

三、判断题(正确者打✓,错误者打×)

1. 建设工程合同是一种诺成合同,合同订立生效后双方应严格履行。(　　)

2.《中华人民共和国合同法》规定:承揽合同中没有规定的,适用建设工程合同的有关规定。(　　)

3. 招标采用的合同形式按计价方法的不同,一般分为总价合同、单价合同和成本加酬金合同三种主要形式。当前国内外招投标中用得最多的是单价合同。(　　)

4. 建设工程合同可以采用口头形式订立。(　　)

5. 建设工程施工合同的发包人既可以是建设单位，也可以是取得建设项目总承包资格的总承包单位。 (　　)

6. 根据规定，我国的建设工程项目一般应采用 FIDIC 合同条件。 (　　)

7. 因工程师指令错误发生的费用和给承包人造成的损失由工程师承担，延误的工期相应顺延。 (　　)

8. 因工程师指令错误发生的费用和给承包人造成的损失由发包人承担，延误的工期相应顺延。 (　　)

9. 因工程师提出重新检验已隐蔽工程而发生的费用和工期延误，无论重新检验是否合格，均应由承包人承担。 (　　)

10. 因工程师提出重新检验已隐蔽工程而发生的费用和工期延误，无论重新检验是否合格，费用均应由承包人承担，但工期可以顺延。 (　　)

11. 因工程师提出重新检验已隐蔽工程而发生的费用和工期延误，无论重新检验是否合格，工期均应顺延，承包人应承担因不合格而发生的费用。 (　　)

12. 对承包人超出设计图纸范围和因承包人原因造成返工的工程量，工程师不予计量。 (　　)

13. 建设工程未经验收或验收不合格的，不得交付使用，发包人强行使用的，应承担全部责任。 (　　)

14. 索赔对业主是不利的。 (　　)

15.《中华人民共和国担保法》规定，担保的方式有保证、抵押、质押、留置和定金五种，均可通过合同当事人的约定产生。 (　　)

16. 不论委托合同是有偿的还是无偿的，处理委托事务的报酬不能代替支付处理委托事务的费用。 (　　)

17. 保留金待竣工验收合格后一次发还。 (　　)

18. 保留金在整个工程初验结算时返还 50%，余下部分在缺陷责任期满后再全部退还。 (　　)

参考答案

第一章　绪　　论

一、单项选择题

1. B　2. C　3. A　4. D　5. C　6. B　7. D　8. A　9. A　10. B
11. C　12. A

二、多选题

1. BDE　2. BCE　3. ABCDE　4. ABCE　5. DE　6. AB
7. ABCDE　8. CD　9. BE　10. ABCDE　11. CE　12. ACE

三、判断题

1. ×　2. ×　3. ✓　4. ✓　5. ×　6. ×　7. ×　8. ✓　9. ✓　10. ×

第二章　投资管理体制及项目融资

一、单项选择题

1. C　2. B　3. A　4. B　5. A　6. D　7. A　8. B　9. B　10. C
11. D　12. B　13. D　14. D　15. B　16. A　17. D　18. C　19. B　20. A
21. B　22. B　23. C　24. A　25. B　26. D　27. B　28. C　29. B　30. C
31. B　32. C

二、多项选择题

1. ABC　2. ACD　3. ABCD　4. ABCD　5. BCD
6. AB　7. AB　8. ACD　9. ACD　10. ACD
11. ACD　12. ABCD　13. AB　14. ABCD　15. ABCD
16. BCD　17. ABD　18. ABC　19. ABD　20. ABCD
21. BCD　22. BD　23. ABC　24. AC　25. ABCD
26. ABCD　27. AB　28. ABC　29. ABCD　30. ABD
31. ABCD　32. ACD　33. ABD　34. ABC　35. AD
36. ABCD　37. AB　38. ABC　39. BD　40. AC

三、判断题

1. ✓	2. ✓	3. ✓	4. ✓	5. ✓	6. ✓	7. ✓	8. ✓	9. ×	10. ✓
11. ✓	12. ×	13. ✓	14. ×	15. ✓	16. ✓	17. ×	18. ✓	19. ×	20. ×
21. ✓	22. ✓	23. ×	24. ✓	25. ×	26. ✓	27. ✓	28. ✓	29. ×	30. ✓
31. ×	32. ✓	33. ✓	34. ×	35. ✓	36. ✓	37. ✓	38. ×	39. ×	40. ×
41. ✓	42. ✓	43. ×	44. ×						

第三章　工 程 经 济

一、单项选择题

1. C	2. D	3. C	4. A	5. B	6. A	7. C	8. B	9. B	10. C
11. B	12. D	13. D	14. B	15. D	16. A	17. C	18. B	19. A	20. A
21. C	22. D	23. D	24. C	25. A	26. D	27. D	28. A	29. A	30. C
31. A	32. C	33. D	34. C	35. A	36. B	37. C	38. C	39. B	40. A
41. A	42. B	43. D	44. A	45. A	46. B	47. B	48. A	49. D	50. A
51. D	52. C	53. D	54. B	55. A	56. C	57. B	58. A	59. C	60. B

二、多项选择题

1. BCD	2. BCD	3. BD	4. ABD	5. ABCE
6. ABE	7. ACE	8. BCE	9. BCE	10. ABCD
11. ACE	12. ACE	13. ABCD	14. BC	15. ABDE
16. AC	17. CD	18. ABC	19. ACE	20. ABCD
21. BCE	22. AD	23. ABC	24. BCD	25. BC
26. ABD	27. AC	28. ABCE	29. ACD	30. ACE

三、判断题

1. ✓	2. ×	3. ×	4. ×	5. ×	6. ×	7. ×	8. ×	9. ✓	10. ×
11. ×	12. ×	13. ×	14. ✓	15. ×	16. ✓	17. ✓	18. ×	19. ✓	20. ×
21. ×	22. ✓	23. ×	24. ×	25. ×					

第四章　公路建设项目管理

一、单项选择题

1. A	2. C	3. A	4. C	5. C	6. A	7. B	8. A	9. A	10. B
11. A	12. C	13. A	14. D	15. C	16. C	17. A	18. D	19. C	20. D
21. C	22. B	23. C	24. C	25. C	26. B	27. B	28. B	29. B	30. C
31. C	32. C	33. D	34. B	35. B	36. A	37. A	38. D	39. C	40. A

二、多项选择题

1. ABC　2. ABD　3. ABCD　4. AB　5. CD
6. BC　7. ABC　8. ABCD　9. CD　10. BD
11. ABCD　12. ABCD　13. CD　14. D　15. ABC

三、判断题

1. ✓　2. ✓　3. ✓　4. ✓　5. ✓　6. ✓　7. ×　8. ×　9. ✓　10. ✓
11. ×　12. ×　13. ✓　14. ✓　15. ✓　16. ✓　17. ✓　18. ✓　19. ✓　20. ×
21. ✓　22. ×　23. ✓　24. ✓　25. ✓　26. ×　27. ✓　28. ×　29. ×　30. ×

第五章　经济法律法规

一、单项选择题

1. D　2. C　3. B　4. A　5. B　6. B　7. D　8. A　9. B　10. C
11. C　12. B　13. A　14. D　15. C　16. B　17. B　18. A　19. D　20. B
21. D　22. B　23. C　24. D　25. B　26. D　27. A　28. B　29. A　30. A
31. D　32. B　33. B　34. C　35. C　36. C　37. C　38. D　39. C　40. A
41. C　42. B　43. C　44. C　45. C　46. C　47. C　48. C　49. B　50. B

二、多项选择题

1. ABD　2. CD　3. ABC　4. ACD　5. ABCD
6. ABCD　7. AB　8. AC　9. BCD　10. AC
11. AB　12. ABC　13. AC　14. CD　15. ABCD
16. ABC　17. ABC　18. ABC　19. ABCD　20. ABD

三、判断题

1. ✓　2. ✓　3. ✓　4. ✓　5. ✓　6. ✓　7. ✓　8. ✓　9. ×　10. ×
11. ✓　12. ✓　13. ✓　14. ✓　15. ×　16. ×　17. ✓　18. ×　19. ✓　20. ✓
21. ×　22. ✓　23. ×　24. ×　25. ✓　26. ×　27. ✓　28. ×　29. ×　30. ×
31. ×　32. ✓　33. ×　34. ×　35. ✓　36. ×　37. ×　38. ✓　39. ×　40. ×
41. ×　42. ×　43. ×　44. ✓

第六章　工程合同管理

一、单项选择题

1. C　2. C　3. B　4. B　5. C　6. B　7. A　8. C　9. C　10. D

11. C　12. B　13. C　14. B　15. A　16. B　17. C　18. B　19. C　20. A
21. A　22. C　23. D　24. D　25. B　26. B　27. D　28. B　29. B　30. B
31. B　32. D　33. D　34. D　35. C　36. C　37. B　38. D　39. A　40. D
41. C　42. B　43. A　44. C　45. C　46. A　47. D

二、多项选择题

1. ABC　2. AC　3. AC　4. BCD　5. BD
6. ABC　7. ABD　8. ABCD　9. ABCD　10. BD
11. AC　12. BCD　13. AC　14. BC

三、判断题

1. ✓　2. ×　3. ✓　4. ×　5. ✓　6. ×　7. ×　8. ✓　9. ×　10. ×
11. ✓　12. ✓　13. ✓　14. ×　15. ×　16. ✓　17. ×　18. ×

第二篇　公路工程造价的确定与控制

第一章　概　　述

一、单项选择题

1. 价格形成的基础是(　　)。
   A. 部门必要劳动时间　　B. 剩余价值　　C. 价值　　D. 成本
2. 形成价格的成本是指(　　)。
   A. 个别成本　　B. 生产成本
   C. 社会平均成本　　D. 流通成本
3. 价格形成中的盈利是指(　　)。
   A. 生产中消耗的生产资料的价值　　B. 活劳动所创造的价值
   C. 劳动者为社会创造的价值的货币表现　　D. 企业管理费用
4. 工程造价职能实现的条件,最主要的是(　　)。
   A. 价格信息系统的建立　　B. 定额制度的现代化
   C. 市场竞争机制的形成　　D. 国家的宏观控制
5. 价值规律在工程造价管理中的正确表达是(　　)。
   A. 社会物化劳动和活劳动时间决定工程造价　　B. 社会活劳动时间决定工程造价
   C. 社会必要劳动时间决定工程造价　　D. 社会劳动时间决定工程造价
6. 下列属于静态投资的是(　　)。
   A. 建设期贷款利息　　B. 新开征税费
   C. 防灾措施费用　　D. 汇率变动费用
7. 下列说法中,不正确的是(　　)。
   A. 静态投资是动态投资的计算基础
   B. 动态投资是指静态投资以外的投资
   C. 静态投资包括建筑安装工程费、设备和工器具购置费等
   D. 动态投资包括建设期贷款利息、投资方向调节税、涨价预备费等
8. 固定资产投资中最主要的部分是(　　)。
   A. 房地产开发投资　　B. 基本建设投资
   C. 更新改造投资　　D. 其他投资
9. 下列不属于建设工程造价计价特点的有(　　)。
   A. 单件性计价　　B. 组合性计价

C. 一次性计价　　　　D. 计价依据复杂

10. 公路工程的计价方法是采用(　　)。

A. 工料分析法(实物法)　　　　B. 单位估价法

C. 地区单位估价法　　　　D. 定额基价法

11. 公路建设项目编制和确定工程造价的方法是(　　)。

A. 单位估价法　　　　B. 类比法

C. 单位估价表加运杂费调整法　　　　D. 实物量法

12. 工程造价管理体制改革的最终目标是逐步建立以(　　)的价格机制。

A. 政府定价或政府指导价　　　　B. 计划价格

C. 市场形成价格　　　　D. 低价中标

13. 建设项目的实际造价是指(　　)。

A. 建设单位认定的中标单位的投标报价　　　　B. 结算价

C. 建设单位与施工单位签订的合同价　　　　D. 竣工决算

14. 国家对某公路建设项目的计划控制造价是(　　)。

A. 项目建议书阶段的投资估算　　　　B. 初步设计总概算

C. 可行性研究阶段的投资估算　　　　D. 施工图预算

15. 公路基本建设程序中,具有决定性的造价控制工作环节是(　　)。

A. 项目决策　　　　B. 工程设计

C. 工程施工　　　　D. 工程结算

16. 对建设工程全过程造价控制的重点是(　　)阶段。

A. 可行性研究报告　　　　B. 设计

C. 施工　　　　D. 竣工

17. 下列说法中正确的是(　　)。

A. 工程造价形成中的成本指施工企业的平均工程成本支出

B. 工程造价形成中的成本指全部施工企业的平均工程成本支出

C. 工程造价形成中的成本指施工企业的平均工程成本支出

D. 工程造价形成中的成本指主要施工企业的平均工程成本支出

18. 推行限额设计,其控制对象是影响工程设计(　　)的项目。

A. 动态投资　　　　B. 静态投资

C. 预留费用　　　　D. 直接工程费

19. 控制公路工程造价最有效的手段是(　　)。

A. 技术与经济相结合　　　　B. 加强监理工作

C. 严格实行招投标制度　　　　D. 加强经济管理

20. 造价工程师注册有效期是(　　)。

A. 一年　　　　B. 二年　　　　C. 三年　　　　D. 四年

21. 世界银行关于应急费用的规定中,有一项费用属于储备性质,可能使用也可能不使用,此项费用被称为(　　)。

A. 不可预见准备金　　　　B. 建设成本上升费用

C. 未明项目准备金　　　　D. 预备费

22. 在固定资产投资中,(　　)属于积极投资部分。

A. 建筑安装工程费　　B. 工程建设其他费用

C. 设备及工、器具购置费　　D. 预留费用

23. 国产标准设备原价一般是指(　　)。

A. 出厂价与运费、装卸费之和　　B. 设备购置费

C. 设备制造厂的交货价　　D. 设备预算价格

24. 设备购置费的计算公式为(　　)。

A. 设备购置费 = 设备原价 + 附属工器具购置费

B. 设备购置费 = 设备原价 ×(1 + 运杂费率)

C. 设备购置费 = 设备原价 + 运杂费 + 运输保险费 + 采购及保管费

D. 设备购置费 = 设备原价 + 运输费

25. 采用 FOB 货价方式进口设备,抵岸价构成中的国际运费是指(　　)。

A. 从出口国生产厂起到我国建设项目工地仓库止的运费

B. 从出口国生产厂起到我国抵达港(站)止的运费

C. 从装运港(站)起到我国抵达港(站)止的运费

D. 从装运港(站)起到我国建设项目工地仓库止的运费

26. 某进口设备的 CIF 价为 1 000 万元,外贸手续费费率为 1.5%,银行财务费费率为 0.5%,关税税率为 20%,增值税税率为 17%,则该设备的增值税额是(　　)万元。

A. 170　　B. 204　　C. 207.4　　D. 249.9

27. 公路建筑安装工程费包括建筑工程费和安装工程费两部分,其中安装工程费是指为安装(　　)的费用。

A. 混凝土预制构件　　B. 钢结构工程构件

C. 营运、养护、管理所需设备　　D. 施工机械、设备

28. 在建筑安装工程费中,生产工人的劳动保护费属于(　　)。

A. 其他工程费　　B. 直接工程费

C. 规费　　D. 间接费

29. 按我国现行规定,公路工程各项费用中的直接工程费由(　　)组成。

A. 人工费、施工管理费、施工机械使用费　B. 人工费、材料费、计划利润

C. 人工费、材料费、施工机械使用费　　D. 人工费、材料费、施工管理费

30. 其他工程费定额是概、预算定额规定直接用于工程的费用标准,下列(　　)不属于现行公路工程其他工程费定额项目。

A. 特殊地区施工增加费　　B. 冬季、雨季、夜间施工增加费

C. 行车干扰工程施工增加费　　D. 养老保险费

31. 按我国现行规定,下列(　　)属于现行公路其他工程费定额项目。

A. 材料采购及保管费　　B. 冬、雨季施工增加费

C. 施工机械大维修费　　D. 规费

32. 按我国现行规定,生产工人自备工具的补贴费属于(　　)。

A. 利润　　B. 规费　　C. 直接费　　D. 间接费

33. 按我国现行规定,施工现场的排污费用属于(　　)。

A. 规费　　B. 税金　　C. 直接费　　D. 间接费

34. 按我国现行规定，工程保修费属于建筑安装工程费中的(　　)。

A. 设备购置费　　B. 规费　　C. 直接费　　D. 间接费

35. 其他工程费是指直接工程费以外施工过程中发生的费用，下列(　　)不属该项费用。

A. 临时设施费　　B. 施工辅助费

C. 行车干扰工程施工增加费　　D. 劳动保险费

36. 公路工程中施工企业为组织施工生产和经营管理所需的费用，称为(　　)。

A. 其他工程费　　B. 现场管理费

C. 直接工程费　　D. 企业管理费基本费用

37. 公路施工企业为进行施工生产而建造的各种生产、生活用临时设施的费用，按规定应计入(　　)。

A. 其他工程费　　B. 现场管理费

C. 间接费　　D. 企业管理费

38. 安全及文明施工措施费系指工程施工期间为满足安全生产、文明施工、职工健康生活所发生的费用。按规定该项费用应计入(　　)。

A. 其他工程费　　B. 直接工程费

C. 间接费　　D. 企业管理费

39. 按我国现行规定，公路工程直接费由(　　)等组成。

A. 其他工程费、企业管理费　　B. 直接工程费、企业管理费

C. 直接工程费、其他工程费　　D. 其他工程费、间接费

40. 按我国现行规定，公路工程间接费由(　　)等组成。

A. 企业管理费、其他工程费　　B. 其他工程费、规费

C. 规费、财务费　　D. 企业管理费、规费

41. 下列(　　)不属于企业管理费定额项目。

A. 材料采购人员的差旅交通费　　B. 工会经费

C. 职工养老保险及待业保险费　　D. 房产税、印花税

42. 按我国现行规定，施工企业发生的广告费属于(　　)。

A. 其他工程费　　B. 财务费

C. 规费　　D. 间接费

43. 利润是指施工企业完成承包工程应取得的盈利。利润按直接费与间接费之和的(　　)计算。

A. 3%　　B. 4%　　C. 5%　　D. 7%

44. 建筑安装工程费中营业额的税额为(　　)。

A. 直接费、间接费与计划利润之和的3%　　B. 直接工程费的3%

C. 直接费与间接费之和的3%　　D. 全部价款收入的3%

45. 建筑安装施工企业办有职工子弟学校，按规定(　　)交纳教育费附加。

A. 由职工子弟学校　　B. 不应

C. 可酌情　　D. 应

46. 公路工程项目的工程招标费应计入(　　)。

A. 建设项目前期工作费　　B. 建设单位管理费

C. 工程监理费　　D. 施工机构迁移费

47. 为保证公路建设项目筹建和建设工程工作正常进行所需办公设备、生活家具的购置费，按规定应计入（　　）。

A. 设备、工具、器具及家具购置费　　B. 建设单位管理费

C. 工程监理费　　D. 施工机构迁移费

48. 建设单位自行完成的勘察设计工作所需的费用应计入（　　）。

A. 建设项目前期工作费　　B. 建设单位管理费

C. 工程监理费　　D. 施工机构迁移费

49. 编制项目建议书、可行性研究报告所需的费用应计入（　　）。

A. 建设项目前期工作费　　B. 建设单位管理费

C. 工程监理费　　D. 研究试验费

50. 建设期贷款利息是指（　　）。

A. 建设项目贷款总额的全部利息

B. 建设项目贷款总额的全部利息中在建设期内应归还的贷款利息

C. 建设期内所贷款项的全部利息

D. 建设期内所贷款项的全部利息中在建设期内应归还的贷款利息

51. 某建设项目贷款 3 000 万元，分三年均衡发放，第一年贷款 800 万元、第二年贷款1 600 万元、第三年贷款 600 万元，贷款年利率为 12%，则该项目建设期内应归还的贷款利息为（　　）万元。

A. 595.52　　B. 659.46　　C. 645.52　　D. 665.46

52. 某进口设备离岸价为 20 万美元，到岸价为 22 万美元，人民币与美元的汇率为 8.3∶1，进口关税税率为 7%，则该设备的进口关税为（　　）万元人民币。

A. 12.78　　B. 12.94　　C. 11.62　　D. 12.82

53. 按国家税法规定，公路工程中应计入建筑安装工程造价内的营业税、城市维护建设税及教育费附加等实行综合税率，其中纳税地点在县城的企业的综合税率为（　　）。

A. 3.41%　　B. 3.35%　　C. 3%　　D. 3.22%

54. 按规定，对公路工程项目作出环境影响评价的费用应计入（　　）。

A. 建设项目前期工作费　　B. 建设单位管理费

C. 工程监理费　　D. 工程质量监督费

二、多项选择题

1. 价格的基本职能是指（　　）。

A. 表价职能　　B. 核算职能　　C. 调节职能　　D. 分配职能

2. 价格的派生职能是指（ ）。

A. 核算职能　　B. 表价职能　　C. 分配职能　　D. 调节职能

3. 建设工程造价的特点包括（　　）。

A. 大额性和差异性　　B. 动态性　　C. 层次性　　D. 兼容性

4. 工程造价除具有一般商品的价格职能外，还具有（　　）。

A. 预测职能　B. 控制职能　C. 评价职能　D. 调控职能

5. 下列属于静态投资的是(　　)。
A. 设备和工器具购置费　B. 建设期贷款利息
C. 工程建设其他费用　D. 建筑安装工程费

6. 下列不是静态投资的有(　　)。
A. 固定资产投资方向调节税　B. 建筑安装工程费
C. 建设期贷款利息　D. 预备费

7. 按我国现行规定,建设项目管理包括(　　)。
A. 建设单位管理费　B. 工程定额测定费
C. 标底编制费　D. 工程监督费

8. 年度基本建设计划安排的建设内容要与当年分配的(　　)相适应。
A. 投资　B. 材料　C. 设备　D. 劳力

9. 建设工程造价的计价特点有(　　)。
A. 单件性计价　B. 多次性计价
C. 按工程构成分部组合计价　D. 按定额计价

10. 按我国现行规定,建筑安装工程费中的规费包括(　　)。
A. 养老保险　B. 失业保险　C. 商业保险　D. 住房公积金

11. 施工辅助费包括(　　)等费用。
A. 工程定位复测　B. 工程交点
C. 场地清理　D. 临时用地

12. 工程造价管理的含义是指(　　)。
A. 建设工程投资费用管理　B. 工程定额管理
C. 工程造价专业队伍管理　D. 工程价格管理

13. 从工程造价管理发展史中可以将其发展过程的特点归纳为(　　)。
A. 从被动反映设计和施工发展到能动影响设计和施工
B. 从事后算账发展到预先算账
C. 从依附于施工者或建筑师发展为一个独立公正的专业
D. 从计划管理发展到市场竞争

14. 工程造价管理的基本内容是(　　)。
A. 对工程造价实行全过程管理　B. 降低工程造价
C. 有效地控制工程造价　D. 合理确定工程造价

15. 建设工程造价控制应贯穿于建设项目的(　　)阶段。
A. 投资决策　B. 设计
C. 建设项目发包　D. 建设实施

16. 编制建设项目的总造价指数时,应先分析计算(　　)各自所占的权重系数。
A. 建筑安装工程费　B. 设备、工具、器具及家具购置费
C. 建设项目发包　D. 预留费用

17. 公路工程造价控制的关键在于(　　)阶段。
A. 投资决策　B. 设计

C. 建设项目发包　　D. 建设实施

18. 有效地控制公路工程造价应做到(　　)。

A. 技术与经济相结合

B. 加强公路工程造价控制的主动性

C. 以施工图预算为全过程投资控制目标

D. 以设计阶段为重点的公路建设全过程造价控制

19. 根据我国《造价工程师执业资格制度暂行规定》,造价工程师有(　　)的权利。

A. 独立执行造价工程师岗位业务

B. 凡经造价工程师签字的工程造价文件,需要修改时必须经本人同意

C. 参与工程设计

D. 要求获得相应职称、职务

20. 建设工程造价由(　　)等组成。

A. 建筑安装工程费　　B. 设备和工器具购置费

C. 工程建设其他费用　　D. 建设单位管理费

21. 设备和工器具购置费指按设计文件要求配置达到固定资产标准的(　　)购置费用。

A. 设备　　B. 全部工器具　　C. 首套工器具　　D. 生产家具

22. 进口设备的交货方式有(　　)。

A. 装运港交货类　　B. 抵达港交货类

C. 内陆交货类　　D. 目的地交货类

23. 以下属于进口设备抵岸价构成的有(　　)。

A. 银行财务费　　B. 国内运费　　C. 外贸手续费　　D. 关税

24. 公路工程建筑安装工程费由(　　)等组成。

A. 直接费和间接费　　B. 计划利润和税金

C. 设备、工具、器具购置费　　D. 工程建设其他费用

25. 下列(　　)属于建筑安装工程费的内容。

A. 直接工程费　　B. 计划利润

C. 设备、工具、器具购置费　　D. 建设期贷款利息

26. 安全及文明施工措施费是指工程施工期间为满足(　　)所发生的费用。

A. 安全生产　　B. 文明施工

C. 职工健康生活　　D. 职工教育

27. 公路工程中的企业管理费由下列(　　)等组成。

A. 基本费用　　B. 职工探亲路费

C. 工地转移费　　D. 职工取暖补贴

28. 公路工程造价中,直接费由下列(　　)构成。

A. 其他工程费　　B. 现场经费

C. 直接工程费　　D. 其他直接费

29. 公路工程中的间接费由下列(　　)组成。

A. 规费　　B. 其他工程费

C. 施工辅助费　　D. 企业管理费

30. 在其他工程费及间接费取费标准的工程类别划分中，其他路面包括(　　)。

A. 各等级路面的基层　　B. 有路面的便道工程

C. 特殊路基处理　　D. 临时工程中的便桥

31. 下列费用中，(　　)属于工程建设其他费用。

A. 办公及生活用家具购置费　　B. 建设项目管理费

C. 工程造价增涨预留费　　D. 施工机构迁移费

32. 下列(　　)应计人建设项目前期工作费。

A. 编制工程可行性研究报告所需费用　　B. 初步设计的勘察费

C. 水土保持评估费　　D. 设计文件审查费

三、判断题(正确者打√，错误者打×)

1. 价格是以货币形式表现的商品价值，商品的价值量由社会必要劳动时间来计算。(　　)

2. 价格形成中的成本是企业的个别成本。(　　)

3. 成本和价值的变动方向有可能一致也有可能不一致，无论其变动方向如何，成本的变动都会影响到价格的变动。(　　)

4. 建设工程造价是指完成一个建设项目从立项开始到建成交付使用前所有的费用总和。(　　)

5. 公路工程造价即该公路工程项目有计划地进行固定资产再生产和形成相应的无形资产和铺底流动资金的一次性费用总和。(　　)

6. 建筑安装工程费用就是支付给施工单位的全部费用。(　　)

7. 建筑安装工程费用是指建筑物的建造费用，需要安装设备的安置和装配费用，以及相关的工程和费用，也就是支付给施工单位的全部费用。(　　)

8. 建设工程可以像工业产品那样，按品种、规格和质量来定价。(　　)

9. 建设工程不能像工业产品那样，按品种、规格和质量成批量生产和定价，只能是单件性定价。(　　)

10. 建设工程造价职能实现的最主要条件是广泛实行招标投标制度。(　　)

11. 公路工程总造价中列出的造价动态费用是指由于物价上涨而预留的费用。(　　)

12. 工程造价管理逐渐形成为一个独立的专业是随着产业革命而产生的。(　　)

13. 工程造价管理体制的核心是处理参与工程建设各方之间的管理权限、经济责任和经济利益。(　　)

14. 编制概预算的目的是有效地控制工程造价，编制竣工决算的目的是合理确定工程造价。(　　)

15. 建设工程造价控制目标的设置应随着工程项目建设实践的不断深入而分阶段进行，各阶段目标相互制约、相互补充，前者控制后者、后者补充前者，共同组成工程造价控制的目标系统。(　　)

16. 建设工程造价管理的基本内容就是尽量降低工程造价。(　　)

17. 为了有效地控制工程造价，建设项目伊始就要设置一个科学的、不变的造价控制目标。(　　)

18. 控制工程造价的关键是认真审核施工图纸，合理结算建筑安装工程价款。（　）

19. 设计阶段主要是确定工程造价，施工阶段才是控制工程造价的关键。（　）

20. 建设项目前期阶段是工程造价控制的重点。（　）

21. 勘察设计质量对整个工程建设的效益是至关重要的。（　）

22. 建设工程造价控制要能动地影响投资决策、设计、发包和施工。（　）

23. 从设计和施工技术上采取措施，深入研究节约投资的可能性是控制工程造价最有效的手段。（　）

24. 工程造价管理的工作要素之一，就是严格按照国家批准的投资限额对工程造价实行静态控制、动态管理。（　）

25. 在国外，宁可在保证使用功能的前提下降低标准，也要将投资控制在额度范围之内。（　）

26. 国外一般没有统一的定额，因而没有有章可循的工程造价计价依据。（　）

27.《造价工程师执业资格制度暂行规定》规定，工程造价专业大专毕业后从事工程造价工作满六年，工程或工程经济类大专毕业后从事工程造价业务满五年，可申请参加造价工程师执业资格考试。（　）

28.《造价工程师执业资格制度暂行规定》规定，凡经造价工程师签名的工程造价文件，一律不能修改。（　）

29. 造价工程师违法服刑时，不必办理注销手续而自行注销。（　）

30. 只有注册的造价工程师，才有申请开办工程造价咨询单位的权利。（　）

31. 公路工程造价人员，除对本专业知识应有很好的修养外，还应了解和掌握国家有关基本建设的技术经济政策，要懂设计施工技术、懂项目管理、懂经济法律法规，会计算机应用，具有丰富的实践经验，融技术与经济知识于一体，是一个具有多层次知识的人才。（　）

32. 在项目建议书阶段编制的投资估算是控制建设项目投资的依据。（　）

33. 按两阶段设计的建设项目，如果在初步设计批准后即进行招标，则其概算是编制标底的控制依据。（　）

34. 公路基本建设项目一般采用两阶段设计，即技术设计和施工图设计。（　）

35. 公路基本建设项目一般采用两阶段设计，即初步设计和施工图设计。（　）

36. 公路基本建设项目一般采用两阶段设计，即初步设计和技术设计。（　）

37. 按三阶段设计的建设项目，施工图设计时对技术设计阶段完成的定测资料，必须重新进行测量。（　）

38. 占用土地特别是占用耕地和良田的多少，应作为公路基本建设项目设计方案比选的主要条件之一。（　）

39. 编制标底是对工程项目的一次计价，是施工单位投标报价的依据。（　）

40. 任何建设项目都必须将整个建设工程分解到最小的工程结构部位，直至对计量和计价都相对准确的程度。工程定额就是根据这一原理编制的，其单项定额所综合的工程内容是逐级缩小的。（　）

41. 任何建设项目都必须将整个建设工程分解到最小的工程结构部位，直至对计量和计价都相对准确的程度。工程定额就是根据这一原理编制的，其单项定额所综合的工程内容是逐级扩大的。（　）

42. 公路工程造价一贯采用按定额量、市场价、控制费编制造价文件。（　）

43. 工程造价文件经有权机关审批后，业主可以根据自己的需要随意进行修改、变更。（　）

44. 工程造价计价依据的编制是一个由细到粗逐步综合扩大的过程。（　）

45. 工程造价无论采用哪一种方法计价，都离不开两个基本要素：一是工程量，二是定额。（　）

第二章　公路工程造价计价依据

一、单项选择题

1. 定额是（　），是算工、算料、算机械台班消耗量的依据。

A. 标准　　B. 规范　　C. 规程　　D. 资料

2. 定额是规定在生产中各种（　）的标准额度。

A. 社会必要劳动量　　B. 社会总劳动量

C. 企业的必要劳动量　　D. 企业的总劳动量

3. 下列说法中错误的是（　）。

A. 定额与市场经济的共容性是与生俱来的

B. 定额有利于建筑市场公平竞争

C. 定额是计划经济的产物，在市场经济条件下应逐渐消亡

D. 定额是对市场行为的规范

4. 工程建设定额的权威性体现了定额的（　）。

A. 稳定性　　B. 科学性　　C. 统一性　　D. 系统性

5. 工程建设定额是一种（　）。

A. 技术定额　　B. 技术经济定额

C. 经济定额　　D. 企业定额

6. 工程造价计价依据的编制是一个（　）的过程。

A. 由细到粗逐步综合扩大　　B. 由一般到特殊

C. 由粗到细逐步具体化　　D. 由简到繁逐步清晰

7. 工程造价计价依据，就是用以计算工程造价的各类（　）的总称。

A. 定额资料　　B. 取费规定

C. 技术资料　　D. 基础资料

8. 下列（　）不属于定额时间。

A. 有效工作时间　　B. 休息时间

C. 不可避免的中断时间　　D. 停工时间

9. 下列属于在拟定定额时不应该计算的是（　）。

A. 有效工作时间　　B. 休息时间

C. 不可避免的中断时间　　D. 施工本身造成的停工时间

10. 施工单位进行技术交底的时间属于(　　)。

A. 有效工作时间中的辅助工作时间　　B. 有效工作时间中的基本工作时间

C. 有效工作时间中的准备与结束时间　　D. 不可避免的中断时间

11. 生产工人的工作时间中,(　　)与工作量的大小无关,而往往与工作内容有关。

A. 辅助工作时间　　B. 基本工作时间

C. 准备与结束时间　　D. 不可避免的中断时间

12. 劳动定额的时间定额中,下列(　　)不属于有效工作时间。

A. 准备与结束工作时间　　B. 基本工作时间

C. 不可避免的中断时间　　D. 辅助工作时间

13. 与工人休息有关的机械中断时间属于(　　)。

A. 准备与结束工作时间　　B. 停工时间

C. 不可避免的中断时间　　D. 辅助工作时间

14. 由于机械保养而中断的时间因属于(　　)而计入机械台班消耗量中。

A. 不可避免的中断时间　　B. 有效工作时间

C. 不可避免的无负荷工作时间　　D. 停工时间

15. 在施工机械的工作时间中,不可避免的无负荷工作时间属于(　　)。

A. 不可避免的中断时间　　B. 有效工作时间

C. 必须消耗的时间　　D. 停工时间

16. 下列时间中,不属于定额时间的是(　　)。

A. 塔吊吊装构件时空物回转时间　　B. 汽车运土时的空车返回时间

C. 因组织不善而造成的机械停工待料时间　　D. 运料途中遇红灯的等待时间

17. 下列时间中,不属于定额时间的是(　　)。

A. 卸料时,机械的等待时间　　B. 工人的午休时间

C. 工人为砖浇水湿润的时间　　D. 砌砖时摆放加固筋的时间

18. (　　)是完成一定合格产品(工程实体或劳务)规定活劳动消耗的数量标准。

A. 施工定额　　B. 劳动定额　　C. 机械定额　　D. 材料定额

19. 在工程建设定额体系中,(　　)是基础性定额。

A. 施工定额　　B. 预算定额　　C. 机械台班费用定额　　D. 概算定额

20. 在用计时观察法编制施工定额时,(　　)是主要的研究对象。

A. 施工动作　　B. 分项工程　　C. 施工操作　　D. 工序

21. 适用于测定那些定时重复的循环工作的工时消耗,且精确度比较高的一种计时观察法是指(　　)。

A. 测时法　　B. 写实记录法　　C. 工作日写实法　　D. 动作研究法

22. 利用工时规范计算时间定额的计算公式是(　　)。

A. 工序作业时间 = 基本工作时间 × (1 + 辅助工作时间%)

B. 工序作业时间 = 基本工作时间 × (1 − 辅助工作时间%)

C. 工序作业时间 = 定额时间 × (1 + 辅助工作时间%)

D. 工序作业时间 = 定额时间 × (1 − 辅助工作时间%)

23. 某项工作的基本工作时间为 10min,辅助工作时间为 8.2%,准备与结束时间为

3.89%，休息时间为8.33%，则其定额时间是(　　)min。

A.12.33　　B.12.57　　C.12.04　　D.11.39

24.我国公路工程机械消耗定额以(　　)为计量单位。

A.工时　　B.台时　　C.工日　　D.台班

25.在材料消耗定额测定方法中，现场技术测定法主要用于编制(　　)。

A.材料净用量定额　　B.材料损耗定额

C.材料消耗定额　　D.材料运输损耗

26.在材料消耗定额测定方法中，试验室试验法主要用于编制(　　)。

A.材料净用量定额　　B.材料损耗定额

C.材料消耗定额　　D.材料运输损耗

27.下列(　　)材料消耗不属于预算定额中材料必须消耗(材料消耗定额)。

A.直接用于建筑和安装工程的材料　　B.不可避免的施工废料

C.不可避免的材料损耗　　D.材料场外运输操作损耗

28.在编制施工定额时，时间定额与产量定额的关系是(　　)。

A.时间定额等于产量定额　　B.互为倒数

C.时间定额不等于产量定额　　D.无相关关系

29.当人工时间定额为4时，则相应的产量定额为(　　)。

A.4　　B.1

C.0.25　　D.与时间定额无关

30.工程建设定额中分项最细、定额子目最多的是(　　)。

A.估算指标　　B.预算定额　　C.施工定额　　D.概算定额

31.定额水平高则反映(　　)。

A.完成单位合格产品所需消耗的资源较少

B.生产力水平高

C.完成单位合格产品所需消耗的资源较多

D.生产力水平低

32.在进行定额项目划分时，(　　)定额项目应划分细一些，步距小一些。

A.人工消耗　　B.材料消耗

C.常用的、主要的、对工料消耗影响较大的　　D.机械消耗

33.施工定额是一种(　　)。

A.计价定额　　B.国家定额　　C.企业定额　　D.地区定额

34.下列定额编制时，(　　)应坚持平均先进性原则。

A.预算定额　　B.概算定额　　C.估算指标　　D.施工定额

35.下列(　　)不属于施工定额在企业管理工作中的基础作用。

A.是组织和指挥施工生产的有效工具　　B.是企业计划管理的依据

C.是计算工人劳动报酬的依据　　D.是编制施工图预算的依据

36.下列(　　)不属于施工定额的内容。

A.编制预算定额用的基本定额　　B.劳动定额

C.机械消耗定额　　D.材料消耗定额

37. 预算定额的水平与施工定额的水平相比(　　)。
A. 低　B. 高　C. 相同　D. 不可比

38. 下列定额中,作为《公路工程预算定额》编制依据的是(　　)。
A. 施工定额　B. 概算定额　C. 概算指标　D. 估算指标

39.《公路工程预算定额》的编制对象是(　　)。
A. 分项工程和结构构件　B. 单位工程
C. 施工过程　D. 单项工程

40.《公路工程预算定额》中的人工消耗量应(　　)。
A. 大于施工定额消耗量　B. 小于施工定额量
C. 小于或大于施工定额消耗量　D. 等于施工定额消耗量

41.《公路工程预算定额》中材料消耗量包括(　　)。
A. 材料净耗量和不可避免的损耗量　B. 材料净耗量
C. 材料净耗量和周转材料摊销量　D. 材料净耗量和一切损耗量

42. 某单位合格产品的材料净用量为527kg,场外运输损耗率为6%,场内运输损耗率为3%,施工操作损耗率为2%,该产品的定额材料消耗量为(　　)kg。
A. 538　B. 543　C. 553　D. 559

43. 下列(　　)是编制初步设计概算时,计算和确定工程概算造价,计算劳力、材料、机械台班需要量使用的定额。
A. 概算定额　B. 概算指标　C. 预算定额　D. 预算指标

44.《公路工程概算定额》是在(　　)基础上综合扩大编制的。
A. 施工定额　B. 估算指标　C. 劳动定额　D. 预算定额

45. 下列(　　)不是编制概算定额的原则。
A. 贯彻国家有关政策、法规的原则　B. 与设计深度相适应的原则
C. 满足概算能控制工程造价的原则　D. 满足工程结算合理、方便的原则

46. 下列各项费用中,(　　)不属于公路工程机械台班单价的组成部分。
A. 大修理费及经常修理费　B. 折旧费
C. 机上人工及燃料动力费　D. 大型机械进退场费

47.《公路工程机械台班费用定额》中,下列(　　)不属于可变费用。
A. 经常性修理费　B. 机上人工费
C. 养路费及车船使用费　D. 燃料动力费

48.《公路机械台班费用定额》中电动机械的电力台班消耗量计算时,必须考虑电动机时间利用系数、电动机能力利用系数、电动机有效利用系数,这三项利用系数应(　　)。
A. 大于1.0　B. 等于1.0　C. 小于1.0　D. 采用同一值

49. 按我国现行规定,其他工程费中不包括(　　)。
A. 材料二次搬运费　B. 冬季施工增加费
C. 夜间施工增加费　D. 施工辅助费

50. 按我国现行规定,公路工程临时设施费的取费基数为(　　)。
A. 定额(指标)基价　B. 直接工程费
C. 建筑安装工程费　D. 人工费

51. 按我国现行规定,公路工程设计文件审查费取费基数为(　　)。

A. 直接费　　B. 直接工程费

C. 建筑安装工程费总额　　D. 间接费

52. 按我国现行规定,公路工程冬季、雨季施工增加费取费基数为(　　)。

A. 定额(指标)基价　　B. 直接工程费

C. 定额(指标)建筑安装工程费　　D. 人工费

53. 按我国现行规定,公路工程工程定额测定费取费基数为(　　)。

A. 直接费　　B. 直接工程费

C. 建筑安装工程费总额　　D. 间接费

54. 某公路施工企业全员人数5 000人,生产人员占80%,全年企业管理费开支800万元,生产人员日平均工资10元,年有效施工天数230天,测得人工费占直接工程费的比例为8%,则间接费定额应为(　　)%。

A. 7.47　　B. 6.96　　C. 5.91　　D. 9.39

55. 投资估算指标往往以(　　)为计算对象。

A. 扩大的分部分项工程　　B. 分部分项工程

C. 单项工程或完整的工程项目　　D. 单位工程

56.《公路工程估算指标》是在(　　)基础上综合扩大编制的。

A. 施工定额　　B. 概算定额　　C. 竣工资料　　D. 预算定额

57.《公路工程估算指标》与其他计价依据相比,其主要特点是(　　)。

A. 明确性　　B. 综合性　　C. 具体性　　D. 准确性

58. (　　)是各时期价格都以其前时期价格为计算基础的造价指数。

A. 定基指数　　B. 环比指数

C. 单项价格指数　　D. 综合价格指数

59. 工程造价资料不包括(　　)。

A. 设计概算　　B. 竣工决算

C. 招标投标文件　　D. 施工图预算

60. 合理工期是指完成合格工程(　　)。

A. 质量最高的工期　　B. 速度最快的工期

C. 投资最低的工期　　D. 人员最少的工期

61. 建设工期定额是指(　　)。

A. 建设项目从筹建立项开始到按设计文件全部建成能交付使用所需的全部时间

B. 建设项目从破土动工到按设计文件全部建成能交付使用所需的全部时间

C. 按定额工期汇总而成的建设项目总工期

D. 建设项目的合同工期

62. 下列(　　)应列入生产工人人工费内。

A. 生产工人学习培训期间的工资　　B. 管理人员的基本工资

C. 管理人员的工资性补贴　　D. 生产工人的住房公积金

63. 下列(　　)不应列入生产工人人工费内。

A. 生产工人学习培训期间的工资　　B. 生产工人的基本工资

C. 生产工人的工资性补贴　　D. 职工养老保险费

64. 下列(　)不应列入生产工人人工费内。

A. 流动施工津贴　　B. 交通补贴

C. 劳动保护费　　D. 医疗保险

65. 公路工程中材料预算价格是指(　)。

A. 出厂价格即原价

B. 材料原价与运输费用之和

C. 材料从其来源地到达工地仓库后的出库价格

D. 材料供应合同价

66. 某建筑材料原价为 1 450 元/t,不需包装,运输费为 37.28 元/t,运输损耗为 14.87 元/t,采购及保管费率为 2.5%,则该材料的预算价格为(　)元/t。

A. 1 501.12　　B. 1 524.53　　C. 1 539.70　　D. 1 538.40

67. 公路工程中组成材料预算价格的内容不包括(　)。

A. 运输损耗费　　B. 仓储损耗费

C. 使用损耗费　　D. 包装费

68. 在公路工程造价中,下列(　)不属于材料预算价格的组成部分。

A. 材料采购及保管费　　B. 材料原价

C. 材料二次搬运费　　D. 材料包装费

69. 在公路工程造价中,材料采购人员的工资应计入(　)。

A. 企业管理费　　B. 人工费

C. 材料预算价格　　D. 现场经费

70. 在公路工程造价构成中,建筑材料在工地仓库储存保管期间所发生的损耗费用包括在(　)。

A. 工程定额材料消耗量内　　B. 工程定额其他材料费内

C. 材料场外运输损耗内　　D. 材料采购及保管费内

71. 在计算自采材料的预算价格中包括(　)。

A. 辅助生产间接费　　B. 现场经费

C. 其他直接费　　D. 间接费

72. 根据我国目前的经济发展水平,大多数工业交通项目的建设标准应采用(　)的水平。

A. 世界先进　　B. 国内先进

C. 中等适用　　D. 低等落后

73. 在建设项目的设备选用中,应注意尽量选用(　)。

A. 进口设备　　B. 引进主机　　C. 成套引进　　D. 国产设备

74. 工程造价资料分析指根据构成造价的来源,对其进行系统的分解,(　),从而可以找出其差别的原因。

A. 能为不同工程项目之间进行细致的比较创造条件

B. 能为不同时期的同类工程项目之间进行比较创造条件

C. 以便为同类工程项目的不同工艺所产生的对造价的影响进行比较

D. 提高可比性

75. 按我国现行规定,公路工程各项费用中的安全及文明施工措施费取费基数为(　　)。

A. 定额(指标)基价　　B. 直接工程费

C. 定额(指标)建筑安装工程费　　D. 人工费

76. 按我国现行规定,公路工程企业管理费中基本费用的取费基数为(　　)。

A. 定额(指标)基价　　B. 直接费

C. 定额(指标)建筑安装工程费　　D. 人工费

77. 各类工程施工企业管理费费率的大小,取决于工程管理的主要因素是(　　)。

A. 工程困难和复杂程度的大小

B. 公路等级的高低

C. 生产工人和管理人员的多少及开支标准的高低

D. 材料费所占工程比重的大小

78. 按我国现行规定,公路工程其他工程费中的行车干扰工程施工增加费的取费基数是(　　)。

A. 均以各类工程的定额直接费之和为基数

B. 均以各类工程的直接工程费之和为基数

C. 均以各类工程的人工费之和为基数

D. 以受行车影响部分的工程项目的人工费和机械使用费之和为基数

79. 按我国现行规定,公路工程各项费用中的建设单位(业主)管理费取费基数为(　　)。

A. 定额(指标)基价　　B. 直接费

C. 建筑安装工程费总额　　D. 人工费

80. 根据设计要求,对桥梁的桩基础进行破坏性试验,以提供和验证设计数据,该过程支出的费用属于(　　)。

A. 检验试验费　　B. 研究试验费

C. 前期工作费　　D. 建设单位管理费

81. 在竣工验收前按照设计规定的工程质量标准,对某高速公路上的桥梁进行动载荷载试验,该过程所需的费用属于(　　)。

A. 检验试验费　　B. 联合试运转费

C. 研究试验费　　D. 建设单位管理费

82. 某公路工程项目建设期两年,第一年贷款100万元,第二年贷款200万元,贷款分年度均衡发放,年利率10%,则建设期贷款利息为(　　)万元。

A. 20.5　　B. 15　　C. 25.5　　D. 25

83. 某施工机械的台班产量为500m^3,与之配合的工人小组有4人,则人工定额为(　　)。

A. 0.2工日/m^3　　B. 0.8工日/m^3

C. 0.2工日/100m^3　　D. 0.8工日/100m^3

84. 某施工机械的时间定额为0.391台班/m^3,与之配合的工人小组有4人,则该机械的产量定额为(　　)m^3/台班。

A. 2.56　　B. 256　　C. 0.64　　D. 64

85. 已知某挖掘机挖土的一个工作循环需2min,每循环一次挖土0.5 m^3,工作班的延续时间为 8h,机械正常利用系数为 0.85,则其产量定额为(　　)台班/m^3。

A. 12.8　　B. 15　　C. 102　　D. 20

二、多项选择题

1. 工程建设定额是指在工程建设中单位产品上(　　)消耗的规定额度。

A. 费用　　B. 人工　　C. 材料　　D. 机械

2. 定额是(　　)的重要手段。

A. 节约社会劳动　　B. 提高劳动生产率

C. 计算企业的必要劳动量　　D. 控制企业的总劳动量

3. 工程建设定额按其所反映的物质消耗内容分为(　　)。

A. 施工定额　　B. 劳动消耗定额

C. 机械消耗定额　　D. 材料消耗定额

4. 工程建设定额具有(　　)等特性。

A. 复杂性　　B. 权威性　　C. 公开性　　D. 稳定性

5. 工程造价计价依据除包括定额、指标、费率外,还包括(　　)。

A. 工程量数据　　B. 计价办法

C. 各种经济法规、政策　　D. 设计图纸

6. (　　)属于工程造价计价依据。

A. 材料预算价格　　B. 工期定额

C. 工程量计算规则　　D. 施工定额

7. 根据施工过程组织上的复杂程度可将其分为(　　)。

A. 工作过程　　B. 工序　　C. 综合工作过程　　D. 动作

8. 生产工人的工作时间中,(　　)与工作量的大小有关。

A. 辅助工作时间　　B. 基本工作时间

C. 准备与结束时间　　D. 不可避免的中断时间

9. 下列定额中,(　　)属于国家规定的计价定额。

A. 估算指标　　B. 预算定额　　C. 施工定额　　D. 概算定额

10. 施工定额编制应遵循(　　)等原则。

A. 按社会平均确定定额水平　　B. 统一性

C. 以专家为主　　D. 简明适用

11. 下列关于《公路工程预算定额》编制原则中,不正确的是(　　)。

A. 按社会平均先进确定定额水平的原则　　B. 简明适用原则

C. 坚持统一性和差别性相结合的原则　　D. 项目齐全的原则

12.《公路工程机械台班费用定额》中,下列(　　)属于可变费用。

A. 经常性修理费　　B. 机上人工费

C. 安装、拆卸及辅助设施费　　D. 燃料动力费

13. 下列(　　)应列入生产工人人工费内。

A. 生产工人探亲期间的工资　　B. 生产工人福利费

C. 生产工人的退休工资　　D. 生产工人劳动保护费

14. 公路工程中组成材料预算价格的内容有(　　)。

A. 采购及保管费用　　B. 材料原价

C. 运杂费　　D. 包装费

15. 在公路工程造价中,下列(　　)属于材料预算价格的组成部分。

A. 场内运输及操作损耗　　B. 施工损耗

C. 场外运输及操作损耗　　D. 包装费

16. 制定劳动定额的技术测定包括(　　)。

A. 统计分析法　　B. 测时法

C. 写实记录法　　D. 工作日写实法

17. 在制定劳动定额时需要拟定正常的施工作业条件,这主要包括拟定(　　)。

A. 施工作业的内容　　B. 施工作业地点的组织

C. 施工作业人员的组织　　D. 施工作业的方法

三、判断题(正确者打✓,错误者打×)

1. 公路工程造价编制办法对建设单位和施工单位均具有约束力。(　　)

2. 工程建设定额属于工程造价计价依据的主要内容之一。(　　)

3. 定额、指标有两部分,一是工程定额、指标,一是费用定额、指标,两者必须结合起来使用才能确定出正确的工程造价。(　　)

4. 工程量数据及政府主管部门颁发的有关经济法规、政策等均是计价依据。(　　)

5. 定额是国家对工程建设进行宏观调控和管理的重要手段。(　　)

6. 在社会主义市场经济条件下,对定额的权威性和强制性不应绝对化。(　　)

7. 工程建设定额在具有稳定性特点的同时,也具有显著的时效性。(　　)

8. 在社会主义市场经济的现阶段,定额工作仍需加强和深化。(　　)

9. 在社会主义市场经济的现阶段,定额工作将逐渐弱化。(　　)

10. 工程建设定额的权威性和强制性的客观基础是定额的科学性。(　　)

11. 保持定额的稳定性是维护定额的权威性所必需的。(　　)

12. 定额的稳定性是相对的。(　　)

13. 国家定额包括投资估算指标、概算定额、预算定额和施工定额。(　　)

14. 施工定额、预算定额、概算定额均是计价定额。(　　)

15. 定额水平不是一成不变的,而应随着生产力水平的变化而变化。(　　)

16. 施工定额在建筑安装企业管理的各个环节中都是不可缺少的,施工定额管理是企业的基础性工作,具有不容忽视的作用。(　　)

17. 工程建设定额既不是技术定额,也不是单纯的经济定额,而是一种经济技术定额。(　　)

18. 定额既是投资决策的依据,又是价格决策的依据。(　　)

19. 在编制定额时,只有确定出合理的定额水平才能使定额起到其应起的作用。(　　)

20. 施工企业投标报价由企业的施工技术水平和管理水平决定,不受国家定额的约束。(　　)

21. 企业定额水平一般应低于国家现行定额,只要能满足企业的生产技术发展、企业管理

和市场竞争的需要即可。（　）

22. 定额项目表是定额的核心内容。（　）

23. 所谓平均先进性水平，就是在正常的施工条件下，大多数施工队组和大多数生产者经过努力能够达到和超过的水平。（　）

24. 施工定额的定额水平是社会平均水平。（　）

25. 施工定额是企业定额，因此，企业可以对其进行修改。（　）

26. 施工定额由人工定额组成。（　）

27. 工人工间休息时间应属于不可避免的中断时间而计入定额时间内。（　）

28. 工人工间休息时间应属于停工时间而计入非定额时间内。（　）

29. 工程质量不合格造成返工所消耗的时间属于违反劳动纪律的时间，而计入非定额时间内。（　）

30. 研究施工中的工作时间，最主要的目的是确定施工的时间定额和产量定额。（　）

31. 施工定额是编制初步设计文件的依据。（　）

32. 施工定额是编制工程建设定额体系的基础。（　）

33. 工人在工作班内消耗的时间包括必须消耗的时间和损失时间。（　）

34. 在材料消耗定额的测定中，利用试验室试验法主要是编制材料损耗定额。（　）

35. 公路工程机械消耗定额是以工日为计量单位的。（　）

36. 由于机械保养而中断的时间属于停工时间而计入机械台班消耗量中。（　）

37. 包括在工作班延续时间内的休息时间是指工作班八小时以内的休息时间。（　）

38. 工人违反劳动纪律损失的时间应计入定额时间。（　）

39.《公路工程机械台班费用定额》中的折旧费、大修理费和经常修理费均属于不变费用。（　）

40. 测时法主要适用于测定那些定时重复的循环工作的工时消耗，是精确度比较高的一种计时观测法。（　）

41. 预算定额按专业性质划分为建筑工程定额和安装工程定额两类。（　）

42.《公路工程概算定额》的定额水平是平均先进水平。（　）

43.《公路工程预算定额》适用于公路基本建设新建、改建和大、中修工程。（　）

44. 预算定额从管理权限和执行范围，可分为全国统一定额、行业统一定额和地区统一定额。（　）

45. 由施工定额综合为预算定额的幅度差中，不包括材料幅度差。（　）

46. 预算定额是以各工程项目工、料、机消耗量表为主的表现形式。（　）

47. 预算定额的计量单位主要是根据分部分项工程的形体和结构特征及其变化确定，而施工定额一般按工序或工作工程确定。（　）

48.《公路工程预算定额》中每工日均按八小时考虑。（　）

49. 预算定额的定额水平比施工定额的定额水平高。（　）

50.《公路工程预算定额》中列有“材料采集及加工”和“材料运输”两章，这是公路定额特有的。（　）

51.《公路工程预算定额》中的人工工日消耗量包括基本用工、其他用工和人工幅度差三部分。（　）

52. 预算定额的材料消耗量 = 施工定额的材料消耗量 ×（1 + 材料幅度差）。（ ）

53. 预算定额和概算定额的定额水平取的是社会平均水平。（ ）

54.《公路工程概算定额》由说明和定额项目表两部分组成。（ ）

55.《公路工程概算定额》包括说明、定额项目表和附录三个部分。（ ）

56. 在概算定额和预算定额中，材料名称的划分是相同的。（ ）

57.《公路工程概算定额》是编制初步设计概算和技术设计修正概算的依据。（ ）

58. 由预算定额综合为概算定额的幅度中，应包括人工幅度差和机械幅度差，而对隧道和桥涵工程还要计入材料幅度差。（ ）

59. 概算定额的机械消耗量 = 预算定额的人工消耗量 ×（1 + 人工幅度差）。（ ）

60. 概算定额是在施工定额基础上以主要工序为准综合相关分项的扩大定额。（ ）

61.《公路工程估算指标》项目的划分要与施工图设计阶段的深度相适应。（ ）

62. 公路工程估算指标与概预算定额一样，都是计价定额。（ ）

63.《公路工程估算指标》仅包括主要工程项目建筑安装工程费中的人工费、材料费和机械使用费，至于其他工程和各项费用在指标中均不包括。（ ）

64.《公路工程估算指标》是以概算定额为基础，将概算定额的工程项目进行合理综合编制的。（ ）

65.《公路工程估算指标》中的综合指标是按一般标准路基宽度编制的。（ ）

66.《公路基本建设工程投资估算编制办法》和《公路基本建设工程概算、预算编制办法》与其他计价依据一样，有着同等的地位和重要性。（ ）

67. 人工费单价仅作为编制概、预算的依据，不作为施工企业实发工资的依据。（ ）

68. 直接工程费就是指施工过程中耗费的构成工程实体和有助于工程形成的各项费用。（ ）

69. 直接费由直接工程费和其他工程费组成。（ ）

70. 指标直接费即《公路工程估算指标》的基价。（ ）

71. 现行公路建设项目的工程监理费和工程质量监督费的计算基数是相同的。（ ）

72. 行车干扰工程施工增加费取费是以各类工程的直接工程费之和为基数的。（ ）

73. 规费包括养老保险费、失业保险费、医疗保险费、住房公积金和工伤保险费。（ ）

74. 间接费包括企业管理费、财务费用、规费。（ ）

75. 间接费等于直接费乘间接费费率。（ ）

76. 工地转移费系指施工机构成建制地由原驻地迁移到另一地区所发生的一次性搬迁费用。（ ）

77. 公路工程中的临时设施费是指施工企业为进行建筑安装工程施工所需的生活和生产用的临时建筑物、构筑物和其他临时设施的费用。因此，临时工程费应包括在临时设施费内。（ ）

78. 施工生产、生活房屋、便道、便桥均应列入临时工程费用中。（ ）

79. 临时便道、便桥属于临时设施，已计入临时设施费，不单独计算。（ ）

80. 公路工程中，税金 =（直接费 + 间接费）× 所得税税率。（ ）

81. 公路工程中，利润 =（直接工程费 + 间接费）× 计划利润率。（ ）

82. 建筑安装工程费中不包括建设项目管理费。（ ）

83. 公路工程建筑安装工程造价中的直接费包括人工费、材料费、设备购置费、施工机械使用费。（　）

84. 公路工程中，建设单位管理费＝建筑安装工程费×建设单位管理费费率。（　）

85. 勘测设计费属于建设项目中的预备费。（　）

86. 编制公路工程造价文件时应考虑价差调整。（　）

87. 目前国家对公路基础设施建设暂不征收固定资产投资方向调节税，所以公路建设工程中的服务性等房屋建筑也属免征范围。（　）

88. 按现行的公路工程造价管理制度，工程造价计算表格分为投资估算和概预算两个系列。（　）

89. 公路工程概预算文件分为甲、乙两组，其中，甲组文件为建筑安装工程费各项基础数据资料计算表，乙组文件为各项费用计算表。（　）

90. 我国现行的工程造价文件，采用工料分析的方法进行工程造价的计算，是一种规范性的标准格式。（　）

91. 工期定额也是工程造价的计价依据。（　）

92. 工期与费用的关系是工期缩短、费用减少。（　）

93. 公路工程造价编制即造价文件的编审。（　）

94. 工程造价编制工作的开展与勘察设计工作同步进行。（　）

95. 公路工程造价即公路工程项目建设所（预期或实际）花费的全部费用。（　）

96. 公路工程造价等于公路工程项目的固定资产价值。

97. 由于工程建设具有阶段性的特点，因此也就决定了建设项目的造价具有多次定价的特点。（　）

98. 工程造价的计价依据就是用以计算工程造价的造价定额。（　）

99. 工程造价计价依据中，价格是最不稳定的。（　）

100. 公路工程人工预算单价中包括企业浮动工资。（　）

101. 编制公路工程造价文件时，其人工费单价应按定额基价规定的每工日16.02元计算。（　）

102. 材料的包装费也应计入材料的预算价格内。（　）

103. 材料的二次搬运费应计入材料预算价格内。（　）

104. 材料预算价格包括材料供应价格、运杂费、场内外运输操作损耗、采购及仓库保管费。（　）

105. 公路工程材料预算价格包括材料原价、材料包装费、材料采购及保管费、材料二次搬运费。（　）

106. 预算中材料费的高低决定于材料的原价、运输距离及可行的运输方式。（　）

107. 在编制公路工程造价计算材料预算价格时，应采用《公路工程预算定额》中材料运输的有关定额计算运杂费。（　）

108. 在编制公路工程造价时，施工机械台班预算价格应按照交通部颁布的《公路工程机械台班费用定额》计算，也可采用社会租赁台班单价计算。（　）

109. 在编制公路工程造价时，可以采用社会出租机械台班单价计价。（　）

110. 摘取工程造价编制需要的工程量，其摘取方法主要是由各项计价定额标准所决定的。（ ）

111. 设计图纸是计算工程量的主要依据。（ ）

112. 预算定额是计算和摘取工程量的主要依据。（ ）

113. 工程量是编制工程造价的基础数据资料。（ ）

114. 当设计图纸的工程量计算与概算定额中摘取计价工程量的规定不一致时，编制概算采用的工程量应以设计图纸计算为准。（ ）

115. 公路工程概、预算定额中混凝土构件的计量单位“$10m^3$ 实体”，不包括空心部分的体积。（ ）

116. 公路建设项目中的互通式和分离式立体交叉工程的土石方数量，应统一计入路基土石方中。（ ）

117. 主副食运费补贴的运距按四种生活物资（粮食、燃料、蔬菜、水）的平均运距计算。（ ）

118. 按规定编制的补充定额是编制概算的合法依据。（ ）

119. 补充定额允许与现行的同类定额标准在内容和形式上有差异。（ ）

120. 特殊地区施工增加费包括高原地区施工增加费、风沙地区施工增加费和沿海地区施工增加费三项。（ ）

第三章 公路工程造价的确定与控制

一、单项选择题

1. 公路基本建设项目一般采用（ ）设计。

A. 一阶段 B. 二阶段 C. 三阶段 D. 四阶段

2. 公路工程勘察设计按建设项目大小和技术复杂程度划分为（ ）设计。

A. 一阶段 B. 二阶段 C. 三阶段 D. 四阶段

3. 对技术复杂、基础资料缺乏或不足的建设项目，或建设项目中的特殊大型桥梁、隧道、互通式立体交叉等部分工程，必要时可在初步设计和施工图设计之间增加一个（ ）。

A. 方案设计 B. 专题设计 C. 技术设计 D. 课题设计

4. 凡技术简单、方案明确的小型项目，则采用（ ）设计。

A. 一阶段 B. 二阶段 C. 三阶段 D. 四阶段

5. 公路建设项目投资估算是指（ ）对建设工程预期造价所进行的优化、计算核定。

A. 设计任务书阶段 B. 可行性研究报告阶段

C. 初步设计阶段 D. 招投标阶段

6. （ ）是建设项目决策的重要依据之一。

A. 工程预算 B. 工程概算 C. 投资估算 D. 修正概算

7. 当可行性研究报告的工作深度已达到初步设计深度时，可采用（ ）编制可行性研究报告投资估算。

A. 公路工程概算定额　　　　　　　　B. 公路工程预算定额

C. 估算指标中的综合指标　　　　　　D. 估算指标中的分项指标

8. 当项目建议书阶段的工作深度已达到可行性研究报告深度时，可采用（　　）编制项目建议书投资估算。

A. 公路工程概算定额　　　　　　　　B. 公路工程预算定额

C. 估算指标中的综合指标　　　　　　D. 估算指标中的分项指标

9. 估算指标中综合指标的其他工程不包括（　　）。

A. 清除场地　　B. 绿化工程　　C. 支线工程　　D. 改河土方

10. 编制公路基本建设项目投资估算时，其他工程费应以（　　）为基数计算。

A. 指标直接费　　B. 直接费　　C. 指标直接工程费　　D. 直接工程费

11. 通过预测项目建设期内汇率的变动幅度，来计算汇率变化对项目投资的影响程度，是以（　　）的投资额为基数的。

A. 工程批准开工年份　　　　　　　　B. 工程开工年份

C. 工程竣工年份　　　　　　　　　　D. 估算年份

12. 估算指标的分项指标中，跨径超过 8m 的通道工程应按（　　）指标计算。

A. 分离式立体交叉　　　　　　　　　B. 通道

C. 小桥及跨径小于 20m 的中桥　　　D. 平面交叉

13. 若设计提供的路基土方仅为断面方时，平原微丘区的断面方应乘以（　　）的系数折成计价方。

A. 0.85　　B. 0.75　　C. 0.80　　D. 0.95

14. 公路基本建设项目经济评价通常以（　　）为主。

A. 财务评价　　B. 经济后评价　　C. 国民经济评价　　D. 敏感性分析

15. 在对公路建设项目进行经济评价时，用（　　）的方法评价项目承受风险的能力。

A. 财务评价　　B. 经济后评价　　C. 国民经济评价　　D. 敏感性分析

16.（　　）是反映建设项目对国家所做净贡献的一个绝对指标。

A. 投资回收期　　　　　　　　　　　B. 经济内部收益率

C. 经济净现值　　　　　　　　　　　D. 经济效益费用比

17. 经济净现值是用（　　）将公路项目计算年限内各年的效益和费用都折算到建设初期的代数和，它是项目的效益现值与费用现值之差。

A. 银行折现率　　　　　　　　　　　B. 社会折现率

C. 银行储蓄利率　　　　　　　　　　D. 银行贷款利率

18. 社会折现率是国家统一规定的将建设项目在不同时间发生的各项费用和效益的现金流量折算成现在值的系数。我国规定的社会折现率是（　　）。

A. 8%　　B. 10%　　C. 12%　　D. 15%

19. 对公路建设项目进行国民经济评价采用（　　）。

A. 财务价格　　B. 影子价格　　C. 市场价格　　D. 规定价格

20. 在（　　）中，税金和利息均不计为费用支出。

A. 国民经济评价　　B. 财务评价　　C. 经济后评价　　D. 资产评估

21. 考察公路建设项目在财务上的投资回收能力的主要评价指标是（　　）。

A. 财务净现值　　B. 投资利润率
C. 投资回收期　　D. 借款偿还期

22. 考察公路建设项目单位投资盈利能力的评价指标是（　　）。
A. 资本金利润率　　B. 内部收益率
C. 投资利润率　　D. 流动比率

23. 进行经济后评价的公路建设项目至少要经过（　　）年的通车经营实践。
A. 1　　B. 2～3　　C. 2　　D. 1～2

24. 建设项目财务评价是指在国家现行财税制度和市场价格体系下，分析、计算项目直接发生的（　　），考察项目清偿债务能力等财务状况，以判断建设项目在财务上的可行性。
A. 财务费用　　B. 财务效益　　C. 财务费用和效益　　D. 财务状况

25. 公路建设项目财务评价指标中，（　　）是考察项目盈利能力的主要动态指标。
A. 财务效益费用比　　B. 财务净现值
C. 财务内部收益率　　D. 财务投资回收期

26. 编制设计概算依据不包括（　　）。
A. 施工方案　　B. 补充定额
C. 估算指标　　D. 工程量计量规则

27. （　　）是建设项目投资的最高限额。
A. 初步设计概算或修正概算　　B. 施工图预算
C. 投资估算　　D. 竣工决算

28. 公路建设项目勘察设计，应以（　　）为依据来进行。
A. 已批准的项目建议书　　B. 项目建议书
C. 已批准的可行性研究报告　　D. 可行性研究报告

29. 编制公路基本建设项目概（预）算时，无路面的便道工程项目应采用（　　）的费率计算。
A. 机械土方　　B. 人工土方　　C. 机械石方　　D. 其他路面

30. 在编制施工图预算时，应选择套用（　　）。
A. 施工定额　　B. 预算定额　　C. 概算定额　　D. 劳动定额

31. 各个阶段工程造价文件的编制是一个（　　）的过程。
A. 由细到粗逐步综合扩大　　B. 由一般到特殊
C. 由粗到细逐步具体化　　D. 由简到繁逐步清晰

32. 下列各项费用中，与施工组织设计关系最大的是（　　）。
A. 建筑安装工程费　　B. 设备、工器具及家具购置费
C. 工程建设其他费　　D. 预留费

33. 限额设计是控制工程造价的重要手段，其核心是控制（　　）。
A. 预算价格　　B. 工程量　　C. 投资分解　　D. 投资额

34. 为减少因设计变更造成的损失，必须加强对设计变更的管理，尽可能把设计变更控制在（　　）。
A. 采购阶段　　B. 施工阶段　　C. 使用阶段　　D. 设计阶段

35. 为有效控制工程造价，无论任何一方提出的工程变更，均需由（　　）确认并签发工程

变更指令。

A. 业主或其派出的代表　　B. 工程师

C. 设计单位或其代表　　D. 主管部门

36. 公路建设项目竣工决算是以(　　)为主进行编制的。

A. 施工单位　　B. 设计单位　　C. 监理单位　　D. 建设单位

37. (　　)是确定新增固定资产价值,全面反映建设成果的文件。

A. 投资估算　　B. 工程概算　　C. 竣工决算　　D. 竣工结算

38. 建设项目办理交付使用财产价值的依据是(　　)。

A. 投资估算　　B. 工程概算　　C. 竣工决算　　D. 竣工结算

39. 公路建设项目竣工决算的核心内容是(　　)。

A. 工程造价的对比分析　　B. 工程竣工图

C. 竣工财务决算　　D. 竣工工程量分析

40. 竣工结算是(　　)在经济上的结算。

A. 业主与监理工程师　　B. 承包人与监理工程师

C. 业主、监理工程师与承包人　　D. 业主与承包人

41. 建设项目竣工验收投入使用后,新增固定资产价值的计算以(　　)为对象。

A. 整个建设项目　　B. 单位工程

C. 分部分项工程　　D. 单项工程

42. 在编制公路建设项目竣工决算分摊待摊投资时,土地补偿费和安置补助费、勘察设计费应按(　　)分摊。

A. 单项工程投资　　B. 总投资

C. 建筑工程造价　　D. 设备价值

43. 根据交通部发布的《公路工程基本建设项目设计文件编制办法》规定,在编制设计概算阶段设计单位必须按照科学与经济合理的原则正确拟订(　　)。

A. 施工组织设计　　B. 施工方案

C. 施工计划　　D. 施工方法

44. 编制公路建设项目可行性研究报告阶段工程造价中有关费用方面的主要计价依据是(　　)。

A. 综合费率(其他直接费、现场经费及间接费综合费用计算)

B. 综合利税率 10%(施工技术装备费、计划利润和税金计算)

C. 设备购置、拆迁赔偿、研究试验、勘察设计等费用以指标基价为基数乘费率计算

D. 预留费用按《公路基本建设工程投资估算编制办法》单独计算

45. 编制公路工程项目建议书阶段工程造价预备费的费率应是(　　)。

A. 11%　　B. 9%　　C. 5%　　D. 3%

46. 编制公路工程可行性研究报告阶段工程造价预备费的费率应是(　　)。

A. 11%　　B. 9%　　C. 5%　　D. 3%

47. 编制公路工程初步设计概算预备费的费率应是(　　)。

A. 11%　　B. 9%　　C. 5%　　D. 3%

48. 编制公路工程施工图预算预备费的费率应是(　　)。

A. 9%　　B. 5%　　C. 4%　　D. 3%

49.《公路工程预算定额》中列有"材料运输"一章,在编制材料预算价格时,该定额主要适用于施工单位自办运输,运距(　　)。

A. 在 30km 以内的均可采用

B. 在 20km 以内的均可采用

C. 在 10km 以内的汽车及人力场外运输均可采用

D. 不论长短,均可采用

50. 公路工程混凝土强度等级、砂浆强度等级、水泥强度等级,如设计与定额不同时,允许抽换的是指(　　)。

A. 编制初步设计概算使用《公路工程概算定额》

B. 编制投资估算使用《公路工程估算指标》

C. 编制技术设计修正概算使用《公路工程概算定额》

D. 编制施工图预算使用《公路工程预算定额》

51. 公路路基设计图中的挖、填方工程量,填方系按压实体积计算,挖方系按天然密实体积计算。二级及以上等级公路 $1m^3$ 压实体积,如属硬土时,需天然密实体积(　　)m^3。

A. 1.05　　B. 1.09　　C. 1.16　　D. 1.25

52. 公路路基设计图中的挖、填方工程量,填方系按压实体积计算,挖方系按天然密实体积计算。二级及以上等级公路 $1m^3$ 压实体积,如属松土时,需天然密实体积(　　)m^3。

A. 1.05　　B. 1.09　　C. 1.16　　D. 1.23

53. 公路路基设计图中的挖、填方工程量,填方系按压实体积计算,挖方系按天然密实体积计算。三、四级公路 $1m^3$ 压实体积,如属普通时,需天然密实体积(　　)m^3。

A. 1.05　　B. 1.09　　C. 1.16　　D. 1.11

54. 公路路基设计图中的挖、填方工程量,填方系按压实体积计算,挖方系按天然密实体积计算。三、四级公路 $1m^3$ 压实体积,如属硬土时,需天然密实体积(　　)m^3。

A. 1.05　　B. 1.0　　C. 1.08　　D. 1.11

55. 某高速公路需借路基土方 150 000m^3(硬土,压实方),配合装载机推松集土的推土机的定额计价工程量应为(　　)。

A. 150 000m^3　　B. 130 800m^3　　C. 140 000m^3　　D. 163 500m^3

56.《公路工程预算定额》中,沥青混合料的计算单位是按(　　)计算。

A. 1 000m^3　　B. 100m^3　　C. 1 000m^2　　D. 100m^2

57. 编制公路基本建设项目概(预)算时,有路面的临时便道项目应采用(　　)的费率计算。

A. 机械土方　　B. 构造物 I　　C. 机械石方　　D. 其他路面

58. 路面工程中各类稳定土基层,级配碎石路面的压实厚度超过(　　),需分层拌和、碾压时,拖拉机、平地机和压路机台班按定额数量加倍。

A. 10cm　　B. 12cm　　C. 15cm　　D. 20cm

59. 路面工程中填隙碎石基层的压实厚度超过(　　),需分层拌和、碾压时,拖拉机、平地机和压路机台班按定额数量加倍。

A. 10cm　　B. 12cm　　C. 15cm　　D. 20cm

60. 路面工程中垫层和除各类稳定土基层外的其他种类基层的压实厚度超过(　　),需分层拌和、碾压时,拖拉机、平地机和压路机台班按定额数量加倍。

A. 10cm　　B. 12cm　　C. 15cm　　D. 20cm

61. 路面工程定额中的用水量,除(　　)地区允许根据具体情况酌情增加外,其他地区均不得进行调整。

A. 山西、青海、甘肃、宁夏、内蒙、新疆、西藏　　B. 西北、东北

C. 西北、东北、华北　　D. 西南、中南

62. 一个长度为 3 000m 的隧道工程项目,在编制概(预)算时,其机械开挖定额中的人工工日和机械台班数量按规定应乘(　　)的系数。

A. 1.05　　B. 1.10　　C. 1.15　　D. 1.00

63. 编制公路基本建设项目概(预)算时,商品混凝土(包括沥青混凝土和水泥混凝土路面)的浇筑应采用(　　)的费率计算。

A. 构造物 I　　B. 构造物 II　　C. 构造物 III　　D. 高级路面

64. 编制公路基本建设项目概(预)算时,外购构件应采用(　　)的费率计算。

A. 构造物 I　　B. 构造物 II　　C. 构造物 III　　D. 高级路面

65. 编制公路基本建设项目概(预)算时,设备安装工程应采用(　　)的费率计算。

A. 构造物 I　　B. 构造物 III　　C. 构造物 II　　D. 钢结构

66. 开挖基坑土、石方的运输按弃土于坑外(　　)m 范围内考虑。

A. 20　　B. 10　　C. 40　　D. 50

67. 公路工程沉井下沉定额的计量单位为 m^3,其工程量等于(　　)。

A. 沉井刃脚外缘所包围的面积乘刃脚入土深度

B. 沉井刃脚外缘所包围的面积乘沉井高度

C. 沉井刃脚外缘所包围的面积乘刃脚入土深度加井内翻砂数量

D. 沉井刃脚外缘所包围的面积乘沉井高度加井内翻砂数量

68. 钻孔灌注桩混凝土定额的计量单位为 m^3,其工程量等于(　　)。

A. 设计体积加扩孔增加数量　　B. 设计桩径面积乘设计桩长

C. 设计桩径面积乘设计入土桩长　　D. 设计体积加各种损耗

69. 在围堰筑岛上进行灌注桩成孔施工,其成孔工程量等于(　　)。

A. 设计入土深度加围堰筑岛高度　　B. 设计入土深度

C. 设计桩长减围堰筑岛高度　　D. 设计桩长

70. 在编制桥涵砌筑墩、台混凝土预制块工程细目施工图预算时,其预制块工程量应(　　)。

A. 大于砌筑构造物工程量　　B. 小于砌筑构造物工程量

C. 等于砌筑构造物工程量　　D. 与砌筑构造物工程量无关

71. 在编制圆管涵施工图预算时,其预制构件的工程量应(　　)。

A. 大于安装构件工程量　　B. 小于安装构件工程量

C. 等于安装构件工程量　　D. 与安装构件工程量无关

72. 在编制 T 形梁上部构造施工图预算时,其预制构件的工程量应(　　)。

A. 大于安装构件工程量　　B. 小于安装构件工程量

C. 等于安装构件工程量　　D. 与安装构件工程量无关

73. 采用《公路工程概算定额》编制桥梁工程初步设计概算时，支座及伸缩缝单独计算其费用适用于(　　)。

A. 预应力连续梁、连续刚构、斜拉桥、悬索桥　　B. 所有桥梁

C. 特大桥　　D. 均不计算

74. 某公路建设项目采购的 R235 级钢筋的供应价为 2 500 元/t，运杂费为 0.8 元/(t·km)，运输距离为 50km，运输途中发生的路桥通行费为 60 元/t，采购及保管费率为 2.5%，则该材料的预算价格(　　)元/t。

A. 2 665　　B. 2 663.5　　C. 2 662.5　　D. 2 600

75. 公路建筑安装工程费包括建筑工程费和安装工程费两部分，其中安装工程费是指为安装(　　)的费用。

A. 营运、养护、管理所需设备　　B. 钢结构工程构件

C. 混凝土预制构件　　D. 施工机械、设备

76.《公路工程估算指标》中以桥面面积为计量单位的工程项目，其面积等于(　　)。

A. 桥梁全长 × 桥面行车道宽度　　B. 桥梁全长 × 桥面全宽

C. 多孔跨径总长 × 桥面行车道宽度　　D. 多孔跨径总长 × 桥面全宽

77.《公路工程估算指标》中以桥面面积为计量单位的工程项目，其工程量等于桥梁全长与桥面宽度的乘积，其中桥面宽度指(　　)。

A. 行车道加人行道或安全带或桥梁护栏的宽度并计算至外缘

B. 行车道宽度

C. 行车道加人行道或安全带或桥梁护栏的净宽度

D. 路基设计宽度

78. 公路工程安全设施、服务管理设施估算指标计量单位为公路公里，其工程量应按(　　)计算。

A. 建设项目自起点至终点的路线总长度

B. 设计上需要设置设施的长度

C. 建设项目路线总长度减去桥梁长度

D. 建设项目路线总长度加立体交叉中匝道、被交道长度

79. 在编制施工图预算时，当水泥砂浆、混凝土的强度等级与预算定额的规定不同时，根据规定(　　)。

A. 允许对其调整　　B. 不允许调整

C. 仅允许对混凝土调整　　D. 仅允许调整水泥用量

80. 在编制概(预)算时，概(预)算定额中的工程量计量单位(　　)。

A. 允许改变　　B. 不允许改变

C. 可按设计文件中的计量单位采用　　D. 自行确定

81. 编制公路基本建设项目概(预)算时，特殊路基处理项目应采用(　　)的费率计算。

A. 机械土方　　B. 构造物 I　　C. 机械石方　　D. 其他路面

82. 编制公路基本建设项目概(预)算时，钢桥及钢吊桥的上部构造应采用(　　)的费率计算。

A. 构造物 I　　B. 技术复杂大桥　　C. 构造物 II　　D. 钢结构

83. 编制公路基本建设项目概(预)算时,金属标志牌应采用(　　)的费率计算。

A. 构造物 I　　B. 钢结构　　C. 构造物 II　　D. 构造物 III

84. 编制公路基本建设项目概(预)算时,钢沉井、钢围堰及钢套箱等基础工程应采用(　　)的费率计算。

A. 构造物 I　　B. 构造物 II　　C. 钢结构　　D. 基础工程

85. 编制公路基本建设项目概(预)算时,钢筋及预应力钢材应采用(　　)的费率计算。

A. 构造物 I　　B. 构造物 II　　C. 钢结构　　D. 钢筋工程

86. 采用《公路工程估算指标》中的分项指标计算路基土方工程量时,其计价方等于(　　)。

A. 挖方数量 + 填方数量 - 利用方数量　　B. 挖方数量

C. 挖方数量 + 填方数量　　D. 填方数量

87. 采用《公路工程估算指标》中的分项指标计算路基石方工程量时,其计价方等于(　　)。

A. 挖方数量 + 填方数量 - 利用方数量　　B. 挖方数量

C. 挖方数量 + 填方数量　　D. 填方数量

88. 隧道工程洞外出渣距离按(　　)编制,其超过部分按路基工程中"自卸汽车配合装载机运土、石方"项目的增运定额计算。

A. 400m　　B. 800m　　C. 200m　　D. 500m

89. 编制公路隧道工程造价,如洞内工程采用洞外工程定额项目时,其定额人工工日、机械台班消耗及小型机具使用费,应乘以(　　)的调整系数。

A. 1.36　　B. 1.16　　C. 1.29　　D. 1.26

90. 采用《公路工程估算指标》中的分项指标计算涵洞工程量时,其灌溉涵的数量应(　　)。

A. 计入涵洞工程量内　　B. 单独计算

C. 根据具体情况,部分计入涵洞工程量内　　D. 不计算

91. 公路路基填方基底处理工程中,属于场地清理并划入准备工作项目计价的内容有(　　)。

A. 表层的种植土、草皮　　B. 耕地填前压实

C. 软土处理　　D. 挖台阶

92. 隧道工程中的"机械开挖、自卸汽车运输"定额是按(　　)原理编制的。

A. 矿山法　　B. 盾构法　　C. 新奥法　　D. 掘进机法

93. 平整场地填挖厚度超过(　　)cm,土石方开挖、平整、碾压应按路基工程项目的有关定额计算。

A. 20　　B. 25　　C. 30　　D. 40

94. 某施工机械预算价格为 100 000 元,耐用总台班为 4 000 台班,大修理间隔台班为 800 台班,一次大修理费用为 40 000 元,则台班大修理费用为(　　)元。

A. 50　　B. 40　　C. 25　　D. 10

95. 监理工程师对某涵洞工程按设计图纸进行计量后的第 15 天,承包人因未参加对图纸

的确认，提出设计与实际不符并向监理工程师提出申辩。请问监理工程师应如何处理？(　　)。

A. 不予受理，按原计量结果执行　　B. 应予受理，并按复查结果执行

C. 应予受理，但按原计量结果执行　　D. 应予受理，按承包人要求执行

96. 由于设计变更，造价工程师在审核承包人提出的变更价款是否合理时，(　　)是确定的基础。

A. 类似于变更工程的合同价格　　B. 施工定额基价

C. 设计单位提出的变更价格　　D. 业主提出的变更价格

97. 当承包人在施工过程中遇到现场施工条件与招标文件中描述的现场条件有很大差异时，承包人(　　)。

A. 可以提出工程单价变更和施工进度变更　　B. 不能提出工程变更

C. 只能提出施工进度变更　　D. 只能提出工程单价变更

98. 通常把承包人向业主提出的为了取得(　　)的要求称为"施工索赔"。

A. 施工损失和利润损失　　B. 经济补偿或工期延长

C. 超额利润或工期延长　　D. 经济补偿和工期延长

99. 下列关于开标工作描述中，符合规定的有(　　)。

A. 开标应在规定的提交投标文件截止时间的同一天公开进行

B. 开标应在规定的提交投标文件截止时间的同一时间公开进行

C. 开标应在规定的提交投标文件截止时间后的一周内公开进行

D. 开标应在规定的提交投标文件截止时间后的15天内公开进行

100. 工程变更的内容包括(　　)。

A. 进度计划变更、基础类型变更和施工条件变更

B. 设计变更、基础类型变更和施工条件变更

C. 设计变更、基础类型变更和进度计划变更

D. 设计变更、进度计划变更和施工条件变更

101. 工程量清单为投标人提供公开、公平、公正的竞争环境，由(　　)统一提供。

A. 工程标底审查机构　　B. 招标人

C. 工程咨询公司　　D. 招投标管理部门

102. 根据《公路工程工程量清单计量规则》，借土挖方应按(　　)。

A. 天然密实体积　　B. 压实体积

C. 松方　　D. 混合体积

103. 根据《公路工程工程量清单计量规则》，用不小于(　　)kW 推土机单齿松土器无法勾动，须用爆破、钢锲或气钻方法开挖，且体积大于或等于 $1m^3$ 的孤石为石方。

A. 135　　B. 220　　C. 165　　D. 175

104. 工程量清单为闭口清单，这是指(　　)。

A. 投标人若认为清单内容有遗漏可以自行补充

B. 投标人对清单内容的调整要通知招标人

C. 投标人可以根据设计情况将若干清单项目合并计价

D. 未经允许投标人对清单内容不允许作任何更改变动

105. 关于工程量清单，下列说法错误的是(　　)。

A. 清单所列工程数量是估算的或设计数量

B. 清单所列工程数量仅作为投标的共同基础

C. 清单所列工程数量是最终结算和支付的依据

D. 清单所列工程数量不能作为最终结算和支付的依据

106. 根据规定，工程量清单计价采用(　　)。

A. 工料单价法　　B. 综合单价法

C. 扩大单价法　　D. 预算单价法

107. 以批准的初步设计进行施工招标的工程，其造价控制值应在(　　)范围内。

A. 总概算　　B. 总预算

C. 总估算　　D. 总估算与总概算之间

108. 战争、敌对行动、入侵等风险的索赔属于(　　)。

A. 特殊风险的索赔　　B. 人力不可抗拒灾害的索赔

C. 工程暂停的索赔　　D. 合同中止的索赔

109. 某公路工程项目签订了总价合同，施工期间相关物价上涨，此事件可以被认为(　　)。

A. 双方承担的事件　　B. 承包人索赔的事件

C. 不可抗力的事件　　D. 不予考虑的事件

110. 业主的特殊风险不包括(　　)。

A. 战争、入侵　　B. 非业主责任造成的爆炸、火灾

C. 承包人责任造成的爆炸、火灾　　D. 核反应、辐射或放射性污染

111. 特殊风险的责任由(　　)承担。

A. 业主　　B. 监理工程师　　C. 分包方　　D. 承包人

112. 投保工程一切险遇自然灾害造成的损失应向承保的保险公司索赔，合同中承包人以发包人和承包人共同的名义投保工程一切险，则(　　)。

A. 只能由发包人索赔　　B. 承包人可同发包人一起索赔

C. 只能由承包人索赔　　D. 不能一起索赔

113. 财务费用补偿的索赔，是指对因各种原因使承包人财务开支增大而导致的(　　)等财务费用增加所提出的补偿要求。

A. 担保费　　B. 保险费　　C. 贷款利息　　D. 管理费

114. 联合体中标的，联合体各方应当(　　)。

A. 共同与招标人签订合同，就中标项目向招标人承担连带责任

B. 分别与招标人签订合同，但就中标项目向招标人承担连带责任

C. 共同与招标人签订合同，但就中标项目各自独立向招标人承担责任

D. 分别与招标人签订合同，就中标项目各自独立向招标人承担责任

115. 对同一工程而言，担保金额最低的担保通常是(　　)。

A. 投标担保　　B. 履约担保

C. 预付款担保　　D. 支付担保

116. 某高速公路项目实行公开招标，评标后确定某承包单位为中标人并于 2004 年 7 月 1

日向其发出中标通知书,则双方最迟应在(　　)按招标文件签订书面合同。

A. 2004 年 7 月 15 日　　B. 2004 年 7 月 16 日

C. 2004 年 7 月 30 日　　D. 2004 年 8 月 1 日

117. 某工程施工过程中,由于业主原因导致发生索赔事项,承包人提出人工费索赔,则在可索赔费用中不包括(　　)。

A. 施工人员基本工资　　B. 施工人员加班费

C. 施工管理人员基本工资　　D. 施工人员工资上涨费

118. 2004 年 5 月实际完成的某工程按 2003 年 5 月签约时的价格计算工程价款为 1 000 万元,该工程固定要素的系数为 0.2,各参加调值的品种,除钢材的价格指数增长了 10% 外都未发生变化,钢材费用占调值部分的 50%,按调值公式法计算,应结算的工程款为(　　)万元。

A. 1 020　　B. 1 030　　C. 1 040　　D. 1 050

119. 2004 年 9 月实际完成的某工程按 2004 年 1 月签约时的价格计算工程价款为 1 000 万元,该工程固定要素的系数为 0.2,各参加调值的品种,人工费占工程价款的 40%,钢材费用占工程价款的 10%,人工费、钢材在 2004 年 1 月的价格指数分别为 100、150,9 月的价格指数分别为 110、180,则 2004 年 9 月经调值后的工程款为(　　)万元。

A. 1 050　　B. 1 048　　C. 1 100　　D. 1 120

120. 在进行工程价款动态结算时,价格调整所要考核的地点一般是(　　)。

A. 工程所在地　　B. 政府指定地点

C. 发包方总部所在地　　D. 承包方总部所在地

121. 某承包人在工程基坑开挖时没有按设计高程施工,导致基坑开挖超深 1.5m,监理工程师发现后指令对用片石混凝土回填至设计高程,则多做的开挖和回填工程量在工程价款的计量支付时应(　　)。

A. 均予以计量　　B. 均不予计量

C. 只计开挖工程量　　D. 只计回填工程量

122. 如果工程量的增减是由于其实际工程量超过或少于工程量清单中估算的数量而并非监理工程师指令的结果,则这类工程量的增减(　　)。

A. 不需变更指令　　B. 需要变更令

C. 是多余工程量,不予计量　　D. 不需要监理工程师签证

123. 业主在受到最后支付证书(　　)天内将应付给承包人的款额支付给承包人。

A. 28　　B. 21　　C. 14　　D. 42

124. 公路工程缺陷责任期的期限应从(　　)算起。

A. 交工验收之日　　B. 签发交工证书之日

C. 竣工验收之日　　D. 签发竣工鉴定书之日

125. 根据《公路工程标准施工招标文件》规定,发包人应在监理人收到进度付款申请单后的(　　)天内,将进度应付款支付给承包人。

A. 28　　B. 21　　C. 14　　D. 42

126. 只有在签发了(　　),写明承包人实施和完成本合同工程及缺陷修复义务已经完成,并达到合同文件规定的预期要求时,才能认为本工程合同已经结束。

A. 缺陷责任终止证书　　B. 竣工鉴定证书

C. 保修期终止证书　　D. 交工证书

127. 高速公路及一级公路工程项目的工程监理费应以建筑安装工程费总额为基数，按(　　)费率计算。

A. 3.0%　　B. 2.0%　　C. 2.5%　　D. 1.5%

二、多项选择题

1. 下列(　　)经主管部门批准的造价文件，是建设项目投资的最高限额，不得任意突破。

A. 项目建议书投资估算　　B. 一阶段设计施工图预算

C. 可行性研究报告投资估算　　D. 二阶段设计初步设计概算

2. 国民经济评价中项目的费用是指国家为建设项目所投入的人力和物力资源，但不包括(　　)等在国民经济内部转移支付的费用。

A. 税金　　B. 建设期贷款利息

C. 设备购置费　　D. 供电贴费

3. 建设项目投资决策阶段影响工程造价的主要因素有(　　)。

A. 项目生产工艺和设备的选定　　B. 项目的建设规模

C. 就业评价标准的高低　　D. 项目的建设标准

4. 对公路建设项目进行国民经济评价采用(　　)等参数。

A. 社会折现率　　B. 影子汇率

C. 行业基准收益率　　D. 官方汇率

5. 对公路建设项目进行财务评价采用(　　)等参数。

A. 社会折现率　　B. 影子汇率

C. 行业基准收益率　　D. 官方汇率

6. 评价公路建设项目可行的条件有(　　)。

A. 投资收益率≤行业平均投资收益率　　B. 投资回收期≤基准回收期

C. 投资收益率≥行业平均投资收益率　　D. 投资回收期≥基准回收期

7. 公路工程造价宏观管理的内容包括(　　)。

A. 工程定额管理　　B. 造价信息管理

C. 资质管理　　D. 造价文件审查

8. 评价公路建设项目可行的条件有(　　)。

A. 平均报酬率≤期望报酬率　　B. 投资回收期≤基准回收期

C. 平均报酬率≥期望报酬率　　D. 投资回收期≥基准回收期

9. 公路建设项目经济评价中敏感性分析的具体经济效益评价指标是(　　)。

A. 静态投资收益率　　B. 内部收益率

C. 投资回收期　　D. 获利指数

10. 下列(　　)经主管部门批准的造价文件是建设项目投资的最高限额，不得随意突破。

A. 建设项目可行性研究报告的投资估算　　B. 一阶段设计的施工图预算

C. 两阶段设计的初步设计概算　　D. 三阶段设计的技术设计修正概算

11. 初步设计阶段编制工程造价文件采用的主要计价依据包括(　　)。

A.《公路基本建设工程投资估算编制办法》

B.《公路工程概算定额》

C.《公路基本建设工程概算、预算编制办法》

D.《公路工程估算指标》

12. 施工图设计阶段编制工程造价文件采用的主要计价依据包括(　　)。

A.《公路工程预算定额》　B.《公路工程概算定额》

C.《公路基本建设工程概算、预算编制办法》　D.《公路工程施工定额》

13. 审查初步设计概算时,一般应包括以下(　　)方面的内容。

A. 编制依据的合法性、时效性和适用范围　B. 建设规模和标准

C. 工程量计算和计价依据的采用　D. 工程建设其他费用的计算

14. 根据现行规定,其他工程费不包括(　　)。

A. 临时设施费　B. 施工辅助费

C. 施工机构迁移费　D. 辅助生产间接费

15. 根据现行规定,间接费应包括(　　)。

A. 财务费　B. 工程保修费

C. 医疗保险费　D. 企业财产保险费

16. 风沙地区施工增加费主要包括(　　)。

A. 防风、防沙及气候影响的措施费　B. 材料费

C. 人工、机械效率降低增加的费用　D. 积沙、风蚀的清理修复等费用

17. 下列各项费用中,以直接工程费之和为计算基数的是(　　)。

A. 夜间施工增加费　B. 雨季施工增加费

C. 安全及文明施工措施费　D. 行车干扰工程施工增加费

18. 综合指标按公路等级及地形条件分别编制,对于高速公路应按(　　)来编制。

A. 平原微丘区　B. 重丘区　C. 山岭重丘区　D. 山岭区

19. 隧道工程估算指标中包括(　　)。

A. 洞身　B. 洞门

C. 装饰、照明及通风　D. 消防及救援设施

20. 隧道工程编制预算的工程量,下列说法正确的有(　　)。

A. 定额中没有考虑超挖因素,应将超挖数量计入工程数量

B. 定额中已考虑超挖因素,不得将超挖数量计入工程数量

C. 回填工程量已综合在定额内,不得另行计算

D. 回填工程量为容许超挖数量,一般应控制在开挖工程量的4%以内

21. 编制梁板桥行车道系预制安装工程的概算时,(　　)等的工料消耗已综合在定额内,不得另行计算。

A. 支座　B. 预制场及其设施

C. 现浇绞缝混凝土　D. 吊装设备

22. T形梁桥行车道系在编制概算时,应摘取(　　)作为计价工程量。

A. 构件的设计体积与现浇绞缝混凝土　B. 预制场地及其设施

C. 钢筋　D. 钢绞线或高强钢丝

23. 新增规定资产价值不包括(　　)。

A. 土地使用权出让金　　B. 工程预付款

C. 土地征用及拆迁补偿费　　D. 项目可行性研究费

24. 公路工程建设项目竣工决算中,计入新增固定资产价值的有(　　)。

A. 已投入运营的主体工程　　B. 已投入使用的管养房屋

C. 已投入使用的服务区　　D. 项目筹建期间的开办费

25. 下列(　　)费用属于土地征用及拆迁补偿费。

A. 土地补偿费　　B. 复耕费

C. 土地使用权出让金　　D. 土地增值税金

26. 竣工决算报告组成的内容有(　　)。

A. 封面　　B. 竣工工程平面示意图

C. 竣工决算表格　　D. 竣工决算说明书

27. 进口设备的检疫费由(　　)构成。

A. 离岸价　　B. 国际运费　　C. 关税　　D. 运输保险费

28. 企业管理费基本费用中的税金包括(　　)。

A. 房产税　　B. 教育费附加　　C. 车船使用税　　D. 印花税

29. 钻孔灌注桩中,下列(　　)费用已综合在定额内,不需另行计算。

A. 清孔　　B. 凿除桩头　　C. 成桩检测　　D. 检测管

30. 工程量清单中的暂定金额有下列(　　)形式。

A. 计日工　　B. 专项暂定金额

C. 一定百分率的不可预见因素的预备金　　D. 专项储备金

31. 某施工项目发生工程变更,变更价款采用协商单价,这是基于施工承包合同中(　　)的情况下采用的一种方法。

A. 有适用价格　　B. 没有适用价格

C. 有相应价格但不合适　　D. 有类似价格

32. 在下列建设工程索赔中,可索赔的人工费有(　　)。

A. 完成合同之外的额外工作所花费的人工费用

B. 承包人因雨季停工后加班增加的人工费用

C. 法定人工费增长

D. 不可抗力造成的工期延长导致的工资上涨费

33. 在下列建设工程索赔中,可索赔的机械费有(　　)。

A. 因机械故障停工维修而导致的窝工费

B. 因监理工程师指令错误导致机械停工的窝工费

C. 非承包人责任导致工作效率降低增加的机械使用费

D. 由于完成额外工作增加的机械使用费

34. 在下列建设工程索赔中,可索赔的材料费有(　　)。

A. 非承包人原因导致材料实际用量超过计划用量而增加的费用

B. 因政策调整导致材料价格上涨的费用

C. 因质量原因进行返工所增加的费用

D. 因承包人提前采购材料而发生的超期存储费用

35. 某工程由于设计变更,监理工程师签发了部分工程停工一个月的暂停工令,则承包人可索赔的费用有(　　)等。

A. 分包费用　　B. 增加的利息支出

C. 应得的利润　　D. 企业管理费

36. 收到投标单位提出的问题后,招标单位应通过(　　)方式通知所有投标单位。

A. 补充文件　　B. 书面形式

C. 电话形式　　D. 投标预备会

三、判断题(正确者打✓,错误者打×)

1. 公路工程投资估算是建设项目投资的最高限额。(　　)

2. 采用估算指标编制投资估算时不得对指标规定的消耗量进行调整。(　　)

3. 可行性研究报告投资估算的人工费单价、材料供应价格均采用现行市场价格。(　　)

4. 当项目建议书阶段的工作深度已达到编制可行性研究报告阶段要求的深度时,就可以采用分项指标编制项目建议书投资估算中的建筑安装工程费。(　　)

5. 当可行性研究报告阶段的工作深度已达到初步设计阶段要求的深度时,就可以采用《公路工程概算定额》编制可行性研究报告投资估算中的建筑安装工程费。(　　)

6. 当项目建议书阶段的工作深度已达到可行性研究报告的深度,可行性研究报告阶段的工作深度已达到初步设计阶段要求的深度时,其投资估算的编制,仍应采用《公路工程估算指标》和《公路基本建设工程投资估算编制办法》,并按原规定进行。(　　)

7. 可行性研究报告投资估算是项目建设投资决策的依据。(　　)

8. 项目建议书投资估算的精度应高于可行性研究报告的投资估算精度。(　　)

9. 项目建议书投资估算应采用"综合指标",可行性研究报告投资估算应采用"分项指标"。(　　)

10. 项目建议书投资估算中,其他直接费、现场经费、间接费按"单项费率"分别计算。(　　)

11. 项目建议书投资估算中的综合指标是以改建工程为对象编制的,当为新建工程时,其指标应乘以0.8的系数。(　　)

12. 编制投资估算时不需计算施工机械台班的预算价格。(　　)

13. 可行性研究报告投资估算中的建设单位管理费与招标方式无关。(　　)

14. 可行性研究报告投资估算与业主的资金筹措无关。(　　)

15. 可行性研究报告投资估算与项目施工组织规划无关。(　　)

16. 施工方案在编制设计概算时一定要具体确定。(　　)

17. 施工方案是按照合理的施工组织和良好的施工条件编制的。(　　)

18. 公路工程概、预算的作用和要求虽然不同,但其编制程序和方法基本上是相同的。(　　)

19. 按一般要求,初步设计概算与可行性研究报告投资估算的误差不得大于10%。(　　)

20. 经有权部门批准的设计概算是建设项目投资的最高限额。(　　)

21. 当编制公路工程概算时，若设计图纸上未提出钢筋数量时，可参考《公路工程概算定额》节说明中提供的钢筋含量取定其钢筋数量。（　）

22.《公路工程概算定额》中规定的工、料、机械台班消耗量是计算工程造价的依据，为准确计算工程造价，根据工程的实际情况可以对定额进行抽换或增减。（　）

23. 初步设计概算编制中，人工费单价按调查的现行市场价格确定。（　）

24. 概算中，高原地区施工单位自采材料及运输工作而增加的高原地区施工人工费应作为辅助生产现场经费的计算基数。（　）

25. 概算编制中，其主要材料中的水泥应分强度等级，钢材、铁丝应分型号。（　）

26. 概算编制中，有定额缺项时，可以采用预算定额。（　）

27. 技术设计必须要编制修正概算。（　）

28. 技术设计修正概算经原设计概算审批单位批准后，即为建设项目投资的最高限额。（　）

29. 技术设计修正概算采用的定额标准为预算定额。（　）

30. 技术设计是公路基本建设项目的必经设计阶段，因此，公路建设项目造价编制中也就必然存在修正概算。（　）

31. 当公路基本建设项目采用两阶段设计时，需要编制修正概算。（　）

32. 使用定额时，不得同时套用清除表土和除草定额。（　）

33. 在编制概、预算时，泥结碎石及级配碎（砾）石路面应结合当地砂石料的情况，按实计列磨耗层和保护层。（　）

34. 公路工程施工图预算是以施工定额为基础编制的。（　）

35. 施工图预算用施工定额编制。（　）

36. 施工图预算总额是项目投资控制的最高限额。（　）

37. 以行政方式分派施工任务时，经审定的施工图预算是施工承包和工程价款结算的依据。（　）

38. 施工图预算是工程决算的依据。（　）

39. 施工图预算编制时，自发电要计算供电贴费。（　）

40. 施工图预算简称施工预算。（　）

41. 施工图预算中包括工程监理费。（　）

42. 施工图预算与施工预算的编制依据是一致的。（　）

43. 施工图预算不得任意突破已批准的初步设计概算或修正概算。（　）

44. 各省、自治区、直辖市公路（交通）工程定额（造价管理）站负责发布的生产工人工资单价，在施工图预算编制时属于一种指导性价格，可根据市场行情予以调整。（　）

45. 施工图设计包括结构设计、施工组织设计和编制施工图预算。（　）

46. 施工预算中不含征地拆迁费。（　）

47. 竣工决算是建设工程多次计价环节中的最后一次计价。（　）

48. 国家投资的大中型公路建设项目必须编制竣工决算，一般公路建设项目可以不编制竣工决算。（　）

49. 国民经济评价时采用的价格是影子价格。（　）

50. 在公路建设项目的财务评价中应采用影子价格进行评价。（　）

51. 公路建设项目的国民经济评价一般采用“有项目”和“无项目”情况对比的方法。（　）

52. 项目经济评价应静态分析和动态分析相结合，以静态分析为主。（　）

53. 公路建设项目财务评价的前提条件是项目的全部或部分投资须通过路（桥）收费予以偿还。（　）

54. 经济后评价通常是指对项目建成投产六个月后进行的评价，其目的是总结经验教训。（　）

55. 工程质量与工程费用之间的关系一般是质量提高、费用要加大。（　）

56. 投资控制是施工阶段监理工程师项目监理的主要目标。（　）

57. 必须的联结螺栓、垫圈等材料，应单独计量。（　）

58. 钢筋的损耗和定位钢筋不单独计量。（　）

59. 用运输车辆的体积计量的材料，应在运到施工现场进行计量。（　）

60. 公路工程造价中不包括在开工前不可预见的而必须增加的工程费用以及由于自然灾害、物价变动和国家政策的调整对工程造价的影响而产生的额外费用。（　）

61. 公路建设项目中的桥涵工程及其他混凝土工程中的预制构件的安装属于设备安装工程，因此其费用应列入安装工程费。（　）

62. 公路建设项目中没有设备安装工程。（　）

63. 公路建设项目建筑安装工程费中的直接工程费包括人工费、材料费、施工机械使用费、其他直接费、现场经费。（　）

64. 公路建设项目建筑安装工程费中的间接费不包括企业管理费和财务费用。（　）

65. 固定资产投资方向调节税属于公路工程建设其他费用。（　）

66. 计算固定资产的价格，应与计算完成投资额的价格一致。（　）

67. 由于拨付给外单位的基建投资、报废工程的投资等，不包括在新增固定资产价值中，属于应核销投资范围，因此固定资产形成率一般都会大于1。（　）

68. 建设总工期中的施工工期应是从施工队伍进入施工现场开始到经竣工验收交付使用后为止的时间。（　）

69. 不同工程之间的比价，根据需要可直接采用概预算定额的定额基价，也可根据过去的工程造价资料取定。（　）

70. 公路工程计价依据中关于路线长度有两种表示，即“公路公里”和“公里”，其含义是一样的。（　）

71. 定额、指标中未包括的项目，各省、自治区、直辖市可编制补充定额、指标在本行政区域内执行，但其编制原则、方法必须符合国家的有关规定。（　）

72. 实际施工中采用的机械的种类、规格与定额规定不同，编制公路工程概、预算时，一律不得抽换。（　）

73. 公路工程造价编制中的材料、成品、半成品预算价格计算，应将“场内运输及操作损耗”、“场外运输及操作损耗”、“仓库保管损耗”，以及由于材料供应规格和质量不符合要求而发生的加工损耗，全部计算在预算价格之内。（　）

74. 当一个建设项目需要分段或分部编制造价文件时，其建设单位管理费也可按分段或分

部的定额建筑安装工程费总额为基数编制费用,再汇总为一个建设项目的总建设单位管理费。（　　）

75. 工程造价中的“研究试验费”,不论建设项目规模大小、技术复杂程度如何,均应计列该项费用。（　　）

76. 工程造价中的“大型专用机械设备购置费”,不论建设项目规模大小、技术复杂程度如何、是否工程必须购置,均应计列该项费用。（　　）

77. 工程造价中的“固定资产投资方向调节税”,公路工程和公路附属的房屋建筑工程,均应缴纳该项税费。（　　）

78. 工程造价中的“固定资产投资方向调节税”,公路工程和公路附属的房屋建筑工程,均不缴纳该项税费。（　　）

79. 工程造价中的“预留费用”,在公路工程建设期限内,凡需动用时,均应按建设项目隶属关系,由建设单位提出,报交通基建主管部门核定批准。（　　）

80. 工程造价中的“预留费用”,在公路工程建设期限内,凡需动用时,建设单位可自主决定。（　　）

81. 由施工单位自行开采加工的材料(如砂、碎石等),按定额及当地人工工资、材料价格、机械台班单价计算单价后,还应计算“辅助生产现场经费”,按人工费的15%计算。（　　）

82. “项目建议书投资估算各项费用取定表”中征用土地栏内规定了各省、自治区、直辖市每公路公里占用土地数量,如设计数量超出或小于规定数量时,仍应按规定数量计算。（　　）

83.《公路工程估算指标》中的综合指标,当每公路公里工程含量与指标比较有较大出入时,可按调整指标或分项指标的相应项目予以增减。（　　）

84.《公路工程估算指标》仅包括主要工程项目,主要工程以外的其他工程(如清除场地,拆除旧建筑物、构筑物,绿化工程,公路交工前养护费,各种临时工程,改河土方,其他零星工程等),估算投资时,以主要工程费为基数,按指标规定的百分率计算。（　　）

85. 可行性研究报告投资估算编制中,除直接费、其他工程费以及预留费用中的预备费按估算指标及投资估算编制办法的规定计算外,其他各项费用的计算依据同初步设计概算。（　　）

86.《公路工程估算指标》中以人民币绝对值“元”表示的消耗量(如其他材料费、机械使用费等),是以1996年价格计算的,编制投资估算时,应按年价格上涨率5%予以调整。（　　）

87.《公路工程估算指标》中的综合指标,每公路公里指标包括路基、路面、桥涵、交叉、安全设施、服务、管理、养护设施等主要工程,但不包括全长1 000m以上(含1 000m)的特大桥、隧道、辅道、支线、城市进出口处的特大型互通式立体交叉工程,以及主要工程以外的其他工程在内。（　　）

88.《公路工程估算指标》中的综合指标,如用于改建工程时,其改建部分的长度应按规定计算调整系数后,才能套用指标计算其费用。（　　）

89.《公路工程估算指标》是按一定的路基标准宽度编制的,如设计路基宽度与指标规定值不一致时,可以不予调整。（　　）

90.《公路工程估算指标》分项指标中路基土方的工程量按设计断面计价方计算;路基石方的工程量按设计断面天然密实方计算。（　　）

91. 路基工程中的耕地填前压实、清除表土后压实、软土地段填土下沉及路基边缘压实加宽等所需增加的填方数量和需要的洒水量，在编制可行性研究报告投资估算时，应另行计算。 ( )

92. 在编制可行性研究报告投资估算计算土方工程数量，如路线地形有变化时，应将不同地形(如平原微丘区、山岭重丘区)的工程数量分别计算。 ( )

93. 1m³ 天然密实方土方压实后达不到 1m³ 压实方，因此，二级及以上等级公路填土方的工程量，采用以天然密实方为计量单位的定额时，应乘以大于 1 的调整系数。 ( )

94. 路基开炸石方以天然密实方体积计算，当利用开炸石方作填方时，则利用开炸的天然密实方石方的数量应少于填方压实后的数量。 ( )

95. 初步设计和施工图设计的土、石方图表中，一般只提供地面高程范围内设计断面的路基填、挖方数量，未包括地面高程以下或其他可能发生的填方数量，这些增加的数量，应按设计需要量另行计算。 ( )

96. 路基土、石方开挖定额中，已包括开挖边沟消耗的工、料、机数量，因此开挖边沟的数量应并入路基开挖土、石方数量内。 ( )

97. 路基施工准备工作中，如地面有草而且有腐殖土必须清除，在编制工程造价时，除计算清除表土项目外，还应计算除草项目。 ( )

98. 采用推土机或铲运机施工土方，不论土方运距多少，均可按"每增运 10m"(推土机)或"每增运 50m"(铲运机)计算土方造价。 ( )

99. 路基填方碾压工程，如填料含水率不够，需要洒水时，其洒水费用另计。 ( )

100. 为了保证填方路基边缘的压实度，须加宽填筑，这部分为保证施工质量而增加的填方数量，完成后须刷掉和运走，因此，所发生的费用应摊入填方单价内，即所谓的计价不计量项目。 ( )

101.《公路工程估算指标》分项指标中的"排水与防护"项目，砌石圬工的工程量不分干砌和浆砌片石、块石，均按设计实体体积数量合并计算。 ( )

102.《公路工程估算指标》分项指标中的"排水与防护"项目，已将非圬工实体的防护工程(如草皮防护等)综合在圬工实体指标中。 ( )

103. 在淤泥路段填筑路基时，首先要清除淤泥，然后换土，再进行填方作业。这些清淤和换土的费用已综合在分项指标的"软土处理"项目内。编制可行性研究报告投资估算时，不得另行计算。 ( )

104. 软土路基处理中土工布的铺设面积为锚固沟外边缘所包围的面积，包括锚固沟的底面积和侧面积。 ( )

105. 防护工程(如护坡、边沟)等定额中，均不包括挖基、基础垫层等工程内容，编制施工图预算时，应另行计算。 ( )

106. 路面工程中的挖路槽、培路肩的费用已综合在路面分项指标的有关项目内，编制可行性研究报告投资估算时，不得另行计算。 ( )

107. 沥青混合料路面及水泥混凝土路面估算指标的计量单位为 100m³，工程量按路面设计体积加一定的超量计算。 ( )

108. 路面工程中的拦水带、沥青路面镶边及路缘石估算指标的计量单位为 1 000m，工程量按设计需要设置的长度(指单边长度)计算。 ( )

109. 路面工程以"m^2"为计量单位的定额，其压路机台班消耗量与路面宽度无关，编制概、预算时，无论路面宽度如何变化，均不得调整。（　）

110. 稳定土厂拌设备及沥青混合料拌和设备的安装、拆除定额计量单位为1座，其工程内容在概算定额和预算定额中均包括设备安装、拆除和场地清理、平整、垫层、碾压等。（　）

111. 稳定土基层定额中的碎石土、砂砾土，指将碎石或砂砾材料与土按一定比例配合而成的路面基层结构。（　）

112. 路面定额中列有洒水车台班，不论水源、供应条件如何，编制施工图预算时均不调整。（　）

113. 沥青表面处治路面，若设计采用拌和法施工时，其造价计算，同沥青混合料路面中细粒式沥青碎石面层计算。（　）

114. 沥青上拌下贯式路面定额计量单位1 000m^2，其定额中的压实厚度指上拌与下贯部分压实厚度之和。因此，定额工、料、机消耗量中包括上拌部分的消耗量，不得另行计算上拌工程量。（　）

115. 沥青混合料路面用的矿粉，如用量大且当地供应困难，不论能否用其他材料代替，编制工程造价时，仍应按矿粉计价。（　）

116. 高等级公路的沥青混合料路面使用的集料数量较大，编制工程造价调查材料预算价格时，只需调查集料的供应价格和运输情况，至于当地生产水平能否满足设计数量和质量要求，可留待施工时再行考虑。（　）

117. 二级及以上等级公路的水泥混凝土路面工程，应选用集中拌和、汽车运输混凝土的施工方法，编制其工程造价。（　）

118. 用新奥法施工的隧道工程，当其洞外出渣距离超过200m时，编制施工图预算时，其超过部分可按路基工程的有关定额另行计算。（　）

119. 隧道工程分项指标中，除洞门外，洞身、装饰、照明及通风的工程量均按隧道正洞面积计算，即隧道长度与宽度的乘积，其宽度指行车道加侧向宽度加人行道或检修道的宽度。（　）

120. 隧道工程内需要设置的消防、救援、消音等设施，已综合在隧道分项指标的有关项目内，编制投资估算时，不得另行计算。（　）

121. 隧道工程估算指标中三级公路指标适用于四级公路。当四级公路采用行车道宽度为净－3.5m时，可按三级公路指标乘以1.3的系数。（　）

122. 隧道工程定额、指标中未包括的工程项目，如实际需要而采用其他章节工程定额、指标时，应直接选用，不得增加任何调整系数。（　）

123. 隧道工程中，开挖项目的计价工程量等于设计断面开挖数量加超挖数量。（　）

124. 隧道工程中，喷射混凝土工程量按设计厚度乘以喷护面积计算，至于喷射时跌落地面的混凝土，已作为施工损耗计入定额内。（　）

125. 涵洞工程分项指标的计量单位为1道，工程量不分涵洞类型按总道数计算，但不包括跨径小于0.5m的灌溉涵。（　）

126. 涵洞工程分项指标分不同的公路等级及地形，按一定的路基标准宽度编制的，如设计路基宽度与指标规定值不一致时，可按指标规定予以调整。（　）

127. 概算定额中涵洞洞身的计量单位为"10m^3"，已将排水、挖基、回填、拱盔、支架等辅助

工程综合在定额中。因此,其计价工程量为基础、墩台身、墩台帽、上部构造等圬工数量之和。( )

128. 桥梁工程分项指标中均已综合了调治构造物工程(如导流坝、丁坝、土方工程等)在内,编制投资估算时,不得另行计算。( )

129. 桥梁工程分项指标中,以桥面面积为计量单位的指标项目,其工程量等于桥梁全长与桥梁宽度的乘积。桥梁宽度指行车道加人行道或安全带或桥梁护栏的宽度并计算至外缘。( )

130. 在使用桥梁工程分项指标,如设计能提出上部构造用的预应力钢材、基础工程用的钢壳沉井或双壁钢围堰以及各部位的钢筋具体数量,且与指标消耗量差异较大时,可按设计数量进行调整。( )

131. 桥梁工程的预制场内需要配置的各种吊装设备及构件运输、场地平整等工程,均已综合在概、预算定额中,因此,编制工程造价时,不得再另行计算。( )

132. 桥涵工程定额中均已包括混凝土的养生费用,如因工期关系,需采用蒸汽养生时,亦不增加费用。( )

133. 桥涵工程混凝土施工,如需采用必要的外掺剂时,编制工程造价时应另行计算其费用。( )

134. 桥涵工程中现浇混凝土项目,在编制施工图预算时,如混凝土平均运距超过 50m 时,其超出部分可另行增加。( )

135. 构件运输定额已摊销运输便道、运输轨道等,编制施工图预算时,不应另行计算工程量。( )

136. 大体积混凝土项目,当必须采用埋设冷却管来降低混凝土水化热时,可根据实际需要另行计算冷却管的费用。( )

137. 现浇混凝土、预制混凝土的工程量,为构筑物或预制构件的实际体积,不包括其中空心部分的体积。( )

138. 计算钢筋混凝土项目的工程量时,不扣除钢筋所占的体积。( )

139. 钢筋工程量为钢筋的设计重量,定额中已计入施工操作损耗。因此,施工中钢筋接长,不论施工情况如何,所需搭接长度的数量,均不得另行计算。( )

140. 概算定额中的开挖基坑项目,已综合排水所需的水泵消耗,编制概算时不得另行计算。( )

141. 开挖基坑定额中已综合排水所需的水泵消耗,编制工程造价时不得另行计算。( )

142. 开挖基坑定额中已综合了一定范围内的土、石方运输,编制施工图预算时,不论运距长短,均不得进行调整。( )

143. 开挖基坑定额中已综合了基底夯实、基坑回填、检平石质基底及湿处挖边沟、挖集水井、排水等作业用工,编制施工图预算时,不得另行计算。( )

144. 桥梁工程中沉井无导向船定位落床定额中,不包括所需的地笼、锚碇等的工、料、机消耗,编制工程造价时,应另行计算。( )

145. 桥梁工程中沉井有导向船定位落床定额中,已综合锚碇系统等的工、料、机消耗,编制工程造价时,不得另行计算。( )

146. 桥梁工程中沉井接高项目已综合在定位落床概算定额中，编制概算时，不得另行计算。　　(　　)

147. 沉井下沉的计价工程量按沉井刃脚外缘所包围的面积乘以沉井刃脚入土深度计算。　　(　　)

148. 沉井下沉工程量应分别不同的土质及不同的深度计算，按土、石所在的不同深度，分别采用相应的定额计算其费用。　　(　　)

149. 打桩工程，不论是打直桩还是打斜桩，均采用同一定额计算费用。　　(　　)

150. 打桩工程定额均按在已搭好的工作平台上操作编制，因此，编制施工图预算时，工作平台的搭设和拆除的费用不得另行计算。　　(　　)

151. 围堰、筑岛高度为平均施工水深加 50cm，工程量按围堰中心长度计算。　　(　　)

152. 打钢筋混凝土方桩和管桩的工程量包括设计中规定凿去的桩头部分的数量。　　(　　)

153. 钢筋混凝土方桩预制的设计工程量不等于打桩的设计工程量。　　(　　)

154. 桥梁工程中钻孔灌注桩成孔的计价工程量按设计图纸中桩的入土深度计算。　　(　　)

155. 钻孔灌注桩混凝土的工程量按设计桩径断面积乘以设计桩长计算。　　(　　)

156. 桥台的台背排水及防水层项目，在编制概算时，应另行计算。　　(　　)

157. 柱式墩台中系梁底以下的为基础工程量，以上至盖梁或墩台帽底为墩台身工程量。　　(　　)

158. 桥台锥坡概算定额中，包括锥坡铺砌、锥坡基础、河床铺砌，但不包括锥坡、护坡内的填土工作，在编制概算时，应另行计算。　　(　　)

159. 桥台锥坡概算定额中，未包括锥坡、护坡基坑开挖工作，在编制概算时，应另行计算。　　(　　)

160. 桥梁拱盔、支架定额系按一定的桥梁宽度编制的，如桥梁设计宽度与定额采用值不同时，亦不允许进行调整。　　(　　)

161. 预应力钢绞线、预应力粗钢筋及配氟氏锚的预应力钢丝的工程量为锚固长度的重量，不包括工作长度的重量。　　(　　)

162. 预应力钢绞线、预应力粗钢筋及配氟氏锚的预应力钢丝的工程量为锚固长度与工作长度的重量之和。　　(　　)

163. 砌筑工程定额计量单位为 $10m^3$，工程量为砌体的实际体积，包括构成砌体的砂浆体积在内。　　(　　)

164. 砌筑工程定额中均未包括勾缝项目，勾缝工程应另行计算。　　(　　)

165. 砌筑工程中以浆砌料石或混凝土预制块作镶面时，其工程量应分镶面和填腹石计算。　　(　　)

166. 如设计片石混凝土中的片石含量与定额中的片石含量有变化时，编制施工图预算可以进行抽换。　　(　　)

167. 预算定额中安装构件项目，均已综合了吊装工具或吊装设备的摊销费用，编制施工图预算时，不得另行计算。　　(　　)

168. 现浇桥涵上部构造定额中均未包括拱盔、支架，编制工程造价时，应根据需要另行

计算。 ( )

169. 预应力混凝土预制构件的工程量为构件预制体积与构件端头封锚混凝土的数量之和。 ( )

170. 预制空心板的空心堵头混凝土已综合在预制定额中,计算工程量时不得再计算这部分混凝土的数量。 ( )

171. 预制构件的运输定额中,已综合了构件出坑堆放的工作内容,编制施工图预算时,不得另行计算。 ( )

172. 互通式立体交叉工程估算指标中,匝道的工程量按公里计算,当设计匝道宽度与指标采用值不一致时,编制投资估算可直接使用指标,不必进行调整。 ( )

173. 立体交叉工程估算指标中被交道的计量单位为1km,工程量包括新线连接路或被交道公路等级提高并另做新线的长度在内。 ( )

174. 通道工程估算指标的工程量按道数计算。工程内容包括通道本身、通道内路面、被交道整修等工程,编制投资估算时,除路基宽度不同允许调整外,其他情况均不得进行调整。 ( )

175. 人行天桥及渡槽估算指标的计量单位为1座,工程量不分结构类型按需要设置的总数量计算。 ( )

176. 安全设施、服务、管理设施估算指标的计量单位为1公路公里,工程量按建设项目需要设置的长度计算。 ( )

177. 中间带定额中已包括绿化工程,编制施工图预算时,不得另行计算。 ( )

178. 路面标线的计价工程量按画线的净面积计算。 ( )

179. 临时便道、轨道占用的临时用地的费用,应计入临时便道、轨道铺设项目内。 ( )

180. 汽车临时便道定额中未包括便道使用期内的养护费用,编制工程造价时,可根据施工期另行计算养护费用。 ( )

181. 临时电力线路定额中已包括变压器的设备摊销费,编制工程造价时,不论施工期长短,均不得进行调整。 ( )

182. 公路工程招标文件规定,路基挖方的清单工程量中包括挖路槽的数量。因此,编制单价时,挖路槽可以同路基挖方一样计算,不考虑分别采用挖路槽和挖方定额计算单价后,再加权计算平均单价。 ( )

183. 工程招投标的标底和报价编制,其总价内除工程细目金额外,尚应包括计日工明细表、暂定金额(一部分预备费)和价格上涨费(如合同有价格调整条款)。这样得出的总价,有利于工程造价的控制和分析比较。 ( )

184. 招标文件工程量清单中所列的工程数量是设计的预计数量,不能作为最终结算和支付的依据。竣工后的工程量是建设工程的实际数量。 ( )

185. 招标文件工程量清单中的单价或总额,包括了工、料、机、管理费、利润、缺陷修复、税金等费用,以及合同明示或暗示的所有责任、义务和一切风险费等。 ( )

186. 公开招标是一种无限竞争性招标。 ( )

187. 公路工程施工招标的必备条件之一是项目法人已经确定,但不需要符合项目法人资格标准要求。 ( )

188. 由于邀请招标中的投标人是以投标邀请书方式邀请的特定的法人或者其他组织,因

此，一般可不对投标人进行资格审查。（　）

189. 任何组织和个人不得为招标人指定代理机构。（　）

190. 业主采用总价合同容易遭受承包人不平衡报价带来的造价增加风险。（　）

191. 当设计图纸与工程量清单不一致而产生矛盾时，应以设计图纸为准。（　）

192. 单价合同最常见的类型是总价招标、单价结算的计量型合同。（　）

193. 在 FIDIC 合同条件下，专用条款与通用条款的解释效力是相同的。（　）

194. FIDIC 条款中，业主拥有对合同的解释权。（　）

195. 成本加固定百分比酬金合同不能鼓励承包人关心缩短工期和降低成本，对建设单位的投资控制是不利的。（　）

196. 工程量清单未经允许，投标人不得对清单内容作任何更改、变动。（　）

197. 工程量清单中对没有填入单价或总额价的工程细目，其费用应视为已包括在工程量清单的其他单价或总额价中。（　）

198. 工程量清单中所列工程量的变动，丝毫不会降低或影响合同的效力，也不免除承包人按规定的标准进行施工和修复缺陷的责任。（　）

199. 施工招标时编制的标底就是造价控制值。（　）

200. 在施工招标中，经批准的初步设计概算或经审查批准的施工图预算是编制造价控制值的依据。（　）

201. 标底是决定投标能否中标的标准价。（　）

202. 以批准的初步设计进行施工招标的工程，其标底或造价控制值应在批准的总概算范围内。（　）

203. 标底是建设工程的实际造价。（　）

204. 标底的编制与概预算的编制在本质上没有区别。（　）

205. 一个标段可以设多个标底。（　）

206. 标底价格作为招标人的期望价，应力求与市场的实际变化相吻合，要有利于竞争和保证工程质量。（　）

207. 工程量清单的总额价就是暂定金额价。（　）

208. 对材料及半成品材料进行常规的检测、试验应单独计量。（　）

209. 清单项目工程量均按设计图纸以实体工程的净值计量。（　）

210. 根据工程量清单计量规则，为保证压实度路基两侧加宽超填的增加体积，不另行计量。（　）

211. 收到投标单位提出的问题后，招标单位应通过书面或口头方式通知投标单位。（　）

212. 开标应在规定的提交投标文件截止时间的同一天公开进行。（　）

213. 投标人在投标过程中的一切费用，无论中标与否，均由投标人自负。（　）

214. 采用邀请招标的，招标人应当以发送投标邀请书的方式，邀请三家以上具备相应资格的特定的法人投标。（　）

215. 根据规定，资格预审文件和招标文件的发售时间不得少于 5 个工作日。（　）

216. 开标应由招标人主持。（　）

217. 公路工程施工招标评标，一般应当使用合理低价法。（　）

218. 经评标委员会评审,所有投标人均不符合招标文件要求的,招标人可自行确定中标人。 ( )

219. 少于3个投标人的,招标人应当依法重新招标。 ( )

220. 投标人未按招标文件要求提交保证金的,应当作为废标处理。 ( )

221. 字迹潦草、模糊,无法辨认的投标文件,招标人可要求投标人予以澄清。 ( )

222. 承包人不得将建设工程的主体结构或关键性工作的施工分包给其他单位。 ( )

223. 为体现公平性原则,招标人可采用抽签、摇号等博彩方式进行资格审查。 ( )

224. 工程一切险和第三方责任险的保险范围应包括开工日至颁发缺陷责任期终止证书为止。 ( )

225. 没有监理工程师指令,承包人不能进行任何工程变更。 ( )

226. 变更工程价格的增加或减少额,应以业主指定的单价或总额价为依据。 ( )

227. 在监理工程师签发了缺陷期责任终止书之日起,承包人可对由于施工质量造成的工程损害不再进行修复。 ( )

228. 为争取中标,投标人可采用低于成本的报价策略来竞标。 ( )

229. 在缺陷责任期内,承包人仍有对工程照管和维护的义务。 ( )

230. 在签发了竣工鉴定书之后,业主不能就履约担保提出任何索赔要求。 ( )

231. 评标委员会对投标文件算术性错误的修正,投标人应予以确认,拒绝确认的,投标文件将不予评审。 ( )

232. 授权人和被授权人在授权书上的签名,可用签名章代替。 ( )

233. 投标文件中,投标人在给定的工程量清单中修改了某些支付号的工程数量,应视为重大偏差,按废标处理。 ( )

234. 投标文件中,投标人提出不同的工程验收、计量、支付办法,应视为重大偏差,按废标处理。 ( )

235. 反索赔是业主向承包人提出的索赔。 ( )

236. 工期索赔和费用索赔总是相伴相随的,有费用索赔一定有工期索赔。 ( )

237. 索赔证据必须具有真实性、全面性、关联性、及时性要求和法律证明效力。 ( )

238. 反索赔是对提出索赔一方的回应。 ( )

239. 一般来说,由于工程范围的变更、文件有缺陷或技术性错误、业主未能提供场地等引起的索赔,承包人可以列入利润。 ( )

240. 因承包人提前采购材料而发生的超期存储费用,承包人可以提出索赔。 ( )

241. 承包人可以索赔因机械故障停工维修而导致的窝工费。 ( )

242. 公路工程施工中,由于国家政策性调整预算人工费标准,业主应赔偿相应的合同价。 ( )

243. 工程施工中完成合同之外的额外工作所花费的人工费,承包人有权索赔。 ( )

244. 工程施工中完成额外工作增加的机械使用费,承包人有权索赔。 ( )

245. FIDIC条款规定,非承包人责任导致施工效率降低的机械使用费,承包人可以索赔。 ( )

246. 如果合同明确规定局部永久工程由承包人做施工图设计,则尽管有监理工程师批准,承包人仍应对永久工程负责。 ( )

247. 监理工程师下达停工令所引起的工期拖延，承包人均可要求工程延期。（　）

248. 监理工程师可用签发期中支付证书的方式对他过去签发的任何证书作更正或修改。（　）

249. 工程造价的变化就是工程变更。（　）

250. 承包人有权得到的暂定金额应限于监理工程师根据合同规定决定动用暂定金额的工程、供应或不可预见费方面的金额。（　）

251. 暂定金额应由监理工程师报业主批准后指令全部或部分使用，或者根本不动。（　）

252. 承包人对于特殊分包人及其职工的过失而造成的损失不承担任何责任。（　）

253. "有效合同价"是指包括暂定金额和计日工费用的价格。（　）

254. 当工程量误差使得工程造价的增加或减少超过有效合同价的15%时，承包人有权提出索赔，监理工程师应据实对工程造价进行调整。（　）

255. 在工程变更过程中，如工程量增加，单价应降低，工程量减少，单价应提高，特别是对工程量超过原工程量25%的部分更是如此。（　）

256. 监理工程师对工程的质量、进度和费用进行全面控制，因此有权违反合同。（　）

257. 因为计量支付不解除承包人的任何义务，所以，造价工程师应不对所签认的计量支付文件的准确性负责。（　）

258. 计量支付过程中扣留的保留金在缺陷责任期满并签发了缺陷责任终止证书后14天内退还。（　）

259. 为保证计量与支付准确、真实和合法，合同条款和各项目监理组织规定了严格的程序。（　）

260. 计量必须以质量合格为前提，支付必须以计量为基础。（　）

261. 公路工程的特殊风险由业主和承包人共同承担。（　）

262. 工程最终结算总额允许超过批准的初步设计总概算。（　）

263. 支付签认权是监理工程师的三大权力之一。（　）

264. 监理工程师掌握了计量支付权，就抓住了主要矛盾，掌握了控制施工活动和调控承包人施工行为最有效的基本手段，抓住了指挥棒。（　）

265. 监理工程师对放样、线形或高程的核查，可解除承包人对该项工作准确性所负的责任。（　）

266. 监理工程师无权要求承包人撤换由其派遣或雇用的那些工作不能胜任、玩忽职守、工作不负责任的人员。（　）

267. 承包人为其雇员办理的人身意外伤害保险属于第三方责任险的保险范围。（　）

268. 计量支付并不意味着承包人已解除了对已完工程的质量义务。（　）

269. 监理工程师批准工程延期最关键的依据是：延期事件是否发生在工期网络计划图的关键线路上。（　）

参考答案

第一章 概 述

一、单项选择题

1. C 2. C 3. C 4. C 5. C 6. C 7. B 8. B 9. C 10. A
11. D 12. C 13. D 14. C 15. B 16. B 17. B 18. B 19. A 20. C
21. A 22. C 23. C 24. C 25. C 26. B 27. C 28. B 29. C 30. D
31. B 32. A 33. D 34. D 35. D 36. D 37. A 38. A 39. C 40. D
41. A 42. D 43. D 44. D 45. D 46. B 47. A 48. A 49. A 50. D
51. B 52. A 53. A 54. A

二、多项选择题

1. AC 2. AC 3. ABCD 4. ABCD 5. ACD
6. AC 7. ABD 8. ABC 9. ABC 10. ABD
11. ABC 12. AD 13. ABC 14. CD 15. ABCD
16. ABD 17. AB 18. ABD 19. AB 20. ABC
21. ACD 22. ACD 23. ACD 24. AB 25. AB
26. ABC 27. ABCD 28. AC 29. AD 30. ABC
31. BD 32. ABC

三、判断题

1. ✓ 2. × 3. ✓ 4. ✓ 5. × 6. ✓ 7. ✓ 8. × 9. ✓ 10. ×
11. × 12. ✓ 13. ✓ 14. × 15. ✓ 16. × 17. × 18. × 19. × 20. ✓
21. ✓ 22. ✓ 23. × 24. ✓ 25. ✓ 26. × 27. × 28. × 29. × 30. ✓
31. ✓ 32. × 33. ✓ 34. × 35. ✓ 36. × 37. × 38. ✓ 39. × 40. ×
41. ✓ 42. ✓ 43. × 44. ✓ 45. ✓

第二章 公路工程造价计价依据

一、单项选择题

1. A 2. A 3. C 4. B 5. B 6. A 7. D 8. D 9. D 10. C
11. C 12. C 13. C 14. A 15. C 16. C 17. B 18. B 19. A 20. D

21. A 22. A 23. B 24. D 25. B 26. A 27. D 28. B 29. C 30. C
31. A 32. C 33. C 34. D 35. D 36. A 37. A 38. A 39. A 40. A
41. A 42. C 43. A 44. D 45. D 46. D 47. A 48. C 49. A 50. B
51. C 52. B 53. C 54. B 55. C 56. B 57. B 58. B 59. C 60. C
61. B 62. A 63. D 64. D 65. C 66. C 67. C 68. C 69. C 70. D
71. A 72. C 73. D 74. A 75. B 76. B 77. C 78. D 79. C 80. B
81. B 82. C 83. D 84. B 85. C

二、多项选择题

1. BCD 2. AB 3. BCD 4. BD 5. ABCD
6. AC 7. ABC 8. AB 9. ABD 10. CD
11. AD 12. BD 13. ABD 14. ABCD 15. CD
16. BCD 17. ABCD

三、判断题

1. × 2. √ 3. √ 4. √ 5. √ 6. √ 7. √ 8. √ 9. × 10. √
11. √ 12. √ 13. × 14. × 15. √ 16. √ 17. √ 18. √ 19. √ 20. √
21. × 22. √ 23. √ 24. × 25. √ 26. × 27. × 28. × 29. × 30. √
31. × 32. √ 33. √ 34. × 35. × 36. × 37. √ 38. × 39. √ 40. √
41. √ 42. × 43. × 44. √ 45. √ 46. √ 47. √ 48. × 49. × 50. √
51. √ 52. × 53. √ 54. √ 55. × 56. × 57. √ 58. √ 59. √ 60. ×
61. × 62. √ 63. √ 64. √ 65. √ 66. √ 67. √ 68. √ 69. √ 70. √
71. √ 72. × 73. √ 74. √ 75. × 76. × 77. × 78. × 79. × 80. ×
81. × 82. √ 83. × 84. √ 85. × 86. × 87. × 88. √ 89. × 90. ×
91. × 92. × 93. √ 94. √ 95. √ 96. × 97. √ 98. × 99. √ 100. ×
101. × 102. √ 103. × 104. × 105. × 106. √ 107. × 108. × 109. × 110. √
111. √ 112. × 113. √ 114. × 115. √ 116. × 117. × 118. √ 119. × 120. √

第三章 公路工程造价的确定与控制

一、单项选择题

1. B 2. C 3. C 4. A 5. B 6. C 7. A 8. D 9. C 10. B
11. D 12. A 13. A 14. C 15. D 16. C 17. B 18. C 19. B 20. A
21. C 22. C 23. B 24. C 25. C 26. C 27. C 28. C 29. B 30. B
31. C 32. A 33. B 34. D 35. B 36. D 37. C 38. C 39. C 40. D
41. D 42. C 43. B 44. D 45. A 46. B 47. C 48. D 49. C 50. D
51. B 52. D 53. A 54. B 55. B 56. B 57. D 58. C 59. B 60. D
61. A 62. B 63. C 64. C 65. B 66. B 67. A 68. B 69. A 70. B

71. A　72. C　73. A　74. A　75. A　76. B　77. A　78. A　79. A　80. B
81. D　82. D　83. B　84. C　85. C　86. A　87. B　88. C　89. D　90. D
91. A　92. C　93. C　94. B　95. A　96. A　97. A　98. B　99. B　100. D
101. B　102. A　103. C　104. D　105. C　106. B　107. A　108. A　109. D　110. C
111. A　112. B　113. C　114. A　115. A　116. C　117. C　118. C　119. B　120. A
121. B　122. B　123. D　124. B　125. B　126. A　127. B

二、多项选择题

1. BD　2. ABD　3. ABD　4. AB　5. CD
6. CD　7. ABC　8. BC　9. ABC　10. BCD
11. BC　12. AC　13. ABCD　14. CD　15. ABD
16. ABCD　17. ABC　18. ABD　19. ABC　20. BD
21. ABD　22. ACD　23. AB　24. ABC　25. AB
26. ABCD　27. ABD　28. ACD　29. ABC　30. ABC
31. BC　32. ABD　33. BCD　34. AB　35. AB
36. BD

三、判断题

1. ×　2. ×　3. ×　4. ✓　5. ✓　6. ×　7. ✓　8. ×　9. ×　10. ×
11. ×　12. ✓　13. ×　14. ×　15. ×　16. ×　17. ×　18. ✓　19. ✓　20. ✓
21. ✓　22. ×　23. ×　24. ×　25. ×　26. ✓　27. ✓　28. ✓　29. ×　30. ×
31. ×　32. ✓　33. ×　34. ×　35. ×　36. ×　37. ✓　38. ✓　39. ×　40. ×
41. ✓　42. ×　43. ✓　44. ×　45. ✓　46. ✓　47. ✓　48. ×　49. ✓　50. ×
51. ✓　52. ×　53. ✓　54. ✓　55. ×　56. ×　57. ×　58. ✓　59. ✓　60. ×
61. ×　62. ×　63. ✓　64. ×　65. ✓　66. ✓　67. ×　68. ×　69. ✓　70. ×
71. ✓　72. ✓　73. ×　74. ×　75. ×　76. ×　77. ×　78. ×　79. ✓　80. ×
81. ✓　82. ×　83. ✓　84. ✓　85. ✓　86. ✓　87. ✓　88. ✓　89. ×　90. ✓
91. ×　92. ✓　93. ✓　94. ✓　95. ✓　96. ✓　97. ×　98. ×　99. ✓　100. ✓
101. ✓　102. ×　103. ✓　104. ✓　105. ✓　106. ✓　107. ×　108. ✓　109. ×　110. ×
111. ×　112. ×　113. ✓　114. ×　115. ×　116. ×　117. ✓　118. ✓　119. ✓　120. ×
121. ✓　122. ×　123. ×　124. ✓　125. ✓　126. ✓　127. ✓　128. ×　129. ✓　130. ✓
131. ×　132. ×　133. ×　134. ✓　135. ×　136. ✓　137. ✓　138. ✓　139. ✓　140. ✓
141. ×　142. ×　143. ✓　144. ×　145. ×　146. ✓　147. ✓　148. ✓　149. ×　150. ×
151. ✓　152. ✓　153. ✓　154. ✓　155. ✓　156. ×　157. ✓　158. ×　159. ✓　160. ×
161. ×　162. ✓　163. ✓　164. ×　165. ✓　166. ✓　167. ×　168. ✓　169. ✓　170. ✓
171. ×　172. ×　173. ×　174. ✓　175. ✓　176. ×　177. ×　178. ✓　179. ✓　180. ✓
181. ×　182. ×　183. ✓　184. ✓　185. ✓　186. ✓　187. ×　188. ×　189. ✓　190. ×
191. ✓　192. ✓　193. ×　194. ×　195. ✓　196. ✓　197. ✓　198. ✓　199. ×　200. ✓
201. ×　202. ✓　203. ×　204. ×　205. ×　206. ✓　207. ×　208. ×　209. ✓　210. ✓

211. × 212. × 213. ✓ 214. ✓ 215. ✓ 216. ✓ 217. ✓ 218. × 219. ✓ 220. ✓
221. × 222. ✓ 223. × 224. × 225. ✓ 226. × 227. × 228. × 229. × 230. ×
231. ✓ 232. × 233. × 234. ✓ 235. ✓ 236. ✓ 237. ✓ 238. × 239. ✓ 240. ×
241. × 242. × 243. ✓ 244. ✓ 245. ✓ 246. ✓ 247. ✓ 248. ✓ 249. × 250✓
251. ✓ 252. ✓ 253. × 254. ✓ 255. ✓ 256. × 257. × 258. ✓ 259. ✓ 260. ✓
261. × 262. × 263. ✓ 264. ✓ 265. × 266. × 267. × 268. ✓ 269. ✓

第三篇　公路工程技术与计量

第一章　概　　述

一、单项选择题

1.《公路工程技术标准》(JTG B01—2003)将公路等级划分为(　　)个等级。

A. 三　　B. 四　　C. 五　　D. 六

2. 公路根据功能和适应的交通量分为(　　)个等级。

A. 三　　B. 四　　C. 五　　D. 六

3. 专供汽车分向、分车道行驶并全部控制出入的多车道公路是指(　　)。

A. 专用公路　　B. 高速公路　　C. 一级公路　　D. 二级公路

4. 高速公路和具有干线功能的一级公路的设计交通量应按(　　)预测。

A. 25 年　　B. 20 年　　C. 15 年　　D. 10 年

5. 具集散功能的一级公路,以及二、三级公路的设计交通量应按(　　)预测。

A. 25 年　　B. 20 年　　C. 15 年　　D. 10 年

6. 设计交通量预测的起算年应为该项目可行性研究报告中的(　　)。

A. 开工年　　B. 指定年　　C. 计划通车年　　D. 竣工年

7. 四车道高速公路应能适应将各种汽车折合成小客车的年平均日交通量为(　　)辆。

A. 25 000 ~ 45 000　　B. 25 000 ~ 55 000

C. 45 000 ~ 80 000　　D. 60 000 ~ 100 000

8. 双车道二级公路应能适应将各种汽车折合成小客车的年平均日交通量为(　　)辆。

A. 25 000 ~ 30 000　　B. 20 000 ~ 30 000

C. 5 000 ~ 15 000　　D. 10 000 ~ 15 000

9. 公路用地范围指新建公路路堤两侧排水沟外边缘(无排水沟时为路堤或护坡道坡脚)以外不小于(　　)的土地。

A. 1.00m　　B. 1.50m　　C. 2.00m　　D. 3.00m

10. 新建公路路堑坡顶截水沟外边缘(无截水沟时为坡顶)以外不小于(　　)的土地为公路用地范围。

A. 1.00m　　B. 1.50m　　C. 2.00m　　D. 3.00m

11. 在有条件的地段新建高速公路、一级公路的用地范围指路堤两侧排水沟外边缘(无排水沟时为路堤或护坡道坡脚)以外,路堑坡顶截水沟外边缘(无截水沟时为坡顶)以外不小于(　　)的土地。

A. 1.00m　　B. 2.00m　　C. 3.00m　　D. 4.00m

12. 在有条件的地段新建二级公路的用地范围指路堤两侧排水沟外边缘（无排水沟时为路堤或护坡道坡脚）以外，路堑坡顶截水沟外边缘（无截水沟时为坡顶）以外不小于（　　）的土地。

A. 1.00m　　B. 2.00m　　C. 3.00m　　D. 4.00m

13. 高速公路和一级公路在需要时，设置的爬坡车道和变速车道宽度应为（　　）。

A. 3.00m　　B. 3.25m　　C. 3.50m　　D. 3.75m

14. 目前，在我国公路桥梁建设中，以（　　）为主要的建筑材料。

A. 砌筑石料　　B. 钢料加工构件

C. 钢筋混凝土和预应力混凝土　　D. 塑料制品

15. 建筑材料按其化学组成可分为（　　）。

A. 无机材料、有机材料、复合材料　　B. 非金属材料、金属材料

C. 高分子材料、复合材料　　D. 无机材料、有机材料

16. 材料的密度是指材料在（　　）状态下单位体积的质量。

A. 自然堆积　　B. 自然

C. 绝对密实　　D. 饱和

17. 材料在外力（荷载）作用下，抵抗破坏的能力称为材料的（　　）。

A. 刚度　　B. 强度

C. 稳定性　　D. 几何可变性

18. 某材料的密实度为76.2%，其孔隙率为（　　）。

A. 45.6%　　B. 26.4%　　C. 23.8%　　D. 33.2%

19. 某材料的孔隙率为2.5%，密度为2.6g/cm^3，则其表观密度为（　　）g/cm^3。

A. 2.665　　B. 2.600　　C. 2.535　　D. 1.950

20. 含水率为5%的中砂2 200g，其干燥时的质量是（　　）。

A. 2 100g　　B. 1 990g　　C. 2 095g　　D. 1 920g

21. 材料的弹性模量 E 是衡量材料在弹性范围内抵抗（　　）能力的指标。

A. 破坏　　B. 变形　　C. 弯曲　　D. 疲劳

22. 材料构造越密实、越均匀，则其（　　）。

A. 孔隙率越大　　B. 强度越高

C. 吸水率越大　　D. 抗渗性越差

23. 枋料指（　　）。

A. 伐倒后经修枝并截成定尺长度的木材　　B. 宽度为厚度三倍的锯材

C. 宽度为厚度三倍以上的锯材　　D. 宽度为厚度三倍以下的锯材

24. 当木材的含水率小于伸缩饱和点时，继续干燥，木材性能发生的变化是（　　）。

A. 强度不变，体积增加　　B. 强度不变，体积减小

C. 强度提高，体积增加　　D. 强度提高，体积减小

25. 抗拉性能是建筑钢材最重要的性能，设计时一般以（　　）作为强度取值的依据。

A. 强度极限　　B. 屈服极限

C. 弹性极限　　D. 比例极限

26. 钢筋冷拉后(　　)。

A. 屈服强度降低,伸长率提高　　B. 屈服强度提高,伸长率提高

C. 屈服强度降低,伸长率降低　　D. 屈服强度提高,伸长率降低

27. 沥青的软化点表示沥青的(　　)。

A. 黏性　　B. 塑性　　C. 温度稳定性　　D. 大气稳定性

28. 沥青的温度稳定性用(　　)表示。

A. 针入度　　B. 软化点　　C. 闪点　　D. 延伸点

29. 环氧树脂胶剂属于(　　)用胶黏剂。

A. 涂料　　B. 增强　　C. 结构　　D. 非结构

30. 可负载行驶的起重机是(　　)。

A. 汽车式起重机　　B. 附着式塔式起重机

C. 爬升式塔式起重机　　D. 履带式起重机

31. 中型推土机推运土、石方的经济运距一般为(　　)。

A. 30 ~ 50m　　B. 50 ~ 100m

C. 100 ~ 150m　　D. 150 ~ 200m

32. 铲运机的经济运距一般为(　　)。

A. 100 ~ 200m　　B. 200 ~ 400m

C. 400 ~ 600m　　D. 600 ~ 800m

33. 目前国内外公路路基土方机械施工,运距在 200m 以上时,编制工程造价常用的是(　　)。

A. 推土机推土,装载机装土,自卸汽车运土　　B. 推土机推运土方

C. 挖掘机挖、装土,自卸汽车运土　　D. 铲运机铲运土方

34. 下列说法中,(　　)是公路工程施工的特点。

A. 公路建设工程是固定在土地上的构筑物

B. 公路建设工程主要是土建工程,任何施工单位都可参与修建

C. 公路建设工程规模大、周期长,是线性型的施工现场

D. 公路建设工程使用劳动力较多,所有工程都可使用民工来修建

35. 高速公路、一级公路必须采用(　　)。

A. 一阶段设计　　B. 二阶段设计　　C. 三阶段设计　　D. 四阶段设计

36. 三阶段设计是在两阶段设计的基础上增加了(　　)。

A. 初步设计　　B. 施工图设计　　C. 可行性研究　　D. 技术设计

37. 道路中线的平面线形由(　　)组成。

A. 圆曲线和缓和曲线　　B. 纵坡线和竖曲线

C. 直线和平曲线　　D. 直线和竖曲线

38. (　　)是用石块砌成的路堤,用以通过流量不大的季节性水流。

A. 渗水路堤　　B. 渡水槽　　C. 桥涵　　D. 过水路面

39. 一阶段设计即一阶段施工图设计。应以批准的可行性研究报告(或测设合同)为依据,进行(　　)次详细测量,据以编制施工图设计文件及设计预算。

A. 2　　B. 1　　C. 3　　D. 4

40. 竣工验收工作以(　　)为依据。

A. 施工文件　　B. 设计文件　　C. 施工日志　　D. 监理文件

41. 工程项目(单位工程)的合理的程序,应该是(　　)。

A. 先主体工程,后附属工程　　B. 先地下工程,后地上工程

C. 先下部工程,后上部工程　　D. 以上三项都是

42. 工程计量由(　　)负责。

A. 业主　　B. 承包人

C. 监理工程师　　D. 设计单位驻现场代表

43. 支付责任的承担者是(　　)。

A. 业主　　B. 承包人

C. 监理工程师　　D. 设计单位驻现场代表

44. 在计量支付工作常用表格中,属于承包人用表的是(　　)。

A. 工程投资支付月报　　B. 中间计量单

C. 工程计划进度与实际完成情况表　　D. 计量支付证书

45. 根据 FIDIC 通用合同条款第 17.1 款第 4 项第 3 目规定,由监理工程师派出人员单方面进行的工程计量,经监理工程师批准的应认为是正确的工程计量,可以用作支付的依据,承包人对此种计量(　　)。

A. 要求重新计量　　B. 反对

C. 可以提出异议　　D. 不可以提出异议

46. 在一个驻地监理机构中,一般配有项目工程师,其中专门负责计量与支付的工程师是(　　)。

A. 道路工程师　　B. 结构工程师

C. 计量工程师　　D. 合同工程师

47. 计日工的时间超过(　　),应在暂时计量单上记账,并在计量证书上另立系列号码。

A. 10 天　　B. 20 天　　C. 半个月　　D. 一个月

48. 对于现场存放的材料应(　　)计量记录一次。

A. 每旬　　B. 每月　　C. 每季　　D. 每年

49. 在公路工程计量中,质量的计量单位正确的是(　　)。

A. 斤　　B. 公斤　　C. 千克　　D. 两

二、多项选择题

1. 在(　　)整体式断面必须设置中间带。

A. 专用公路　　B. 高速公路

C. 一级公路　　D. 二级公路

2. 建筑材料的力学性质主要有(　　)。

A. 强度　　B. 弹性

C. 塑性　　D. 可加工性

3. 水泥混凝土常用的外掺剂主要有(　　)。

A. 减水剂　　B. 早强剂

C. 缓凝剂　　D. 防冻剂

4. 下列建筑材料中属于复合材料的是(　　)。

A. 混凝土　　B. 砂浆　　C. 合成橡胶　　D. 石灰

5. 配置水泥混凝土时,下列措施中可节约水泥用量的是(　　)。

A. 采用最优砂率　　B. 加氯化钙

C. 加减水剂　　D. 采用细砂

6. 影响水泥混凝土和易性的主要因素是(　　)。

A. 水泥品种　　B. 砂率

C. 用水量　　D. 水灰比

7. 生石灰熟化后的变化有(　　)。

A. 化学成分改变　　B. 体积增加

C. 质量增加　　D. 质量不变

8. 能综合完成土的铲、运、卸、填、压等工作的土方机械是(　　)。

A. 推土机　　B. 装载机

C. 挖掘机　　D. 铲运机

E. 碾压机

9. 公路工程施工组织的基本原则是(　　)。

A. 连续性　　B. 平行性

C. 协调性　　D. 均衡性

10. 编制施工组织设计时,要充分考虑施工生产过程中的连续性、平行性、协调性和均衡性及相互关系,其经济效果具体表现在(　　)等方面。

A. 可合理地最低限度的配置施工现场各类人员的数量

B. 可使施工用的机械设备、工具、周转性消耗材料等减少到最低限度

C. 可合理地减少临时设施和现场管理费用

D. 可减少因施工过程中阶段性的停工、待料及其他原因引起的工人、机械的损失时间

11. 沥青的三大技术指标是指(　　)。

A. 延度　　B. 黏度　　C. 软化点　　D. 针入度

12. 沥青混合料高温稳定性评价方法有(　　)。

A. 单轴压缩试验　　B. 马歇尔试验　　C. 蠕变试验　　D. 车辙试验

13. 沥青混合料低温抗裂性能的评价方法有(　　)。

A. 间接拉伸试验　　B. 直接拉伸试验　　C. 蠕变试验　　D. 应力松弛试验

14. 路基的典型断面形式有(　　)。

A. 路堤　　B. 路堑　　C. 半填半挖　　D. 梯形

15. 交通标志可使驾驶员知道前面路段的情况和特点的设施,有(　　)三种。

A. 禁止标志　　B. 警告标志　　C. 禁令标志　　D. 指示标志

16. 根据《公路工程基本建设项目设计文件编制办法》的规定,要进行不同深度的阶段设计,即按项目大小和技术复杂程度分为(　　)。

A. 一阶段设计　　B. 二阶段设计　　C. 三阶段设计　　D. 四阶段设计

17. 交工验收由业主组织(　　)进行验收。

A. 设计单位　　B. 施工单位　　C. 监理单位　　D. 质量监督部门

18. 施工单位接受施工任务后，依次经历开工前的规划组织准备阶段和(　　)等。

A. 现场条件准备阶段　　B. 正式施工阶段

C. 交工验收阶段　　D. 竣工验收阶段

19. 编制施工组织设计时，要充分考虑施工生产过程中(　　)的相互关系，它是公路工程施工作业的基本组合方式，是作为计算分析和合理配置各种资源的重要依据。

A 连续性　　B. 平行性　　C. 协调性　　D. 均衡性

20. 路面是用各种不同坚硬材料铺筑在路基上供汽车直接行驶的地带，通常由(　　)等组成。

A. 底层　　B. 面层　　C. 基层　　D. 垫层

21. 公路是承受荷载及自然因素影响的交通工程构造物，包括：(　　)。

A. 路基路面工程　　B. 排水工程

C. 防护工程　　D. 特殊构造物，以及交通安全服务设施

22. 交通安全服务设施，包括：(　　)。

A. 照明设施　　B. 安全设施

C. 服务设施　　D. 植树绿化与美化工程

23. 施工企业获得施工任务通常有哪几种方式(　　)。

A. 由上级主管单位统一接受任务，按行政隶属关系安排计划下达

B. 经主管部门同意后，对外接受任务

C. 通过人际关系获得任务

D. 自行对外投标

24. 开工前的施工准备工作主要内容包括以下几个方面(　　)。

A. 熟悉和核对设计文件　　B. 补充调查资料

C. 组织先遣人员进场　　D. 编制实施性施工组织设计和施工预算

25. 施工生产过程中的连续性、平行性、协调性和均衡性其经济效果具体表现在以下几个方面：(　　)。

A. 可合理、最低限度地配置施工现场各类人员的人数，既保证施工生产需要，又避免频繁调动，窝工浪费

B. 可使施工用的机械设备、工具、周转性消耗材料等减少到最低限度，并能尽量重复使用，节约费用

C. 可以合理地减少临时设施和现场管理费用

D. 可以实现优质高产、安全生产和文明施工

26. 计量的基本要求有(　　)。

A. 计量必须以净值为准　　B. 计量必须准确无误

C. 计量必须真实　　D. 计量必须合法

E. 计量必须及时

27. 计量与支付的原则是(　　)。

A. 合同原则　　B. 公正性原则

C. 时效性原则　　D. 程序性原则

E. 保密性原则

28. 监理工程师主要的三大权力是（　　）。

A. 质量否决权　　B. 计量确认权

C. 支付签认权　　D. 奖惩权

E. 规范解释权

29. 计量与支付的作用是（　　）。

A. 调节合同中的经济利益关系，促使合同的全面履行

B. 确保监理工程师的核心地位

C. 符合行业规范

D. 防止合同纠纷

E. 有利于与国际惯例接轨

30. 计量管理的内容包括（　　）。

A. 落实计量职责　　B. 作好计量记录

C. 计量分析　　D. 计量结果的上报

E. 计量争端的协调与处理

31. 计量依据包括（　　）。

A. 质量合格证书　　B. 工程量清单说明与技术规范

C. 工程变更通知单　　D. 设计图纸

E. 测量数据

32. 按时间分类，公路工程支付可分为（　　）。

A. 预先支付（即预付）　　B. 期中支付

C. 交工结算支付　　D. 最终结清支付

E. 最终一次性支付

33. 属于监理工程师计量支付工作常用表格有（　　）。

A. 计日工支付申报表　　B. 计量支付证书

C. 中间计量单　　D. 材料到达现场报表

E. 工程计划进度与实际完成情况表

34. 计量必须做到（　　）。

A. 准确　　B. 真实　　C. 合法　　D. 及时　　E. 提前

35. 支付必须（　　）。

A. 以合同为依据　　B. 以计量为基础

C. 以质量为前提　　D. 以变更为准则

E. 以索赔为目的

36. 工程计量的组织类型一般有（　　）。

A. 业主单独计量　　B. 业主与监理联合计量

C. 监理与承包商联合计量　　D. 承包商单独计量

E. 监理单独计量

37. 计量时监理工程师还应完成的工作有（　　）。

A. 应有一套图纸

B. 应有一套档案

C. 记录工程量清单中所列出的分类细目的数量与计量后数量的差异

D. 工程变更应记录已下达的变更指令依据

E. 如果计日工的时间超过一个月，应在暂时计量单上记账

三、判断题（正确者打√，错误者打×）

1. 评价设计方案应从施工方便、结构安全、经济合理、满足使用功能等方面来考虑。（　）

2. 建筑材料的物理性质包括密度、孔隙率、强度、弹性、塑性等。（　）

3. 同种木材，其各种强度之间的关系是：顺纹抗拉强度 > 抗弯强度 > 顺纹抗压强度。（　）

4. 勘测设计与组织施工是公路基本建设过程中极其重要的两个工作环节。（　）

5. 工程设计是组织工程施工的主要依据。（　）

6. 把众多的工、料、机在时间和空间上加以合理地组织，从而使它们在线性型的施工现场按照科学的施工顺序流动，不致互相妨碍而影响施工，这是公路工程施工组织的重要内容。（　）

7. 施工程序就是工程施工过程中，必须遵守时间上的先后和空间方向的顺序，以及工序之间的衔接等要求。（　）

8. 施工准备工作必须在工程施工之前全部完成。（　）

9. 高速公路为专供汽车分向、分车道行驶并全部控制出入的多车道公路。（　）

10. 一级公路为专供汽车分向、分车道行驶并全部控制出入的公路。（　）

11. 公路两侧种植的多行林带用地不属公路用地范围。（　）

12. 高速公路应设置中间带，一级公路受特殊条件限制时可不设置中间带。（　）

13. 中央分隔带由中间带及两条左侧路缘带组成。（　）

14. 中间带由两侧路缘带及中央分隔带组成。（　）

15. 公路路基宽度为行车道与路肩宽度之和，不包括变速车道、爬坡车道、应急停车带的宽度。（　）

16. 随着我国改革开放的深入和社会主义市场经济体制的形成和发展，施工任务将主要以参加投标的方式，在建筑市场的竞争中获得。（　）

17. 施工企业接受的工程项目，必须与项目业主签订工程施工承包合同。（　）

18. 施工准备工作未做好，不得提出开工申请。（　）

19. 施工准备工作只需在施工前进行。（　）

20. 场地清理和大型临时设施建筑，应在建设项目的主体工程开工之前完成，常称为三通一平。（　）

21. 公路不仅要有平顺的线形、和缓的纵坡，而且要有稳定坚实的路基、平整耐用的路面、牢固可靠的人工构造物，以及其他必要的防护工程和附属设施。（　）

22. 通常以路基的质量来评价整条公路的质量。（　）

23. 植树绿化有利于美化路容、保持水土、稳固路基、防风固沙、净化空气等作用，而且可提高行车的安全。（　）

24. 初步设计文件一经主管部门批准，其概算就是建设项目投资的最高限额，不得随意突破。而技术设计文件一经批准，其修正概算是可以随意突破的。（　　）

25. 目前，公路基本建设项目一般采用三阶段设计。（　　）

26. 因物价变化所引起的施工成本变化应单独处理，即进行价格调整。（　　）

27. 计量是监理工程师的基本职责和基本权力，也是费用监理的基本环节。（　　）

28. 在施工活动中，同时存在着资金运动和物质运动，只有当两种运动取得平衡时，施工活动才能顺利进行。（　　）

29. 支付必须以工程量清单为依据，计量为基础，质量为前提。（　　）

30. 计量有争议时，可协商解决。协商解决不了由监理工程师决定。（　　）

31. 工程变更费用的支付属于工程量清单内的付款。（　　）

32. 监理人未在约定时间内核查，又未提出具体意见的，视为承包人提交的最终结清申请已经监理人核查同意。（　　）

33. 发包人未在约定时间内审核又未提出具体意见的，监理人提出应支付给承包人的价款视为已经发包人同意。（　　）

34. 交工结算期限应在交工验收证书签发后的 30 天内。（　　）

35. 承包人向监理人提交最终结清申请单（包括相关证明材料）的期限应在缺陷责任期终止证书签发后的 14 天内。（　　）

36. 发包人应在监理人出具最终结清证书后的 30 天内，将应支付款支付给承包人。（　　）

37. 工程量清单中的工程量只能作为投标报价的基础，而不能作为结算的依据。（　　）

38. 无论通常和当地的习惯如何（除非合同中另有规定），计量必须以净值为准。（　　）

39. 合理的支付是工程顺利进行的前提和条件。（　　）

40. 联合计量方式有利于消除双方的疑虑，当场解决分歧，减少争议。（　　）

41. 对于隐蔽工程，则须在工程覆盖之前进行计量。（　　）

42. 所有计量均采用中华人民共和国法定计量单位。（　　）

43. 除非另有规定，计算面积时，其长、宽应按图纸所示尺寸线或按监理人指示计量。（　　）

第二章　路基工程

一、单项选择题

1. 公路路基的强度是指路基在（　　）作用下，抵抗变形破坏的能力。

A. 地表水和地下水　　B. 荷载

C. 自然因素　　D. 温度

2. 有中央分隔带的公路，路基设计高程一般为（　　）。

A. 中央分隔带外侧边缘的高度　　B. 路基边缘高度

C. 路面外侧边缘的高度　　D. 路基中心高度

3. 无中央分隔带的公路，路基设计高程一般为(　　)。

A. 中央分隔带外侧边缘的高度　　B. 边缘高度

C. 路面外侧边缘的高　　D. 路基中心高度

4.《公路工程技术标准》(JTG B01—2003)中计算行车速度为120km/h的四车道高速公路的公路路基宽度一般值为(　　)。

A. 24.5m　　B. 26.0m

C. 27.5m　　D. 28.0m

5. 公路工程的路床指路面底面以下(　　)范围内的路基部分。

A. 30cm　　B. 80cm

C. 150cm　　D. 30~80cm

6. 公路工程的上路床指路面底面以下(　　)范围内的路基部分。

A. 30cm　　B. 80cm

C. 150cm　　D. 30~80cm

7. 公路工程的下路床指路面底面以下(　　)范围内的路基部分。

A. 30cm　　B. 80cm

C. 150cm　　D. 30~80cm

8. 公路工程的零填及路堑路床指路面底面以下(　　)范围内的路基部分。

A. 30cm　　B. 80cm

C. 150cm　　D. 30~80cm

9. 公路工程的上路堤指路面底面以下(　　)范围内的路基部分。

A. 30cm　　B. 30~80cm

C. 80~150cm　　D. >150cm

10. 公路工程的下路堤指路面底面以下(　　)范围内的路基部分。

A. 30cm　　B. 30~80cm

C. 80~150cm　　D. >150cm

11. 按《公路工程技术标准》(JTG B01—2003)对路基压实度的要求，高速公路、一级公路路床顶面以下深度30~80cm的填方，其路基压实度不小于(　　)。

A. 97%　　B. 96%

C. 93%　　D. 90%

12. 三级公路和四级公路上路床的压实度不小于(　　)。

A. 94%　　B. 93%

C. 92%　　D. 90%

13. 高速公路和一级公路下路床的压实度不小于(　　)。

A. 96%　　B. 93%

C. 92%　　D. 90%

14. 二级公路填方地段，路床顶面以下0~80cm的路基压实度应不小于(　　)。

A. 83%　　B. 94%

C. 90%　　D. 95%

15. 高速公路和一级公路，路床顶面以下80~150cm的路基压实度不小于(　　)。

A. 95%　　B. 94%

C. 92%　　D. 90%

16. 高速公路和一级公路下路堤的压实度不小于(　　)。

A. 95%　　B. 90%

C. 92%　　D. 93%

17. 高速公路路基设计洪水频率为(　　)。

A. 1/100　　B. 1/200

C. 1/50　　D. 1/25

18. 填石路堤石料最大粒径不得大于压实层厚的(　　)。

A. 1/3　　B. 2/3

C. 1/2　　D. 3/4

19. 根据规范规定，不同土质混合填筑时应分层，每种填料层累计总厚度不宜小于(　　)cm。

A. 30　　B. 80

C. 50　　D. 100

20. 路基填方压实的压实机具单位压力应(　　)。

A. 等于土的强度极限　　B. 小于土的强度极限

C. 大于土的强度极限　　D. 不受土的强度极限控制

21. 公路工程路基土、石方工程，按开挖难易程度，现行公路工程定额采用(　　)分类。

A. 三级　　B. 四级

C. 五级　　D. 六级

22. 公路工程填方路堤的压实，当路基在直线段时，压实机械的运行路线为(　　)。

A. 应先从路基中心向两旁顺次碾压　　B. 应先从路缘向中心顺次碾压

C. 应从路缘的一边向另一边顺次碾压　　D. 没有碾压顺序要求

23. 公路工程填方路堤的压实，当路基在超高段时，压实机械的运行路线为(　　)。

A. 应从低的一侧向高的一侧顺次碾压　　B. 应从路基中心向两旁顺次碾压

C. 应从高的一侧向低的一侧顺次碾压　　D. 没有碾压顺序要求

24. 当采用不同类土分层填筑路基时，下列做法中最好的是(　　)。

A. 上层亚黏土，下层黏土　　B. 上层砂土，下层黏土

C. 上层黏土，下层亚黏土　　D. 上层黏土，下层砂土

25. 作为路基的最理想填方材料是(　　)。

A. 卵石、碎石　　B. 砂土　　C. 黏性土　　D. 砂性土

26. 用砂土填筑路基时，如果掺入一定比例的黏土，会改善路基使用质量。这是因为：细颗粒使其具有一定的黏结性，黏颗粒使其具有足够的(　　)。

A. 抗变形能力　　B. 密实度　　C. 强度和水稳定性　　D. 可塑性

27. 用粉性土填筑路基时，由于其水稳定性差，在季节性冰冻地区，冬季会引起路基聚冰，冻胀破坏，(　　)则易产生翻浆现象。

A. 春夏之交　　B. 夏季　　C. 春季　　D. 雨季

28. 下列路基开挖注意事项中，(　　)是不正确的。

A. 开挖土方不得乱挖，严禁掏洞取土

B. 注意边坡稳定，及时设置必要的支挡工程

C. 开挖应控制在一定超挖限度范围内

D. 开挖中，对适用的土、砂、石等材料，在经济合理的前提下，应尽量利用

29. 路基填方，采用推土机推松集土、装载机装土、自卸汽车运土施工，其推土机在取土坑中推土，比较合理的基本作业方式是（　　）。

A. 上坡推土（由下向上）　　B. 并列推土

C. 下坡推土（由上向下）　　D. 挖槽推土

30. 炮洞直径为 0.2 ~ 0.5m，洞穴成水平或略有倾斜，深度 2 ~ 6m，用集中药于炮洞中进行爆破的方法称为（　　）。

A. 浅孔大爆破（钢钎炮）　　B. 深孔爆破

C. 猫洞炮　　D. 药壶炮（葫芦炮）

31. 下列属于地下排水设施的有（　　）。

A. 边沟　　B. 渗沟

C. 跌水　　D. 蒸发池

32. 下列路基排水设施中，（　　）是排除地面水的设施。

A. 暗沟　　B. 渗沟

C. 边沟　　D. 渗井

33. 下列路基排水设施中，（　　）是排除地下水的设施。

A. 截水沟　　B. 渗沟

C. 边沟　　D 急流槽

34. 为汇集和排除路面、路肩及边坡的流水，在路堑两侧设置的纵向水沟是（　　）。

A. 边沟　　B. 截水沟

C. 排水沟　　D. 渗沟

35. 下列结构设施中既可以用于坡面冲刷防护，又可用于路基边坡支撑，还可用于堤岸支挡的是（　　）。

A. 石笼　　B. 浆砌片石护坡

C. 喷射混凝土封面　　D. 挡土墙

36. 下列（　　）属于公路路基防护与加固工程中的坡面防护。

A. 抛石防护　　B. 石笼防护

C. 植物防护、坡面处治、护坡及护面墙　　D. 挡土墙

37. 下列（　　）属于公路路基防护与加固工程中的冲刷防护。

A. 植物防护（不浸水）　　B. 坡面处治

C. 导治构造物、抛石及石笼防护　　D. 加筋土挡土墙

38. 下列（　　）属于公路路基防护与加固工程中的支挡构造物。

A. 导治构造物　　B. 加筋土挡土墙

C. 护面墙　　D. 护坡

39. 加筋土挡土墙设置沉降缝的间距一般是（　　）。

A. ≤10m　　B. 10 ~ 30m

C. 20 ~ 30m　　D. ≥30m

40. 石砌挡土墙设置沉降缝的间距一般是(　　)。

A. ≤10m　　B. 10 ~ 15m

C. 10 ~ 20m　　D. ≥20m

41. 软土类型根据强度、压缩性、空隙比、有机质含量等指标,可划分为(　　)。

A. 淤泥、淤泥质土、软黏性土三种类型

B. 软黏性土、淤泥质土、淤泥、泥炭质土及泥炭五种类型

C. 软黏性土、淤泥质土、淤泥、拟炭质土四种类型

D. 软土、泥沼两类

42. 根据软土地基在荷载作用下的变形特征,地基总沉降的发生可分为(　　)。

A. 正常固结沉降、久固结沉降和超固结沉降三部分

B. 瞬时沉降、主固结沉降和次固结沉降三部分

C. 主固结沉降和次固结沉降两部分

D. 正常固结沉降、主固结沉降和次固结沉降三部分

43. 公路路基沉降量要求在路面设计使用年限内的工后沉降必须(　　)容许工后沉降,否则应进行地基处理。

A. 大于　　B. 小于

C. 等于　　D. 不等于

44. 公路路基沉降标准中,规定一般路段的高速公路、一级公路的路堤容许工后沉降不大于(　　)。

A. 0.1m　　B. 0.2m　　C. 0.3m　　D. 0.5m

45. 桥台背后、涵洞两侧与顶部、锥坡与挡土墙等构造物背后的填土,均应在接近最佳含水率的状态下分层压实。每一层压实松铺厚度不宜超过(　　)。

A. 20cm　　B. 25cm　　C. 30cm　　D. 10cm

46. 对于砂性土,一般地段路基最小填土高度为(　　)。

A. 0.3 ~ 0.5m　　B. 0.4 ~ 0.7m　　C. 0.5 ~ 0.8m　　D. 0.4 ~ 0.5m

47. 二级公路路基设计洪水频率为(　　)。

A. 1/100　　B. 1/25　　C. 1/200　　D. 1/50

48. 高速公路、一级公路路基零填及挖方地段,路床顶面以下 30 ~ 80cm 的路基压实度应不小于(　　)。

A. 85%　　B. 90%　　C. 93%　　D. 96%

49. 路基横断面设计图所显示的挖填方工程量,一般称为(　　)。

A. 断面方　　B. 压实方　　C. 天然密实方　　D. 填方

50. 高等级公路土质路堤压实度采用(　　)。

A. 轻型及重型击实试验标准　　B. 重型击实试验标准

C. 轻型或重型击实试验标准　　D. 轻型击实试验标准

51. 高速、一级公路填方路基在路床顶面以下深度 0 ~ 80cm 及零填及挖方路床顶面以下 0 ~ 30cm的填料的最大粒径为(　　)cm。

A. 5　　B. 10　　C. 12　　D. 15

52. 公路工程路基土质填方宜在接近(　　)含水率的状态下进行碾压。

A. 液限　　B. 塑限　　C. 最佳　　D. 平均相对

53. 土方路堤采用机械压实时,分层的最大松铺厚度:高速公路、一级公路不应超过(　　)。

A. 20cm　　B. 25cm　　C. 30cm　　D. 35cm

54. 我国公路用土根据土的颗粒组成特征、土的塑性指标和土中有机质存在的情况,分为(　　)类,并进一步细分为(　　)种土。

A. 4,11　　B. 3,11　　C. 3,12　　D. 4,12

55. 一般傍山开挖或半挖半填的路基,可采用(　　)。

A. 混合式开挖法　　B. 分层纵挖法　　C. 分段纵挖法　　D. 通道纵挖法

56. 挖掘机又叫单斗挖土机,(　　)用于停机面以下的挖土作业

A. 反铲挖掘机　　B. 正铲挖掘机　　C. 拉铲挖掘机　　D. 抓铲挖掘机

57. 实际施工中,应注意自卸汽车的车厢容积(或载质量)与工程使用的施工机械相配套;注意施工现场的地理及气候等条件,当条件较好时可选用(　　)。

A. 小型自卸汽车　　B. 轻型自卸汽车

C. 中、重型自卸汽车　　D. 大型自卸汽车

58. 下列路基开挖注意事项中,(　　)是不正确的。

A. 开挖土方不得乱挖,严禁掏洞取土

B. 注意边坡稳定,及时设置必要的支挡工程

C. 开挖应控制在一定的超挖限度范围内

D. 开挖中,对适用的土、砂、石等材料,在经济合理的前提下,应尽量利用

59. 在路基开炸石方中,如工程分散、石方量较小以及整修边坡、开挖边沟、炸孤石时,一般宜选用(　　)。

A. 浅孔大爆破(钢钎炮)　　B. 深孔爆破

C. 猫洞炮　　D. 药壶炮(葫芦炮)

60. 截水沟长度一般不宜超过500m,其平、纵转角处应设曲线连接,其沟底纵坡应不小于(　　)。

A. 0.2%　　B. 0.4%　　C. 0.5%　　D. 0.3%

61. 为防止基底滑动,急流槽底面每隔(　　)可设置凸榫嵌入基底土中。

A. 2.5 ~ 5.5m　　B. 2.5 ~ 5m　　C. 3 ~ 5m　　D. 3 ~ 6m

62. 为避免高填方边坡被路面水冲刷,可在路肩上设置(　　)将水流拦截至边沟或适当地点排离路基。

A. 明沟　　B. 截水沟

C. 拦水带或路肩沟　　D. 边沟

63. 当地下水位高,潜水层埋藏不深时,可采用(　　)截流地下水或降低地下水位。

A. 明沟或排水槽　　B. 暗沟　　C. 渗沟　　D. 边沟

64. 当路线经过地形平坦地区,地面水或浅层地下水无法排除影响地基稳定,而下面又有透水土层时,可设置(　　)。

A. 排水槽　　B. 暗沟　　C. 渗沟　　D. 渗井

65. 当地下水位高，路线纵面设计难于满足最小填土高度时，可在路基内设置(　　)。

A. 排水槽　　B. 暗沟　　C. 隔离层　　D. 渗井

66. 公路路基防护与加固工程，按其作用不同可以分为(　　)。

A. 坡面防护、冲刷防护和支挡构造物三大类

B. 植物防护、坡面处治、护坡、护面墙四大类

C. 草皮防护、砌石防护、砌预制块防护、现浇混凝土防护四大类

D. 植物防护、坡面处治、护坡、护面墙、挡土墙五大类

67. 下列(　　)适用于岩石层理或构造面倾向路基，有顺层滑动的可能时采用。

A. 嵌补　　B. 喷浆　　C. 锚固　　D. 勾缝

68. 石笼适用于下列(　　)条件？

A. 水流方向较平顺的河岸滩地边缘，不受主流冲刷的路堤边坡

B. 受洪水冲刷，但无滚石的地段和大石料缺少地区

C. 水流方向较平顺，无严重局部冲刷地段，已被水浸的路堤边坡及河岸

D. 水流急、冲刷严重地段及无石料地区

69. 下列(　　)属于公路路基防护与加固工程中的坡面防护。

A. 抛石防护　　B. 石笼防护

C. 植物防护、坡面处治、护坡及护面墙　　D. 挡土墙

70. 下列(　　)属于公路路基防护与加固工程中的支挡构造物。

A. 导治构造物　　B. 干处挡土墙

C. 护面墙　　D. 护坡

71.《公路工程技术标准》(JTG B01—2003)中计算行车速度为100km/h的四车道高速公路的公路路基宽度一般值为(　　)。

A. 24.5m　　B. 26.0m　　C. 27.5m　　D. 28.0m

72. 高速公路、一级公路以及二级公路的连续上坡路段，当通行能力、运行安全受到影响时，应设置爬坡车道，其宽度为(　　)m。

A. 3.0　　B. 2.0　　C. 3.5　　D. 4.5

73. 高速公路和一级公路右侧硬路肩宽度小于(　　)m时，应设置紧急停车带。

A. 3.00　　B. 2.00　　C. 3.50　　D. 2.50

74. 砍伐树木仅计胸径(即离地面1.3m高处的直径)大于(　　)mm的树木，以棵计量。

A. 50　　B. 100　　C. 150　　D. 200

75. 挖除旧路面(包括路面基层)应按不同结构类型的路面分别以(　　)计量。

A. 立方米　　B. 米　　C. 平方米　　D. 吨

76. 路基土石方开挖数量包括边沟、排水沟、截水沟，应以经(　　)校核批准的横断面地面线和土石分界的补充测量为基础。

A. 监理人　　B. 业主　　C. 承包人　　D. 政府主管部门

77. 在挖方路基的路床顶面以下，土方断面应挖松深(　　)mm再压实。

A. 50　　B. 100　　C. 200　　D. 300

78. 借土填方，按(　　)，以(　　)计量。

A. 压实的体积，立方米　　B. 松散的体积，立方米

C. 面积,平方米　　　　　　　　　　　　　D. 重量,吨

79. 边沟、排水沟、截水沟的加固铺砌,按图纸施工经监理人验收合格的(　　),分不同结构类型以(　　)计量。

A. 沟渠体积,立方米　　　　　　　　　　B. 沟渠平面投影面积,平方米

C. 实际长度,米　　　　　　　　　　　　D. 材料重量,吨

二、多项选择题

1. 公路路基工程应满足(　　)基本要求。

A. 具有足够的水温稳定性　　　　　　　B. 具有足够的强度

C. 具有足够的整体稳定性　　　　　　　D. 具有足够的抗滑性

2. 公路路基设计高程一般指(　　)。

A. 无中央分隔带的公路为路基边缘的高程

B. 有中央分隔带的公路为中央分隔带外侧边缘的高程

C. 在设置超高加宽路段为设置超高加宽前的路基边缘的高程

D. 在设置超高加宽路段为设置超高加宽后的路基边缘的高程

3. 路基填土压实,为获得良好的压实效果,压实机械应(　　)。

A. 先轻后重　　　　　　　　　　　　　B. 先重后轻

C. 先慢后快　　　　　　　　　　　　　D. 先快后慢

4. 在土方工程施工中,挖方边坡坡率应根据(　　)确定。

A. 土的类型及其物理力学性质　　　　　B. 工程地质情况

C. 施工方法　　　　　　　　　　　　　D. 挖土深度或填土高度

5. 当采用不同性质的土填筑路基时,正确的填筑方式应满足(　　)要求。

A. 潮湿或冻融敏感性小的土应填筑在路基上层

B. 潮湿或冻融敏感性小的土应填筑在路基下层

C. 强度较小的土应填筑在路基下层

D. 强度较小的土应填筑在路基上层

6. 当采用不同性质的土填筑路基时,正确的填筑方式应满足(　　)要求。

A. 同一水平层路基的全宽应采用同一种填料,不得混合填筑

B. 同一水平层路基的全宽可以采用两种以上不同填料

C. 为保证水分蒸发和排除,路基不宜被透水性差的土层封闭

D. 根据强度和稳定性的要求,合理安排不同土层的层位

7. 当采用不同性质的土填筑路基时,正确的填筑方式应满足(　　)要求。

A. 不同土质分层填筑,透水性差的土填筑在下面时,其表面应做成一定的两面向外横坡

B. 不同土质分层填筑,透水性差的土填筑在下面时,其表面应做成一定的两面向内横坡

C. 在有地下水的路段或临水路基范围内,宜填筑透水性较好的填料

D. 在有地下水的路段或临水路基范围内,宜填筑透水性较差的填料

8. 关于路堤填筑方式,下列说法正确的有(　　)。

A. 不同土质混合填筑时应分层，每种填料层累计总厚不宜小于0.5m
B. 优良土应填在上层，强度较小的土应填在下层
C. 河滩路堤填土，路堤与护坡道应分别填筑
D. 透水性较小的土填筑于路堤下层，应做成4%的双向坡

9. 关于石方开挖，下列要求说法正确的有（　　）。
A. 次坚石、坚石通常采用爆破法开挖
B. 有条件时宜采用松土法开挖，局部可以采用破碎法开挖
C. 石方边坡开挖时应以小型及松动爆破为主，不允许过量爆破
D. 松土法及破碎法属于爆破开挖石方的施工方式

10. 为保证路基的强度和稳定性，路基工程施工时可采取下列（　　）措施。
A. 合理确定路基高度
B. 正确设计路基、路面排水系统
C. 合理选择路基横断面形式，正确确定边坡坡率
D. 充分压实土基，使之具有一定的抵抗水分侵蚀能力

11. 下列（　　）是路基施工前的技术性准备工作。
A. 土样试验　　B. 场地疏干
C. 临时便道和桥涵　　D. 场地清理

12. 属于地面排水设施的是（　　）。
A. 边沟　　B. 截水沟
C. 暗沟　　D. 排水沟

13. 下列属于地面排水设施的是（　　）。
A. 跌水　　B. 急流槽
C. 暗沟　　D. 蒸发池

14. 属于地下排水设施的是（　　）。
A. 暗管　　B. 截水沟
C. 暗沟　　D. 急流槽

15. 下列属于地下排水设施的是（　　）。
A. 蒸发池　　B. 渗沟
C. 排水沟　　D. 渗井

16. 路基排水一般向低洼一侧排除，必须横跨路基时，必要时设置（　　）。
A. 涵洞　　B. 倒虹吸
C. 盲沟　　D. 渡槽

17. 渗沟的形式有（　　）。
A. 填石渗沟　　B. 洞式渗沟
C. 管式渗沟　　D. 填土渗沟

18. 各种排水设施设置时必须做到（　　）。
A. 地基稳固　　B. 不得渗漏
C. 不得滞留　　D. 具有适当纵坡

19. 高速公路与一级公路的路面排水，一般由（　　）组成。

A. 路拱坡度、路肩横坡和边沟排水　　B. 中央分隔带排水
C. 路肩排水或中央分隔带排水　　D. 路肩排水

20. 下列(　　)属于公路路基防护与加固工程中的坡面防护。
A. 抛石防护　　B. 植物防护
C. 护坡及护面墙　　D. 浆砌片石挡土墙

21. 下列(　　)属于公路路基防护与加固工程中的冲刷防护。
A. 顺坝、丁坝构造物　　B. 坡面处治
C. 抛石及石笼防护　　D. 浸水挡土墙

22. 高速公路、一级公路上的加筋土工程应采用(　　)作筋带。
A. 钢筋混凝土带　　B. 钢带
C. 聚氯乙烯塑料带　　D. 聚丙烯土工带

23. 公路加筋土工程采用的筋带主要是(　　)。
A. 钢筋混凝土带　　B. 钢带
C. 聚氯乙烯塑料带　　D. 聚丙烯土工带

24. 软土按其成因大致可分为两大类,分别是(　　)。
A. 海洋沿岸沉积　　B. 海湖相沉积
C. 内陆湖盆地沉积　　D. 河漫滩相沉积

25. 在软土地基上填筑路堤引起的沉降由两部分组成,分别是(　　)。
A. 由地基固结产生　　B. 由瞬时沉降产生
C. 由地基侧向变形产生　　D. 由工后沉降产生

26. 常用的地下排水体有(　　)。
A. 砂井　　B. 袋装砂井
C. 塑料排水板　　D. 砂垫层

27. 软土处治的方案有(　　)。
A. 砂砾垫层　　B. 浅层处治
C. 土工合成材料　　D. 袋装砂井

28. 当表层分布的软土层小于3m时,可采用(　　)等方法进行处治。
A. 浅层拌和　　B. 换填
C. 抛石　　D. 袋装砂井

29. 软土处治措施中的砂垫层往往与其他处治措施配合使用,如(　　)。
A. 塑料排水板　　B. 袋装砂井
C. 加固土桩　　D. 粒料桩

30. 路基的整体稳定系数必须(　　)容许稳定安全系数,否则应进行地基处理。
A. 大于　　B. 小于
C. 等于　　D. 不等于

31. 桥台台背、涵洞两侧与顶部、挡土墙墙背的填筑应注意下列(　　)要求。
A. 一般应与路基填土同时进行
B. 一般应选用砂性土或其他透水性材料作填料
C. 施工时注意排水,必要时墙背应做排水设施

D. 填土应在接近最佳含水率状态下分层压实(夯实),每层松铺厚度不宜超过20cm

32. 公路路基主要由(　　)等构成。

A. 路基体　　B. 排水设施

C. 防护设施　　D. 加固工程、附属设施

33. 公路路基横断面一般由(　　)等组成。

A. 路肩(土路肩、硬路肩)　　B. 行车道

C. 中间带、边坡　　D. 护坡道、边沟

34. 土的分类方法很多,根据《公路土工试验规程》(JTG E40—2007)规定,按土的粒径分为(　　)。

A. 巨粒组　　B. 粗粒组　　C. 中粒组　　D. 细粒组

35. 路基工程施工的准备工作包括(　　)。

A. 组织准备　　B. 物质准备　　C. 技术准备　　D. 资金准备

36. 路堑开挖可根据具体情况采用(　　)。

A. 明挖法　　B. 横挖法　　C. 纵挖法　　D. 混合式开挖法

37. 影响推土机作业效率的主要因素是(　　)。

A. 卸土　　B. 空回　　C. 切土　　D. 运土

38. 渗沟按排水层的构造形式,可分为(　　)。

A. 暗沟　　B. 盲沟　　C. 管式渗沟　　D. 洞式渗沟

39. 路面排水设施的组成有(　　)。

A. 路面表面排水、漫流排水方式、集中排水方式

B. 中央分隔带排水

C. 路面结构内部排水

D. 桥面铺装体系排水

40. 中央分隔带排水系统主要由(　　)组成。

A. 明沟　　B. 渗沟

C. 渗沟内的集水管　　D. 横向排水管

41. 坡面处治中,边坡过陡或植物不易生长的坡面,可视具体情况,选用(　　)等坡面处治措施。

A. 勾缝、灌浆　　B. 抹面、喷浆　　C. 嵌补、锚固　　D. 喷射混凝土

42. 我国各地不同成因的软土具有近乎相同的共性,其主要表现为(　　)。

A. 天然含水率高,孔隙比大

B. 透水性差,压缩性高

C. 抗剪强度低,具有触变性和流变性显著

D. 天然密度大

43. 在软土地基上填筑路堤引起的沉降由两部分组成,分别是(　　)。

A. 由地基固结产生　　B. 由瞬时沉降产生

C. 由地基侧向变形产生　　D. 由工后沉降产生

44. 砂井施工可采用(　　)。

A. 人工挖掘法　　B. 空心管法　　C. 射水法　　D. 爆破法

45. 加固土桩的固化材料一般为(　　)。

A. 水泥　　B. 石灰　　C. NCS 固化剂　　D. 砂

46. 路基工程内容主要包括(　　)。

A. 场地清理;挖方;填方

B. 特殊地区路基处理;路基整形;坡面排水

C. 护坡、护面墙;挡土墙;锚杆挡土墙;加筋土挡土墙

D. 喷射混凝土和喷浆边坡防护;预应力锚索边坡加固

E. 抗滑桩;河道防护

47. 填筑路堤的土石方数量,应以(　　),经监理人校核批准的横断面地面线为基础,以监理人批准的横断面图为依据,由承包人按不同来源(包括利用土方、利用石方和借方等)分别计算,经监理人校核认可的工程数量作为计量的工程数量。

A. 承包人的施工测量　　B. 承包人的补充测量

C. 图纸计算出来的数量　　D. 设计方的测量

E. 设计方的补充测量

48. 结构物台背回填按压实体积,以立方米计量,计价中包括(　　)。

A. 挖运　　B. 摊平　　C. 压实　　D. 整型

E. 其他有关的作业费用

49. 盐渍土路基处理换填,经监理人验收合格后按不同厚度以平方米计量。其内容包括(　　)。

A. 铲除过盐渍土　　B. 材料运输

C. 分层填筑　　D. 分层压实

E. 清除软层

50. 预应力锚索边坡加固计量中,不另行计量的有(　　)。

A. 预应力锚索长度

B. 混凝土锚固板

C. 钻孔、清孔、锚索安装、注浆、张拉、锚头、锚索护套、场地清理

D. 抗拔力试验

E. 混凝土的立模、浇筑、养生等

51. 挡土墙工程中,属于承包人应做的附属工作,不另行计量与支付的有(　　)。

A. 嵌缝材料、砂浆勾缝、泄水孔及其滤水层

B. 混凝土工程的脚手架、模板、浇筑和养生、表面修整

C. 基础开挖、运输与回填

D. 混凝土挡土墙的钢筋

E. 砂砾或碎石垫层

三、判断题(正确者打✓,错误者打×)

1. 路基设计高程指路基边缘的高度。(　　)

2. 路基设计高程指中央分隔带外侧边缘的高度。(　　)

3. 设置超高加宽路段路基设计高程指设置超高加宽前路基边缘的高度。(　　)

4. 路基设计，一般宜移挖作填，尽量减少弃方或借方数量。当出现大量弃方或借方时，应配合农田水利建设和自然环境等进行综合设计。 ( )

5. 路床指路面底面以下 80cm 范围内路基部分。 ( )

6. 路基压实度即压实后的密实度与天然密实度之比。 ( )

7. 压实机具的单位压力不应超过土的强度极限。 ( )

8. 公路工程填石路堤和土质路堤对压实度的要求是一样的。 ( )

9. 公路路基填方基底一般均需进行处理。 ( )

10. 分期修建或改建公路加宽时，新、旧路基填方边坡的衔接处，应开挖台阶。 ( )

11. 对条件极其困难的三、四级公路的路基压实，可采用人工施工。 ( )

12. 填土路基的填土最好采用黏性土。 ( )

13. 路基填土应在接近最佳含水率的状态下进行压实。 ( )

14. 路基填方按压实方计工程量，挖方按天然密实方计工程量。 ( )

15. 当其他等级公路修建高级路面时，其路基压实度应采用高速公路、一级公路的规定值。 ( )

16. 公路路基断面土、石方计算中，除扣除桥梁、隧道等构造物段的工程量外，还应扣除路面结构层的等量工程量。 ( )

17. 推土机推土从上而下和从下而上的推土方式，在大型取土坑的施工运输便道设计和施工组织安排时，可以不考虑推土方式这一因素的方案比较。 ( )

18. 对铺设中、低级路面的三、四级公路，其零填及挖方段的地基亦需进行碾压。 ( )

19. 公路路基横断面设计图所显示的挖填方工程量中，填方为压实方、挖方为天然密实方。当土、石方调配中有部分土方利用作填方，其工程量为天然密实方时，则填方中的借方数量，即等于填方数量减去上述利用方数量。 ( )

20. 排水沟是指为汇集和排除路面、路肩及边坡的流水，在公路路堑两侧设置的纵向水沟。 ( )

21. 公路加筋土工程采用的钢带一般应采取镀锌或其他措施进行表面防锈处理。 ( )

22. 高速公路、一级公路上的加筋土工程应采用钢带或钢筋混凝土带作筋带。 ( )

23. 加筋土挡土墙应根据地形、地质、墙高等条件设置沉降缝。 ( )

24. 加筋土挡土墙属于重力式挡土墙。 ( )

25. 在软土地基上填筑路堤引起的沉降是由地基固结产生的。 ( )

26. 在软土地基上填筑路堤时，填土速率越快越好。 ( )

27. 在软土地基上填筑路堤时，应尽可能在其下面设置透水性垫层。 ( )

28. 软土预压效果与预压时间唯一对应。 ( )

29. 软土地基沉降施工完成后即结束。 ( )

30. 塑料排水板是带有孔道的板状物体，插入土中形成竖向排水通道。 ( )

31. 寒冷地区的各类浆砌圬工工程，采用的砂浆强度除特指外应较一般地区规定提高一个等级。 ( )

32. 路基边坡坡度是指路基边坡的倾斜程度，一般用边坡的高度与水平距离的比值来表示。 ( )

33. 压实质量以压实度 K 表示，即工地最大干密度与干密度之比。 ( )

34. 天然密实的 $1m^3$ 土体开挖运来填筑路堤，等于 $1m^3$ 的压实方。（　）

35. 基底处理中，属于场地清理内容的划入准备工作项下计价，属于工程措施的划入排水设施或软基处治项下计价。（　）

36. 填筑路堤完成后是否清除加宽填筑部分，应结合路基稳定及环境美化等多种因素综合考虑。（　）

37. 桥台背后填土应与锥坡填土同时进行。（　）

38. 填方地段路面宽度内的填筑高程只计算至路床面，即设计填方断面内应扣除包括垫层在内的路面总厚度。（　）

39. 破碎法的工作效率高，宜作为开挖岩石的主要方法。（　）

40.《公路工程标准施工招标文件》(2009 年版)规定了挖方应挖至路床顶面，并对路床的压实检验，要求应翻松、碾压达到规定的压实度。但路床若发生超挖，承包人应自费回填并压实。（　）

41. 路基整修(或整型)工作的费用应计入路基土石方作业的相关填挖方工程单价内，不单独计量与支付。（　）

42. 蒸发池水位应不低于排水沟的沟底，蓄水深度不大于 1.5～2.0m，蓄水容量一般不超过 200～$300m^3$。（　）

43. 渗沟应设在冻结深度以下，并尽可能设于不透水土层上。（　）

44. 渗沟施工宜由下游向上游施工，不能随挖、随撑、随填。（　）

45. 坡面防护包括植物防护和工程防护。（　）

46. 护面墙基础应置于可靠地基上，对于别软弱段落，不能采用拱形结构跨过。（　）

47. 抛石厚度不应小于石块尺寸的三分之一。（　）

48. 加筋土挡土墙是一种复合结构，组合因素较多，计价宜分部分项按公路工程定额划分的细目计价。（　）

49. 锚杆挡土墙墙后填土或填料，不应作为锚杆挡土墙的相关项目计入，应在路基土石方作业中计价。（　）

50. 扶壁式与悬臂式的主要区别在于墙后间隔一定距离增设了扶壁。（　）

51. 新开河道的设计流量应按路基设计洪水频率计算，新开河道的断面一般不应压缩。（　）

52. 路堤实际填筑高度等于设计高度与预压期沉降量之和。（　）

53. 路基设计高程指中央分隔带外侧边缘的高度。（　）

54. 压实机具的单位压力不应超过土的强度极限。（　）

55. 填土路基的填土最好采用黏性土。（　）

56. 公路路基断面土、石方计算中，除扣除桥梁、隧道等构造物段的工程量外，还应扣除路面结构层的等量工程量。（　）

57. 公路路基横断面设计图所显示的挖填方工程量中，填方为压实方、挖方为天然密实方。当土、石方调配中有部分土方利用作填方，其工程量为天然密实方时，则填方中的借方数量，即等于填方数量减去上述利用方数量。（　）

58. 在软土地基上填筑路堤引起的沉降是由地基固结产生的。（　）

59. 在软土地基上填筑路堤时，应尽可能在其下面设置透水性垫层。（　）

60. 寒冷地区的各类浆砌圬工工程，采用的砂浆强度除特指外应较一般地区规定提高一个等级。 (　)

61. 高速公路、一级公路整体式断面必须设置中间带。 (　)

62. 路基填方按压实方计工程量，挖方按天然密实方计工程量。 (　)

63. 公路路基断面土、石方计算中，除扣除桥梁、隧道等构造物段的工程量外，还应扣除路面结构层的等量工程量。 (　)

64. 施工场地清理的计量应按监理人书面指定的范围（路基范围以外临时工程用地清场等除外），进行验收后，现场实地测量的平面投影面积以平方米计量。 (　)

65. 超过图纸或监理人规定尺寸的开挖，按实际发生量予计量。 (　)

66. 零填挖路段的翻松、压实按实际发生量另计量。 (　)

67. 滑坡按实际发生的挖除及回填体积，经监理人验收合格以后以立方米计量。 (　)

68. 护坡、护面墙工程中的预制空心砖和拱形及方格骨架护坡，按其铺筑的实际体积以立方米计量。 (　)

69. 加筋土挡土墙工程中，基坑开挖与回填、墙顶抹平层、沉降缝的填塞、泄水管的设置及钢筋混凝土带的钢筋等，均按实际发生量另计量。 (　)

70. 锚杆按图纸或监理人指示为依据，经验收合格的实际数量，以千克为单位计量。

(　)

71. 河床铺砌、顺坝、丁坝、调水坝及锥坡砌筑等工程及抛石防护，应分别按图纸尺寸和监理人的指示，按实际完成并经验收的数量，以立方米计量。 (　)

第三章　路面工程

一、单项选择题

1. 路面结构的整体及其各个组成部分必须具备与行车荷载相适应的(　)，以使路面在车辆荷载作用下不致产生变形或破坏。

A. 强度　　B. 平整度

C. 耐久性　　D. 稳定性

2. 为保证行车安全，路面结构必须满足(　)的要求。

A. 稳定性　　B. 稳定性

C. 抗滑性　　D. 扬尘性

3. 柔性路面厚度设计以(　)作为路面整体强度的控制指标。

A. 容许弯拉应力　　B. 容许剪应力

C. 容许弯沉值　　D. 容许抗压强度

4. 公路路面结构一般由(　)组成。

A. 面层、基层、底基层　　B. 面层、基层

C. 面层、基层、底基层、垫层　　D. 面层、基层、垫层

5. 属于未铺装路面的有(　)。

A. 泥结碎石路面　　B. 沥青贯入式路面
C. 沥青表面处治路面　　D. 沥青碎石路面

6. 在沥青路面结构层中起次要承重作用的是(　　)。
A. 面层　　B. 基层
C. 底基层　　D. 垫层

7. 在沥青路面结构层中起排水、隔水、防冻、防污作用的是(　　)。
A. 面层　　B. 基层
C. 底基层　　D. 垫层

8. 适用于各级公路粒料类基层和底基层的是(　　)。
A. 泥结碎石　　B. 泥灰结碎石
C. 级配碎石　　D. 填隙碎石

9. 目前,可供高速公路、一级公路选择的沥青路面面层是(　　)。
A. 沥青混凝土　　B. 沥青碎石
C. 沥青贯入式　　D. 沥青表处

10. 高速公路、一级公路应采用(　　)作基层。
A. 水泥或石灰、粉煤灰稳定粒料类　　B. 沥青碎石
C. 水泥或石灰、粉煤灰稳定各种集料类　　D. 级配碎石

11. 无机结合料稳定类基层,高速公路、一级公路拌和采用较多的施工方法是(　　)。
A. 拖拉机带铧犁拌和　　B. 人工沿路拌和
C. 稳定土拌和机拌和　　D. 厂拌法拌和

12. 石灰稳定类材料用于沥青混合料路面的基层时,应在基层上作(　　)。
A. 上封层　　B. 黏层沥青　　C. 下封层　　D. 防水层

13. 级配碎石路面属于(　　)。
A. 刚性路面　　B. 柔性路面　　C. 半刚性路面　　D. 嵌挤类路面

14. 热拌沥青碎石适用于柔性路面的(　　)。
A. 垫层　　B. 底基层　　C. 上基层及调平层　　D. 沥青表面处治

15. 每立方米块末比为5:5的石灰膏需生石灰(　　)。
A. 500kg 左右　　B. 630kg 左右　　C. 200kg 左右　　D. 1 000kg 左右

16. 当沥青面层由双层或三层组成,且不能连续施工而沥青层表面被污染,或在旧沥青面层及水泥混凝土面层上加铺沥青层时,均应在层间设置(　　)。
A. 透层沥青　　B. 黏层沥青　　C. 上封层沥青　　D. 下封层沥青

17. 在沥青面层与半刚性基层或粒料基层之间应设置(　　)。
A. 透层沥青　　B. 黏层沥青　　C. 上封层沥青　　D. 下封层沥青

18. 道路石油沥青分为(　　)个等级。
A. 二　　B. 三　　C. 四　　D. 六

19. 粗粒式沥青混凝土、热拌沥青碎石的施工最小厚度为(　　)。
A. 2.5cm　　B. 4.0cm　　C. 5.0cm　　D. 6.0cm

20. 中粒式沥青混凝土、热拌沥青碎石的施工最小厚度为(　　)。
A. 2.5cm　　B. 4.0cm　　C. 5.0cm　　D. 6.0cm

21. 细粒式沥青混凝土、热拌沥青碎石的施工最小厚度为(　　)。

A. 2.5cm　　B. 4.0cm　　C. 5.0cm　　D. 6.0cm

22. 按现行规范,密级配沥青混合料的设计空隙率为(　　)。

A. 3%　　B. 6%　　C. 3% ~6%　　D. 3% ~12%

23. 按现行规范,开配沥青混合料的设计空隙率为(　　)。

A. 6%　　B. 12%　　C. 15%　　D. 18%

24. 沥青混合料按(　　)分为特粗式、粗粒式、中粒式和细粒式。

A. 矿料级配组成及空隙率大小　　B. 公称最大粒径

C. 制造工艺　　D. 材料组成及结构

25. 沥青混合料路面压实应按(　　)进行。

A. 初压、复压两个阶段　　B. 初压、终压两个阶段

C. 初压、复压、终压三个阶段　　D. 一次碾压成型

26. 沥青路面以(　　)的强度和耐久性最好。

A. 沥青混凝土路面　　B. 沥青表面处治路面

C. 沥青碎石路面　　D. 渣油路面

27. 水泥混凝土路面施工时,通常要求混凝土的(　　)抗弯拉强度达到4.0~5.0MPa。

A. 7 天　　B. 28 天　　C. 14 天　　D. 21 天

28. 碾压水泥混凝土路面板厚的确定采用(　　)不大于混凝土设计弯拉强度的103%和不低于混凝土设计弯拉强度的95%。

A. 荷载疲劳应力　　B. A 与 C 之和

C. 温度疲劳应力　　D. A 与 C 之差

29. 水泥混凝土拌和料应具有适当的施工和易性与较好的工作性。描述该特性的指标参数是(　　)。

A. 混凝土抗弯拉强度　　B. 混凝土抗压强度

C. 坍落度　　D. 黏结度

30. 在我国高等级公路水泥混凝土路面中广泛采用的工程质量最高、施工速度最快、装备最现代化的水泥混凝土路面施工技术方法是(　　)。

A. 三辊轴机组铺筑法　　B. 轨道摊铺机铺筑法

C. 小型机具铺筑法　　D. 滑模机械铺筑法

31. 只在接缝区和局部范围(边缘和角隅)处配置钢筋,其余部分不配置钢筋的混凝土路面称(　　)路面。

A. 连续配筋混凝土　　B. 钢筋混凝土

C. 普通混凝土　　D. 预应力钢筋混凝土

32. 水泥混凝土路面在小半径平曲线和凹型竖曲线的纵坡变换处,应设置(　　)。

A. 假缝　　B. 胀缝　　C. 施工缝　　D. 缩缝

33. 水泥混凝土路面的横向缩缝采用(　　)。

A. 假缝　　B. 平缝　　C. 施工缝　　D. 工作缝

34. 道路设计中路面的刚度是指路面抵抗(　　)的能力。

A. 外力　　B. 开裂　　C. 老化　　D. 变形

35. 设置在面层之下，并与面层一起将车轮荷载的反复作用传布到底基层、垫层、土基，起主要承重作用的路面结构层为(　　)。

A. 面层　　B. 基层　　C. 底基层　　D. 垫层

36. 目前，我国沥青面层的路面分为(　　)种类型。

A. 三　　B. 四　　C. 五　　D. 六

37. 高速公路、一级公路应采用(　　)基层，以增强基层的强度和稳定性，减少低温收缩裂缝。

A. 柔性　　B. 刚性

C. 弹性　　D. 水泥或石灰、粉煤灰稳定粒料类半刚性

38. 层铺法表面处治施工分先油后料与先料后油两种方法。一般多采用(　　)法施工。当堆放集料地点受限制或临近低温施工时，采用(　　)法施工。

A. 先料后油，先油后料　　B. 先料后油，先料后油

C. 先油后料，先油后料　　D. 先油后料，先料后油

39. (　　)是沥青混凝土强度构成的重要因素。

A. 级料强度　　B. 黏结力

C. 骨架的嵌挤作用　　D. 骨架的摩阻力

40. 高速公路、一级公路应采用(　　)作基层。

A. 水泥或石灰、粉煤灰稳定粒料类　　B. 沥青碎石

C. 水泥或石灰、粉煤灰稳定各种集料类　　D. 级配碎石

41. 高速公路、一级公路表面层，除旧沥青面层上加铺抗滑层外，其厚度一般不宜小于(　　)。

A. 3.0cm　　B. 4.0cm　　C. 4.5cm　　D. 5.0cm

42. 沥青混凝土、沥青碎石的压实度，当以试验段的密度为标准密度时，应达到(　　)的压实度。

A. 98%　　B. 95%　　C. 94%　　D. 93%

43. 沥青混凝土、沥青碎石的压实度，当以马歇尔试验密度为标准密度时，高速公路、一级公路应达到(　　)的压实度。

A. 98%　　B. 95%　　C. 94%　　D. 93%

44. 沥青混凝土、沥青碎石的压实度，当以马歇尔试验密度为标准密度时，高速公路、一级公路以外等级公路应达到(　　)的压实度。

A. 98%　　B. 95%　　C. 94%　　D. 93%

45. 水泥混凝土路面板厚设计的最小厚度为(　　)。

A. 18cm　　B. 20cm　　C. 22cm　　D. 24cm

46. 水泥混凝土路面在与柔性路面相接处、板厚改变处，应设置(　　)。

A. 假缝　　B. 缩缝　　C. 施工缝　　D. 胀缝

47. 路面厚度设计以(　　)作为路面整体强度的控制指标。

A. 容许弯拉应力　　B. 容许剪应力　　C. 容许弯沉值　　D. 容许抗压强度

48. 二级公路采用的路面等级是(　　)。

A. 高级路面　　B. 中级路面

C. 高级或次高级路面　　D. 次高级或中级路面

49. 每吨石灰消解需用水量一般为(　　)。

A. ≤500kg　B. 500～800kg　C. 800～1 000kg　D. ≥1 000kg

50. 中粒式沥青混凝土、热拌沥青碎石的施工最小厚度为(　　)。

A. 2.5cm　B. 4.0cm　C. 5.0cm　D. 6.0cm

51. 普通混凝土面板一般采用矩形,其板宽可按路面宽度和每个车道宽度而定,其最大间距不得大于(　　)。

A. 3.5m　B. 4.0m　C. 5.0m　D. 4.5m

52. 混凝土摊铺到(　　)时应予刮平,用2.2kW 平板振捣器振捣一遍后再加铺至路面顶面,整平后换用1.2～1.5kW 平板振捣器再振捣一遍。

A. 一半厚度　B. 1/3 厚度　C. 1/4 厚度　D. 2/3 厚度

53. 路面垫层工程中,碎石、砂砾垫层应按图纸和监理人指示铺筑、经监理人验收合格的(　　),按不同厚度以(　　)计量。

A. 面积,平方米　　B. 体积,立方米

C. 长度,米　　D. 材料质量,千克

54. 水泥稳定土底基层、基层按图纸所示和监理人指示铺筑,经(　　)验收合格的平均面积,按不同厚度以平方米计量。

A. 业主　B. 监理人　C. 承包人　D. 政府主管部门

55. 沥青稳定碎石混合料,按图纸所示或监理人指示的平均铺筑面积,经监理人验收合格,按不同厚度分别以平方米计量。除监理人另有指示外,超过图纸所规定的面积均(　　)。

A. 不予计量　　B. 按实际发生计量

C. 按合同规定计量　　D. 按主管部门意见计量

56. 沥青表面处治按图纸所示或监理人指示铺筑,经监理人验收合格,按不同厚度分别以(　　)计量。

A. 立方米　B. 米　C. 千克　D. 平方米

57. 拦水带按长度以(　　)计量。

A. 立方米　B. 米　C. 千克　D. 平方米

二、多项选择题

1. 路面结构层所选材料应满足(　　)的要求。

A. 强度　B. 稳定性　C. 耐久性　D. 刚度

2. 按力学性能,道路路面可分为(　　)。

A. 弹性路面　B. 柔性路面　C. 半刚性路面　D. 刚性路面

3. 粒料类嵌锁型路面基层包括(　　)。

A. 泥结碎石基层　　B. 泥灰结碎石基层

C. 二灰碎石基层　　D. 填隙碎石基层

4. 路面基层的粒料类按照粒料密实程度和受力特点可分为(　　)。

A. 嵌锁型　B. 胶结型　C. 级配型　D. 松散型

5. 提高路面的平整度和抗滑能力有利于(　　)。

A. 提高稳定性　B. 行车安全　C. 提高车速　D. 降低油耗

6. 沥青碎石路面的使用范围是(　　)。

A. 一级公路　B. 二级公路　C. 三级公路　D. 四级公路

7. 下列属于铺装路面的有(　　)。

A. 沥青混凝土路面　B. 沥青碎石路面

C. 水泥混凝土路面　D. 沥青混合料路面

8. 下列路面面层类型中,(　　)是简易铺装路面。

A. 沥青混凝土路面　B. 沥青贯入式路面

C. 水泥混凝土路面　D. 沥青表面处治路面

9. 沥青表面处治路面适用于(　　)。

A. 高速公路、一级公路　B. 二级公路

C. 三级公路　D. 四级公路

10. 属于砂石路面的有(　　)。

A. 泥结碎石路面　B. 级配碎石路面

C. 水结碎石路面　D. 填隙碎石路面

11. 对水泥混凝土路面路面的基本要求是(　　)。

A. 具有足够的强度　B. 具有足够的稳定性

C. 具有足够的平整度　D. 具有足够的抗滑性

12. 不属于简易铺装路面的有(　　)。

A. 沥青混凝土路面　B. 沥青表面处治路面

C. 级配碎石路面　D. 沥青贯入式路面

13. 对路面基层的性能要求是(　　)。

A. 具有足够的强度和刚度　B. 具有足够的水稳定性

C. 具有足够的耐磨性　D. 具有良好的抗滑性

14. 沥青路面结构层一般由(　　)组成。

A. 面层　B. 基层　C. 底基层　D. 垫层

15. 目前,可供高速公路、一级公路选择的路面面层是(　　)。

A. 沥青混凝土　B. 沥青碎石　C. 沥青贯入式　D. 水泥混凝土

16. 无机结合料稳定类基层包括(　　)。

A. 水泥稳定类　B. 石灰稳定类

C. 工业废渣稳定类　D. 泥灰结碎石

17. 下列适合做沥青混凝土路面基层的是(　　)。

A. 水泥稳定碎石　B. 水泥稳定细粒土

C. 石灰粉煤灰稳定细粒土　D. 石灰粉煤灰碎石

18. 无机结合料稳定类基层所用的无机结合材料,目前常用的是(　　)。

A. 水泥　B. 石灰　C. 粉煤灰　D. 工业废渣

19. 高速公路和一级公路热拌沥青混合料的配合比设计包括(　　)。

A. 目标配合比设计阶段　B. 生产配合比设计阶段

C. 计算配合比阶段　D. 生产配合比验证阶段

20. 按制造工艺,沥青混合料分为(　　)。
A. 热拌沥青混合料　　B. 冷拌沥青混合料
C. 连续级配混合料　　D. 再生沥青混合料
21. 高速公路、一级公路的沥青路面,适用的道路石油沥青等级是(　　)。
A. A 级　　B. B 级　　C. C 级　　D. A、B、C 级都适用
22. 适用于沥青面层的沥青是(　　)。
A. 道路石油沥青　　B. 改性沥青　　C. 乳化沥青　　D. 煤沥青
23. 按矿料级配组成及空隙率大小,沥青混合料分为(　　)。
A. 密级配沥青混合料　　B. 开级配沥青混合料
C. 半开级配混合料　　D. 间断沥青混合料
24. 路面稳定性通常分为(　　)。
A. 水稳定性　　B. 干稳定性　　C. 温度稳定性　　D. 耐久性
25. 对水泥混凝土路面路面的基本要求是(　　)。
A. 具有足够的强度　　B. 具有足够的平整度
C. 具有足够的稳定性　　D. 具有足够的抗滑性
26. 对路面基层的性能要求是(　　)。
A. 有足够的强度和刚度　　B. 有足够的水稳定性
C. 有足够的耐磨性　　D. 有良好的抗滑性
27. 路面结构一般由(　　)组成。
A. 面层　　B. 基层　　C. 底基层　　D. 垫层
28. 下列(　　)状况下的路基应设置垫层。
A. 地下水位高,排水不良,路基经常处于潮湿、过湿状态的路段
B. 排水不良的土质路堑,有裂隙水、泉眼等水文不良的岩石挖方路段
C. 季节性冰冻地区的中湿、潮湿路段,可能产生冻胀需设置防冻垫层的路段
D. 基层或底基层可能受污染以及路基软弱的路段
29. 无机结合料稳定类包括(　　)。
A. 水泥稳定类　　B. 工业废渣稳定类
C. 石灰稳定类　　D. 泥灰结碎石
30. 无机结合料稳定类基层所用的无机结合材料,目前常用的是(　　)。
A. 水泥　　B. 石灰　　C. 粉煤灰　　D. 工业废渣
31. 粒料类基层按强度构成原理可分为(　　)。
A. 综合稳定类　　B. 嵌锁型　　C. 级配型　　D. 填隙碎石类
32. 半刚性基层材料的显著特点是(　　)。
A. 整体性弱、承载力低　　B. 较为经济
C. 刚度小　　D. 水稳性好
33. 沥青路面具有(　　)等优点。
A. 行车舒适　　B. 施工期短　　C. 噪声低　　D. 养护维修简便
34. 沥青路面应具有坚实、平整、抗滑、耐久的品质;同时,还应具有(　　)的功能。
A. 高温抗车辙　　B. 抗水损害　　C. 低温抗开裂　　D. 防止雨水渗入基层

35. 沥青面层所用的沥青标号,应根据(　　)等选用。
A. 气候条件　　B. 施工方法
C. 路面结构类型　　D. 施工季节

36. 用于沥青面层的粗集料不仅应洁净、干燥、无风化、无杂质,而且应具有(　　)。
A. 足够的强度　　B. 足够的耐磨性
C. 良好的级配　　D. 良好的颗粒形状

37. 沥青混合料的强度由(　　)等组成。
A. 粗骨料的材料强度　　B. 沥青矿料之间的黏结力
C. 矿料之间的嵌挤力　　D. 矿料之间的内磨阻力

38. 沥青贯入式路面具有(　　)等优点。
A. 强度较高　　B. 稳定性好　　C. 施工简便　　D. 不易产生裂缝

39. 高速公路、一级公路的沥青路面,应选用(　　)。
A. 重交通道路石油沥青　　B. 改性沥青
C. 乳化沥青　　D. 煤沥青

40. 下列工程中,(　　)属于路面工程中的附属工程。
A. 挖路槽
B. 稳定土厂拌设备安、拆及场地的修建
C. 沥青路面镶边
D. 沥青混合料拌和设备安、拆及场地的修建

41. 属于简易铺装路面的有(　　)。
A. 沥青贯入式路面　　B. 沥青碎石路面
C. 沥青表面处治路面　　D. 级配碎石路面

42. 下列路面面层类型中,(　　)是简易铺装路面。
A. 沥青混凝土路面　　B. 沥青贯入式路面
C. 水泥混凝土路面　　D. 沥青表面处治路面

43. 水泥混凝土路面施工常分为(　　)三种方法。
A. 小型机具施工　　B. 中型机具施工
C. 轨道式摊铺机施工　　D. 滑模式摊铺机施工

44. 混凝土振实后还应进行(　　)制作等工序。
A. 洒水　　B. 整平　　C. 精光　　D. 纹理

45. 混凝土的配合比应根据设(　　)等要求和经济合理的原则,选用原材料,通过计算、试验和必要的调整,确定混凝土单位体积中各种组成材料的用量。
A. 设计弯拉强度　　B. 耐久性　　C. 耐磨性　　D. 和易性

46. 路面及中央分隔带排水以米计量的是(　　)。
A. 纵向雨水沟(管)
B. 混凝土路肩排水沟
C. 路肩排水沟砂砾垫层(路基填筑中已计量者除外)
D. 土工布
E. 拦水带

47. 水泥混凝土加固土路肩经验收合格后，下面属于承包商的附属工程，不另行计量的有（　　）。

A. 加固土路肩的混凝土立模、摊铺、振捣、养生、拆模

B. 预制块预制铺砌

C. 培土路肩回填土

D. 接缝材料

E. 其他有关加固土路肩的杂项工作

48. 下列工程中以平方米计量的是（　　）。

A. 沥青表面处治

B. 石灰稳定土底基层

C. 沥青封层

D. 培土路肩及中央隔带回填土

E. 水泥混凝土加固土路肩

49. 下列工程中包含在相应的单价中，不另行计价的是（　　）。

A. 排水管基础开挖

B. 排水管出水口预制混凝土垫块

C. 加固土路肩的混凝土立模、摊铺、振捣、养生、拆模

D. 透层和黏层

E. 水泥混凝土面板接缝材料

三、判断题（正确者打√，错误者打×）

1. 目前我国的公路路面，绝大多数均属柔性路面，如沥青混凝土路面。（　　）

2. 半刚性基层材料使用前期的力学特性呈刚性，而后期趋近于柔性。（　　）

3. 水泥或石灰、粉煤灰稳定细粒土可以用于高级路面的基层。（　　）

4. 沥青面层不得在雨天施工，当施工中遇雨时，应停止施工。（　　）

5. 高速公路，一、二级公路的排水垫层应铺至路基同宽，以利于路面结构排水，保持路基稳定。三、四级公路的垫层宽度可比底基层每侧至少宽 25cm。（　　）

6. 用于无机结合料的水泥宜选用终凝时间较长（宜在 6h 以上）的水泥。（　　）

7. 热拌热铺沥青混合料路面应采用机械化连续施工。（　　）

8. 沥青贯入式路面属于高级路面。（　　）

9. 高速公路、一级公路沥青面层的上面层、中面层和下面层应采用沥青混合料铺筑。（　　）

10. 公路工程沥青混凝土路面的压实分初压和终压两个阶段。（　　）

11. 沥青路面的无机结合料稳定土或粒料的半刚性基层上必须浇洒透层沥青。（　　）

12. 水泥混凝土路面的纵向缩缝和纵向施工缝均应设置拉杆。（　　）

13.《公路工程标准施工招标文件》（2009 年版）明确规定：水泥稳定混合料的拌和应采用厂拌法。（　　）

14. 若沥青贯入式碎石设在沥青混凝土层与半刚性基层、粒料基层之间时，沥青贯入式碎石要撒封层料，并做上封层。（　　）

15. 沥青路面可以采用机械化施工或人工施工。 ( )

16. 水泥混凝土路面的横向缩缝、胀缝和横向施工缝均应设置传力杆。 ( )

17. 高速公路、一级公路应采用水泥或石灰、粉煤灰稳定粒料类半刚性基层，以增强基层的强度和稳定性，减少低温收缩裂缝。当采用半刚性基层有困难时，可选用热拌或冷拌沥青碎石混合料或沥青贯入式碎石做柔性基层。 ( )

18. 厂拌法施工的拌和生产中，含水率应略大于最佳含水率，使混合料运到现场摊铺碾压时的含水率不小于最佳含水率。 ( )

19. 沥青面层各层可采用相同标号的沥青，也可采用不同标号的沥青。面层的上层宜用较稀的沥青，中下层宜采用较稠的沥青。 ( )

20. 煤沥青不宜用于沥青面层，一般仅作为透层沥青使用。 ( )

21. 用于高速公路、一级公路沥青路面表面层及各级公路抗滑表层的粗集料应符合规范中关于石料磨光值的要求，允许掺加粗集料比例总量不超过 40% 的普通集料作为中等或较小粒径的粗集料。 ( )

22. 天然砂及用花岗岩、石英岩等酸性石料破碎的机制砂或石屑，不宜用于高速公路及一般公路的面层。必须使用时，应采取抗剥离措施。 ( )

23. 按密实级配原则构成的沥青混合料的结构强度，是以矿料的嵌挤力和内摩阻力为主，沥青与矿料之间的黏结力为辅而构成的。 ( )

24. 计算路面厚度时，沥青表面处治不作为单独受力结构层。 ( )

25. 沥青贯入式面层之下应做下封层。 ( )

26. 不得在潮湿的基层（或旧路）或集料上浇洒沥青。 ( )

27. 提高路基的强度和稳定性，可适当地减薄路面结构层厚度，从而达到降低造价的目的。 ( )

28. 高速公路、一级公路的底基层、基层可采用稳定土拌和机进行路拌法施工或集中厂拌法拌制混合料，并应用摊铺机摊铺基层混合料。 ( )

29. 目前，我国高等级公路的半刚性基层施工，多采用集中拌和（厂拌）及机械摊铺。 ( )

30. 石灰稳定类材料用于沥青路面的基层时，除层铺法表面处治外，应在基层上作下封层。 ( )

31. 石灰稳定土适用于各级公路路面的基层和底基层。 ( )

32. 水泥混凝土路面中的拉杆和传力杆均采用光面钢筋。 ( )

33. 基层在路面结构层中是起次要承重作用的层次。 ( )

34. 中、低级路面面层之上应设置磨耗层和松散保护层。 ( )

35.《公路沥青路面设计规范》（JTG D50—2006）规定：高速公路、一级公路的上、中、下面层均应采用沥青混凝土，沥青碎石仅作为柔性基层的上基层或调平层用，取消了联结层。 ( )

36. 砂粒式沥青混凝土混合料仅适用于通行非机动车及行人的路面工程。 ( )

37. 沥青贯入式路面属于铺装路面。 ( )

38. 沥青表面处治路面，基层顶面应洒透层沥青或黏层沥青或做下封层。 ( )

39. 高速公路、一级公路沥青路面可采用改性沥青。 ( )

40. 乳化沥青是石油沥青(或煤沥青)与水在乳化剂、稳定剂作用下经乳化加工制得的沥青产品。 ( )

41. 透层沥青和黏层沥青必须采用沥青洒布车喷洒。 ( )

42. 公路工程水泥混凝土路面的胀缝应采用滑动传力杆,并设置支架或其他方法固定。 ( )

43. 基层在路面结构层中是起主要承重作用的层次。 ( )

44. 水泥、石灰或石灰、粉煤灰稳定细粒土可以用作铺装路面的基层。 ( )

45. 级配碎石、填隙碎石适用于各级公路路面的基层和底基层。 ( )

46. 石灰工业废渣可适用于各级公路路面的基层和底基层,但二灰土不应用作铺装路面的基层。 ( )

47. 石方路堑必须设置坚实、稳定的基层。对路基超挖部分应用贫混凝土或无机结合料稳定碎(砾)石的整体性材料作整平层,或用土全断面填筑。 ( )

48. 中级路面面层之上应设置磨耗层和松散保护层。 ( )

49. 高速公路、一级公路的底基层下层可采用稳定土拌和机进行路拌法施工。 ( )

50. 水泥稳定土底基层、基层可以采用人工拌和法施工。 ( )

51. 改性沥青混合料按图纸要求及监理人的指示按不同厚度及图纸摊铺的面积以平方米计量。 ( )

52. 渗沟上的土工布不另计量,包含在渗沟单价中。 ( )

53. 水泥稳定土底基层、基层按图纸所示和监理人指示铺筑,经监理人验收合格的平均面积,按不同厚度以立方米计量。 ( )

54. 碎石、砂砾垫层应按图纸和监理人指示铺筑、经监理人验收合格的面积,按不同厚度以立方米计量。 ( )

55. 石灰稳定土底基层应按图纸所示和监理人指示铺筑的平均面积,经监理人验收合格,按不同厚度以平方米计量。 ( )

56. 混凝土路肩排水沟按长度以平方米计量。 ( )

57. 桥梁及明涵的搭板、埋板下变截面水泥稳定土底基层,按图纸所示和监理人指示铺筑,经监理人验收合格后,以立方米计量。 ( )

58. 透层和黏层工程中,对个别特殊形状的面积,应采用适当的计算方法计量。除监理人另有指示外,超过图纸规定的计算面积均按实际发生予以计量。 ( )

第四章 隧道工程

一、单项选择题

1. 目前,我国公路隧道工程按其长度划分为( )类。

A. 三　　B. 四　　C. 五　　D. 六

2. 按《公路工程技术标准》(JTG B01—2003)中的隧道分类标准,特长隧道指长度 L 为( )。

A. $L \geqslant 3\ 000$m　B. $L > 3\ 000$m　C. $L \geqslant 2\ 500$m　D. $L > 2\ 500$m

3. 按《公路工程技术标准》(JTG B01—2003)中的隧道分类标准，长隧道指长度 L 为(　　)。

A. $3\ 000\text{m} \geqslant L \geqslant 1\ 000$m　B. $3\ 000\text{m} \geqslant L > 1\ 000$m

C. $3\ 000\text{m} > L \geqslant 1\ 000$m　D. $3\ 000\text{m} > L > 1\ 000$m

4. 按《公路工程技术标准》(JTG B01—2003)中的隧道分类标准，中隧道指长度 L 为(　　)。

A. $1\ 000\text{m} \geqslant L \geqslant 500$m　B. $1\ 000\text{m} \geqslant L > 500$m

C. $1\ 000\text{m} > L \geqslant 500$m　D. $1\ 000\text{m} > L > 500$m

5. 按《公路工程技术标准》(JTG B01—2003)中的隧道分类标准，短隧道指长度 L 为(　　)。

A. $L \leqslant 300$m　B. $L < 300$m　C. $L \leqslant 500$m　D. $L < 500$m

6. 公路隧道一般是指(　　)。

A. 山岭隧道　B. 河底隧道　C. 城市隧道　D. 海底隧道

7. 高速公路、一级公路隧道建筑限界高度为(　　)m。

A. 4.5　B. 4.0　C. 5.0　D. 5.5

8. 适用于Ⅰ~Ⅱ级围岩隧道洞身开挖的施工方法有(　　)。

A. 全断面法　B. 台阶法　C. 台阶分部开挖法　D. 导坑法

9. 隧道的主体建筑物包括(　　)。

A. 洞身和照明、通风　B. 洞身和营运管理设施

C. 洞口和洞身　D. 洞身和防水排水设施

10. 高速公路、一级公路的隧道应在两侧设置检修道，其宽度应等于或大于(　　)m。

A. 0.6　B. 0.5　C. 0.8　D. 0.75

11. 设置仰拱的隧道，路面下应以(　　)密实回填。

A. 天然砂砾　B. 粗砂

C. 浆砌片石或贫混凝土　D. 稳定土

12. 高速公路、一级公路的隧道应采用(　　)衬砌。

A. 喷锚　B. 复合式　C. 整体式　D. 构造

13. 高速公路，一、二级公路，当隧道长度超过(　　)时，应设置白天照明设施。

A. 50m　B. 80m　C. 100m　D. 150m

14. 公路隧道洞内行车道路面宜采用(　　)。

A. 沥青混凝土　B. 沥青碎石　C. 水泥混凝土　D. 沥青贯入式

15. 隧道按其用途不同，可分为(　　)。

A. 山岭隧道、水下隧道以及城市隧道

B. 圆形、椭圆形、马蹄形、眼镜形(孪生形)等

C. 特长隧道、长隧道、中隧道、短隧道

D. 交通隧道和运输隧道

16. 公路隧道的横断面，主要是指隧道的(　　)。

A. 净空断面与衬砌断面之和　B. 施工开挖断面

C. 设计开挖断面　　　　　D. 净空断面

17. 隧道长度为500m的隧道属于(　　)。

A. 特长隧道　　B. 短隧道　　C. 长隧道　　D. 中隧道

18. (　　)的作用是承受围岩垂直与水平方向的压力,一般由拱顶、边墙和仰拱(无仰拱时做铺底)组成。

A. 承载衬砌　　B. 整体式衬砌　　C. 构造衬砌　　D. 复合式衬砌

19. 按《公路隧道设计规范》(JTG D70—2004)中隧道围岩分级标准将围岩分为(　　)级。

A. 三　　B. 四　　C. 五　　D. 六

20. (　　)是一种传统的施工方法。它是以木或钢构件作为临时支撑,待隧道开挖成型后,逐步将临时支撑撤换下来,而代之以整体式厚衬砌作为永久性支护的施工方法。

A. 矿山法　　B. 新奥法　　C. 明挖法　　D. 盾构法

21. 采用新奥法修建公路隧道的施工技术要求和施工程序,可划分为(　　)个施工过程。

A. 开挖、喷锚支护、模注混凝土和整修四　　B. 开挖、喷锚支护、模注混凝土和装饰四

C. 开挖、喷锚支护、模注混凝土三　　D. 开挖、衬砌两

22. (　　)施工方法中,承载地应力的主要是围岩体本身(抗荷环),而采用初次喷锚柔性支护的作用,是使围岩体自身的承载能力得到最大限度的发挥。

A. 矿山法　　B. 新奥法　　C. 明挖法　　D. 盾构法

23. 在(　　)围岩地段隧道两相对的边墙之间宜设置曲线形的仰拱。

A. Ⅲ级　　B. Ⅳ级　　C. Ⅳ级及以下　　D. Ⅴ级及以下

24. (　　)是指挖开地面,由上向下开挖土石方至设计高程后,自基底由下向上顺序施工,完成隧道主体结构,最后回填基坑或恢复地面的施工方法。

A. 矿山法　　B. 新奥法　　C. 明挖法　　D. 盾构法

25. 公路隧道一般采用(　　)洞门。

A. 翼墙式　　B. 端墙式　　C. 柱式　　D. 遮光或遮阳式

26. 洞身是隧道工程的主要组成部分,按其所处地形、地质条件及施工方法的不同分类,不包括(　　)。

A. 隧道洞身　　B. 棚洞洞身　　C. 明洞洞身　　D. 暗洞洞身

27. 对于能通视、交通量较小、行人密度不大的(　　),可不设白天照明设施。

A. 特长隧道　　B. 长隧道　　C. 中隧道　　D. 短隧道

28. 以下说法错误的是(　　)。

A. 矿山法是以木或钢构件作为临时支撑,待隧道开挖成型后,逐步将临时支撑撤换下来,而代之以整体式厚衬砌

B. 矿山法采取分割式按分部顺序一块一块开挖

C. 采用混凝土支撑,可以增大一次开挖断面跨度,减少分部次数,从而减少对围岩的扰动次数

D. 要防止撤换过程中围岩坍塌失稳

29. 两相邻隧道之间的最小净距,则视围岩类别、断面尺寸、施工方法、爆破震动影响等因素,综合考虑确定。以下说法正确的是(　　)。

A. 围岩级别为Ⅵ级的两相邻隧道之间的最小净距为隧道开挖断面的宽度的 1.5 倍

B. 围岩级别为Ⅱ级的两相邻隧道之间的最小净距为隧道开挖断面的宽度的 1.5 倍

C. 围岩级别为Ⅳ级的两相邻隧道之间的最小净距为隧道开挖断面的宽度的 1.5 倍

D. 围岩级别为Ⅲ级的两相邻隧道之间的最小净距为隧道开挖断面的宽度的 1.5 倍

30. 弃方运距在图纸规定的弃土场内为免费运距，弃土超出规定弃土场的距离时，其超出部分另计超运距运费，按(　　)计量。

A. 立方米　　B. 立方米公里　　C. 公里　　D. 吨

31. 下列工程中，已经含在各有关工程子目的报价中，不再另行计量的是(　　)。

A. 风水电作业及通风防尘

B. 仰拱、铺底混凝土

C. 洞身超前支护所需的材料

D. 洞口路堑等开挖与明洞洞顶回填的土石方

32. 隧道工程的洞口坡面防护工程，按不同圬工类型分别汇总以(　　)计量。

A. 米　　B. 平方米　　C. 立方米　　D. 吨

二、多项选择题

1. 隧道施工中常用的辅助稳定措施有(　　)。

A. 超前锚杆锚固前方围岩　　B. 管棚超前支护前方围岩

C. 注浆加固围岩和堵水　　D. 临时仰拱封底

2. 隧道应遵循(　　)的原则，不得大挖大刷，确保边坡及仰拱的稳定。

A. 早进洞　　B. 晚进洞　　C. 晚出洞　　D. 早出洞

3. 隧道衬砌设计应综合考虑(　　)等条件，并应充分围岩的自承能力。

A. 地质条件　　B. 断面形状　　C. 支护结构　　D. 施工条件

4. 公路隧道应作衬砌，根据围岩地质条件、施工条件和使用要求可分别采用(　　)。

A. 喷锚衬砌　　B. 整体式衬砌　　C. 复合式衬砌　　D. 装饰衬砌

5. 山岭隧道的施工方法有(　　)。

A. 矿山法　　B. 新奥法　　C. 盾构法　　D. 掘进机法

6. 对于隧道的新奥法施工，开挖洞身的方法有(　　)。

A. 全断面法　　B. 台阶法

C. 上下导洞开挖法　　D. 下导洞扩大开挖法

7. 对于隧道的矿山法施工，开挖洞身的方法有(　　)。

A. 全断面法　　B. 台阶法

C. 上下导洞开挖法　　D. 下导洞扩大开挖法

8. 隧道工程中，下列(　　)情况不宜采用喷锚衬砌。

A. 大面积淋水地段

B. 膨胀性地层，不良地质围岩，以及能造成衬砌腐蚀的地段

C. 严寒和寒冷地区有冻害的地段

D. 当围岩呈块(石)碎(石)状镶嵌结构，稳定性较差地段

9. 在隧道的新奥法施工中，对洞身的开挖爆破技术有(　　)。

A. 毫秒爆破　B. 预裂爆破　C. 光面爆破　D. 定向爆破

10. 在《公路工程概算定额》和《公路工程预算定额》中，有关隧道工程开挖的定额是根据(　)等施工方法编制的。

A. 新奥法　B. 矿山法　C. 掘进机法　D. 明挖法

11. 隧道主体建筑物包括(　)。

A. 洞口　B. 防水排水系统　C. 坑道　D. 洞身

12. 隧道明洞的施工方法包括(　)。

A. 先墙后拱法　B. 先拱后墙法　C. 墙拱交替法　D. 跳槽挖井法

13. 隧道洞身有两种不同的设计与施工方法，分别是(　)。

A. 新奥法　B. 矿山法　C. 全断面法　D. 台阶法

14. 公路隧道洞身有两种不同的设计与施工方法，即新奥法和矿山法。矿山法与新奥法相比，其施工方法存在下列(　)特点。

A. 施工进度慢，建设周期长　B. 机械化程度低

C. 直接费用高(指洞身部分)　D. 耗用劳动力多

15. 由于矿山法开挖隧道的开挖面积小，严重制约了施工进度，因此当隧道稍长时，则应采取(　)等辅助措施来增加工作面，加快施工进度，达到缩短施工工期的目的。

A. 平行导坑　B. 横洞　C. 上下导坑　D. 竖井

16. 隧道施工常用的辅助坑道有(　)。

A. 平行导坑　B. 横洞　C. 斜井　D. 竖井

17. 新奥法施工的基本原则可以归纳为(　)。

A. 少扰动　B. 早支护　C. 勤量测　D. 紧封闭

18. 当隧道位置处于下列(　)情况时，一般都设置明洞。

A. 洞顶覆盖层薄，不宜大开挖修建路堑而又难于采用暗挖法修建隧道的地段

B. 可能受到塌方、落石或泥石流威胁的洞口或路堑

C. 铁路、公路必须在拟建公路的上方通过，又不宜采用隧道或立交桥或涵渠跨的地点

D. 水渠和其他人工构造物必须在拟建公路的上方通过，又不宜采用隧道或立交桥或涵渠跨越的地点

19. 以下说法正确的是(　)。

A. 隧道均应设置避车洞

B. 长隧道必要时应设置报警、消防及其他应急设施

C. 长度超过 100m 的高速公路，一、二级公路的隧道应设置白天照明设施

D. 一般采用三相四线供电，供电系统宜采用 380/220V 交流电和中性接地变压器

20. 以下说法正确的是(　)。

A. 高速公路、一级公路上的隧道和二、三、四级公路上的短隧道，其线形及其公路的衔接应符合路线布设的规定

B. 二、三、四级公路上的特长及长、中隧道的位置原则上应服从路线走向，路隧综合考虑确定

C. 连接线的纵坡则应有一定的距离与隧道纵坡保持一致，以满足设置竖曲线和保证各级公路停车或会车视距的需要

D. 隧道内的纵坡一般大于3%，以利排泄雨水

21. 浅埋及软土隧道的施工方法有(　　)。

A. 沉埋法　B. 盾构法　C. 明挖法　D. 地下连续墙法

22. 新奥法的初步设计主要有以下哪(　　)种设计方法？

A. 基于围岩的分类设计　B. 基于理论分析和数值解析的设计

C. 基于以往经验和工程类比的设计　D. 基于数值解析的设计

23. 隧道衬砌工作中的重要环节包括(　　)。

A. 装饰　B. 回填

C. 初次喷锚支护　D. 二次衬砌

24. 隧道施工的特点包括(　　)。

A. 受工程地质和水文地质条件的影响较大

B. 工作条件差，工作面小而狭窄，工作环境差

C. 暗挖法施工对地面影响较小，但埋置较浅时，可能导致地面沉陷

D. 有大量废渣，需妥善处理

25. 隧道施工支护常用的方式有(　　)。

A. 锚杆　B. 锚喷联合　C. 喷射混凝土　D. 构件支撑

26. 隧道超挖回填可用(　　)实施。

A. 水泥混凝土　B. 浆砌片石　C. 片石混凝土　D. 石渣

27. 洞身衬砌工程中，以立方米计量的工程有(　　)。

A. 洞身衬砌的拱部

B. 衬砌厚度超出图纸规定轮廓线的部分

C. 仰拱、铺底混凝土

D. 预制或就地浇筑混凝土边沟及电缆沟

E. 洞内混凝土路面工程

28. 隧道工程的防水和排水工程中，不以米计量的工程有(　　)。

A. 洞内排水用的排水管　B. 压浆堵水

C. 压浆钻孔　D. 防水层

E. 止水带

29. 下列属于洞内防火涂料和装饰工程的是(　　)。

A. 喷涂防火涂料　B. 镶贴瓷砖

C. 喷涂混凝土专用漆　D. 洞内机电设施预埋件

E. 压浆堵水

三、判断题(正确者打✓，错误者打×)

1. 公路隧道长度系指进出口洞门端墙墙面之间的距离，即两端墙墙面与路面的交线同路线中线交点间的距离。(　　)

2. 公路隧道中的仰拱是指在两相对的边墙基础之间，设置的曲线形水平支撑结构物。(　　)

3. 不论在哪种地质围岩中修建公路隧道，在两相对的边墙基础之间，都应设置曲线形水平

支撑结构的仰拱。 ( )

4. 隧道以地质情况确定有关的设计与施工技术要求和规定。 ( )

5. 明洞回填应待拱圈混凝土强度达到设计强度且由人工夯实填至拱顶以上 1.0m 后方可采用机械进行回填。 ( )

6. 公路隧道的排水设施包括洞内和洞外两部分。 ( )

7. 隧道浅埋段施工严禁采用全断面法开挖。 ( )

8. 全断面法不适用于 3 车道隧道和停车带区段开挖。 ( )

9. 隧道开挖应尽量减少超挖和严格控制欠挖。 ( )

10. 采用复合式衬砌时,隧道的开挖轮廓应预留变形量。该预留变形量与设计允许超挖值是同一概念。 ( )

11. 喷射混凝土的回弹物经过处理之后,可以重新用作喷射混凝土材料。 ( )

12. 作用在隧道上的荷载有两种,即作用在隧道围岩上的荷载和作用在支护结构上的荷载。 ( )

13. 根据新奥法新建隧道的施工技术要求和施工程序,可划分为开挖、喷锚支护、模注混凝土三个过程。 ( )

14. 隧道按其所处的位置不同分可为山岭隧道、水下隧道(河底和海底)以及城市隧道等。 ( )

15. 隧道长度,是指进出口洞门端墙之间的水平距离,即两端端墙面与路面的交线同路线中线交点间的距离,并以此作为计量支付的依据。 ( )

16. 洞口应修建洞门,并应尽量与隧道轴线正交。 ( )

17. 公路隧道照明白天和夜间采用相同的设计亮度标准。 ( )

18. 新奥法施工的基本原则可以归纳为“少扰动、早支撑、慎撤换、快衬砌”。 ( )

19. 在高速公路和一级公路上修建隧道时,一般应设计为上、下行分离的两座独立隧道。 ( )

20. 新奥法的基本理论依据是,隧道开挖后受爆破影响,造成围岩体破裂形成松弛状态,随时都有可能塌落。 ( )

21. 喷射混凝土有干法喷射和湿法喷射两种,应注意做好材料的回收利用。 ( )

22. 新奥法的工作面小,不能使用大型的凿岩钻孔设备和装卸运输工具。 ( )

23. 当围岩呈块(石)碎(石)状镶嵌结构,稳定性较差时,可以采用挂钢筋网或铁丝网的锚杆喷射混凝土衬砌。 ( )

24. 洞身开挖工程量,根据不同围岩类别,不同开挖方式和施工方法、不同的支护类型等,分别按设计断面及允许超挖回填数量,以立方米计算。 ( )

25. 根据新奥法新建隧道的施工技术要求和施工程序,可划分为开挖、喷锚支护、模注混凝土三个过程。 ( )

26. 预注浆可以形成有相当厚度的和较长区段的筒状加固区,更适用于有压地下水及地下水丰富的地层中,也更适用于采用大中型机械化施工。 ( )

27. 超前锚杆是沿开挖轮廓线,以稍小的外插角,向开挖面前方安装锚杆,形成前方围岩的预锚固,在提前形成的围岩锚固圈的保护下进行开挖等作业。 ( )

28. 洞口路堑等开挖与明洞洞顶回填的土石方,不分土、石的种类,不区分为土方和石方,

以立方米计量。（　　）

29. 开挖土石方的弃渣，其弃渣距离在图纸规定的弃渣场内为免费运距；弃渣超出规定弃渣场的距离时，若其超出部分若未经监理人同意，承包人自选弃渣场时，则弃渣运距不论远近，均为免费运距。（　　）

30. 洞身开挖工程中，承包人出于机械故障而造成的超过允许范围的超挖，和由于超挖所引起增加的工程量，均按实际发生量予以计量。（　　）

31. 隧道施工中遇到特殊地质地段时，承包人应采取的有关施工措施，不另予计量与支付。（　　）

32. 机电设施预埋件按图纸要求施工完毕，经监理人分别按其所属设施验收合格以立方米为单位计量。（　　）

33. 洞身超前支护所需的材料，按图纸所示或监理人指示并经验收的各种规格的超前锚杆或小钢管、管棚、注浆小导管、锚杆以千克计量。（　　）

34. 洞身衬砌的拱部（含边墙），按实际完成并经验收的工程量，分不同级别水泥混凝土和圬工，以立方米计量。（　　）

第五章　桥涵工程

一、单项选择题

1. 桥涵工程按桥长和跨径大小划分为（　　）类。

A. 三　　B. 四　　C. 五　　D. 六

2. 按照《公路工程技术标准》（JTG B01—2003）的分类标准，特大桥指多孔跨径总长 L 为（　　）。

A. $L \geq 500m$　　B. $L > 500m$

C. $L \geq 1\,000m$　　D. $L > 1\,000m$

3. 按照《公路工程技术标准》（JTG B01—2003）的分类标准，大桥指多孔跨径总长 L 为（　　）。

A. $1\,000m \geq L \geq 100m$　　B. $1\,000m \geq L > 100m$

C. $1\,000m > L \geq 100m$　　D. $1\,000m > L > 100m$

4. 按照《公路工程技术标准》（JTG B01—2003）的分类标准，中桥指多孔跨径总长 L 为（　　）。

A. $100m \geq L \geq 30m$　　B. $100m \geq L > 30m$

C. $100m > L \geq 30m$　　D. $100m > L > 30m$

5. 按照《公路工程技术标准》（JTG B01—2003）的分类标准，小桥指多孔跨径总长 L 为（　　）。

A. $30m \geq L \geq 8m$　　B. $30m \geq L > 8m$

C. $30m > L \geq 8m$　　D. $30m > L > 8m$

6. 桥梁的跨径小于或等于（　　）m 时，宜采用标准化跨径。

A. 60　　B. 50　　C. 40　　D. 30

7. 按照《公路工程技术标准》(JTG B01—2003)的分类标准,特大桥指单孔跨径长度 L_0 为(　)。

A. $L_0 \geqslant 500m$　　B. $L_0 > 500m$

C. $L_0 \geqslant 150m$　　D. $L_0 > 150m$

8. 按照《公路工程技术标准》(JTG B01—2003)的分类标准,大桥指单孔跨径长度 L_0 为(　)。

A. $150m \geqslant L_0 \geqslant 40m$　　B. $150m \geqslant L_0 > 40m$

C. $150m > L_0 \geqslant 40m$　　D. $150m > L_0 > 40m$

9. 按照《公路工程技术标准》(JTG B01—2003)的分类标准,中桥指单孔跨径长度 L_0 为(　)。

A. $40m \geqslant L_0 \geqslant 20m$　　B. $40m \geqslant L_0 > 20m$

C. $40m > L_0 \geqslant 20m$　　D. $40m > L_0 > 20m$

10. 按照《公路工程技术标准》(JTG B01—2003)的分类标准,小桥指单孔跨径长度 L_0 为(　　)。

A. $20m \geqslant L_0 \geqslant 5m$　　B. $20m \geqslant L_0 > 5m$

C. $20m > L_0 \geqslant 5m$　　D. $20m > L_0 > 5m$

11. 按照《公路工程技术标准》(JTG B01—2003)的分类标准,涵洞指单孔跨径长度 L_0 为(　　)。

A. $L_0 \leqslant 5m$　　B. $L_0 < 5m$

C. $L_0 \leqslant 8m$　　D. $L_0 < 8m$

12. 桥梁全长(总长度)的计算规定是,有桥台的桥梁为(　　)。

A. 各孔桥跨标准跨径之和　　B. 两岸桥台前墙之间的距离

C. 两岸桥台的侧墙或八字墙尾端之间的距离　　D. 桥面系行车道的长度

13. 桥梁全长(总长度)的计算规定是,无桥台的桥梁为(　　)。

A. 各孔桥跨标准跨径之和　　B. 两岸桥台前墙之间的距离

C. 两岸桥台的侧墙或八字墙尾端之间的距离　　D. 桥面系行车道的长度

14. 桥涵工程主要由(　　)部分组成。

A. 三　　B. 四　　C. 五　　D. 六

15. 高速公路桥涵设计的汽车荷载等级为(　　)。

A. 公路—I 级　B. 公路—II 级　C. 汽车—超 20 级　D. 汽车—20 级

16. 桥梁总跨径是多孔桥梁中各孔(　　)的总和。

A. 净跨径　　B. 计算跨径　　C. 理论跨径　　D. 标准跨径

17. 桥面铺装的作用是(　　)。

A. 增强主梁的承载力　　B. 减震作用

C. 防止雨水侵蚀主梁　　D. 排水作用

18. 桥跨结构相邻两支座中心之间的距离称为(　　)。

A. 标准跨径　　B. 理论跨径　　C. 计算跨径　　D. 经济跨径

19. 矩形板上部构造是小跨径公路桥梁中最常用的钢筋混凝土梁、板桥结构形式之一,适用于跨径小于(　　)的桥梁。

A. 6m　　B. 8m　　C. 10m　　D. 13m

20. 预应力连续梁可以做成等跨和不等跨、等截面和变截面的结构形式，对于大跨径的连续梁桥其截面形式都采用(　　)截面。

A. T形　　B. I形　　C. 板形　　D. 箱形

21. 钢筋混凝土或预应力混凝土简支梁桥属于(　　)。

A. 静定结构　　B. 超静定结构　　C. 连续结构　　D. 排架结构

22. 桥面与低水位之间的高差称之为(　　)。

A. 桥梁建筑高度　　B. 桥梁高度

C. 桥下净空高度　　D. 桥梁通航高度

23. 行车道路面的高程至上部结构最下缘之间的距离称之为(　　)。

A. 桥梁建筑高度　　B. 桥梁高度

C. 桥下净空高度　　D. 桥梁通航高度

24. 装配式混凝土桥梁上部构造安装设备中，用木料制成的扒杆只适用于(　　)工程。

A. 标准跨径 8m 及 8m 以下的梁、板桥　　B. 标准跨径 20m 及 20m 以下的梁桥

C. 标准跨径 13m 及 13m 以下的梁、板桥　　D. 标准跨径 25m 及 25m 以下的梁桥

25. 装配式混凝土桥梁上部构造安装设备中，用金属制成的单导梁只适用于(　　)工程。

A. 标准跨径 13m 及 13m 以下的梁、板桥　　B. 标准跨径 20m 及 20m 以下的梁桥

C. 标准跨径 16m 及 16m 以下的梁、板桥　　D. 标准跨径 25m 及 25m 以下的梁桥

26. 装配式混凝土桥梁上部构造安装设备中，用金属制成的双导梁主要适用于(　　)工程。

A. 标准跨径 25m 及 25m 以上的梁桥　　B. 标准跨径 30m、35m 的梁桥

C. 标准跨径 40m、45m 的梁桥　　D. 标准跨径 50m、60m 的梁桥

27. 拱桥的拱轴线两端点之间的距离为(　　)。

A. 计算跨径　　B. 净跨径　　C. 标准跨径　　D. 总跨径

28. 梁桥和拱桥中采用的重力式桥台又称为(　　)。

A. 八字形桥台　　B. U 形桥台　　C. 组合式桥台　　D. 空腹式桥台

29. 埋置式桥台是一种(　　)。

A. 重力式桥台　　B. 轻型桥台　　C. 组合式桥台　　D. 空腹式桥台

30. 适用于拱桥的重力式桥台由(　　)组成。

A. 台身、台帽、侧墙或八字墙、台背排水　　B. 台身、盖梁、耳背墙

C. 台身、拱座、侧墙或八字墙、台背排水　　D. 台身、盖梁、耳背墙、锥坡

31. 适用于梁板桥的重力式桥台由(　　)组成。

A. 台身、台帽、侧墙或八字墙、台背排水　　B. 台身、盖梁、耳背墙

C. 台身、拱座、侧墙或八字墙、台背排水　　D. 台身、盖梁、耳背墙、锥坡

32. 适用于梁、板桥的柱式、框架式、肋型埋置式桥台由(　　)组成。

A. 台身、台帽、侧墙或八字墙、台背排水　　B. 台身、盖梁、耳背墙

C. 台身、拱座、侧墙或八字墙、台背排水　　D. 台身、盖梁、耳背墙、锥坡

33. 拱桥的承重结构以(　　)为主。

A. 受拉　B. 受压　C. 受弯　D. 受扭

34. 通常需要抗弯能力强的材料来建造的桥梁是(　　)。

A. 梁式桥　B. 刚架桥　C. 拱式桥　D. 吊桥

35. 当地基计算沉降过大或结构物对不均匀沉降敏感时,可采用(　　)。

A. 沉井基础　B. 桩基础　C. 管柱　D. 刚性基础

36. 地下连续墙不适用于(　　)。

A. 地下挡土墙　B. 挡土墙围堰

C. 形状复杂的地下构造物　D. 岩溶

37. 钻孔灌注桩护筒内径一般(　　)。

A. 大于钻孔灌注桩的直径　B. 等于钻孔灌注桩的直径

C. 小于钻孔灌注桩的直径　D. 与钻孔灌注桩的直径无关

38. 钻孔灌注桩采用回旋钻机在深水处施工时,其护筒内径应比桩径至少大(　　)。

A. 20～30cm　B. 40cm　C. 45cm　D. 50cm

39. 钻孔灌注桩护筒的埋设应保证钻孔内的水位(　　)地下水位和施工水位。

A. 高出　B. 低于　C. 等于　D. 无相应关系

40. 钻孔灌注桩护筒埋设时,其护筒底端的埋置深度,下列(　　)是不正确的。

A. 在旱地或浅水处,对于黏性土应不小于1.0～1.5m

B. 在深水及河床软土、淤泥层较厚处,应尽可能深入到不透水层(黏性土)内0.5～1.5m

C. 有冲刷影响的河床,应埋入局部冲刷线以下不小于1.0～1.5m

D. 当无黏性土层时,应埋入到砾卵石层即可

41. 钻孔灌注桩一般要设置钢筋骨架,桩内钢筋的主筋直径不宜小于(　　)mm。

A. 16　B. 20　C. 12　D. 14m

42. 钻孔灌注桩所用的混凝土称为(　　)。

A. 水下混凝土　B. 高强混凝土　C. 普通混凝土　D. 特殊混凝土

43. 挖孔灌注桩的挖孔深度不宜大于(　　)。

A. 10m　B. 12m　C. 15m　D. 18m

44. 采用反循环回转方法钻孔时,护筒顶端应高出地下水位(　　)以上。

A. 2.0m　B. 1.5m　C. 1.0～1.5m　D. 1.0m

45. (　　)沉桩法适用于碎石土基础。

A. 锤击　B. 振动　C. 射水　D. 静力

46. 为了保证桩基质量,打桩顺序一般采用(　　)。

A. 从一侧向另一侧　B. 从外向内

C. 当桩基设计高程不同时,宜先浅后深　D. 从内向外

47. 修建钻孔灌注桩群桩基础时,其承台的厚度宜不小于(　　)。

A. 1.0m　B. 1.2m　C. 1.5m　D. 2.0m

48. 在进行桥涵基础设计时,应尽量选择承载力大的土层或岩层作构造物的地基,这样可以(　　)。

A. 降低造价　B. 施工方便　C. 增加强度　D. 减少沉降

49. 石砌或混凝土圬工天然基础一般适用于持力层埋深在(　　)以内的地基。

A. 5m　　B. 10m　　C. 8m　　D. 6m

50. 公路工程定额中的"轻型井点降水"定额适用于土层渗透系数为0.1 ~ 80m/h 的土壤，降低水位深度在(　　)m。

A. 8 ~ 10　　B. 6 ~ 10　　C. 7 ~ 9　　D. 6 ~ 9

51. 公路桥梁当上部荷载特别大，地基承载力又不足，覆盖层虽不太深但明挖基坑困难、费用较多时，桥梁的基础一般可选用(　　)。

A. 钢筋混凝土方桩基础　　B. 天然基础

C. 钢筋混凝土灌注桩基础　　D. 沉井基础

52. 小桥的天然基础埋置深度，在无冲刷处，除岩石地基外，埋入深度应在地面或河床底以下至少(　　)。

A. 0.5m　　B. 1.0m　　C. 1.25m　　D. 1.5m

53. 在寒冷地区，构造物基础的埋置深度应(　　)。

A. 小于土壤的冻结深度　　B. 等于土壤的冻结深度

C. 大于土壤的冻结深度　　D. 与土壤的冻结深度无关

54. 为满足基础施工作业的要求，公路桥涵基坑开挖时，一般基底尺寸应比基础设计平面尺寸每边各增加(　　)。

A. 20 ~ 40cm　　B. 50 ~ 100cm　　C. 100 ~ 150cm　　D. 150 ~ 175cm

55. 当基础覆盖层的土壤系坚硬或硬塑状态的黏性土，而基坑顶缘无活荷载，稍松土质的基坑深度不超过(　　)时，可采取垂直坑壁进行开挖。

A. 0.5m　　B. 1.0m　　C. 1.25m　　D. 1.5m

56. 基坑开挖采用挡土板对坑壁进行加固后才能进行开挖是指(　　)。

A. 土质是砂类土　　B. 土质是湿土

C. 坑壁不稳定或放坡开挖受场地限制　　D. 土质是亚砂土

57. 浮式沉井的施工顺序中，下列(　　)是施工中的关键环节。

A. 制作或拼装　　B. 下水

C. 浮运　　D. 定位落床

58. 在混凝土配合比设计中，施工要求的坍落度主要用以确定混凝土的(　　)。

A. 和易性　　B. 水灰比　　C. 用水量　　D. 早期强度

59. 经验证明，混凝土的强度随水灰比的增大而(　　)。

A. 增大　　B. 不变

C. 降低　　D. 强度与水灰比无关

60. 浇注混凝土时，混凝土的自由下落高度不应超过(　　)。

A. 3m　　B. 2.5m　　C. 2m　　D. 1m

61. 每立方米水泥砂浆，试配用水泥松散体积为0.33m^3，其堆密度为1 200kg/m^3，搅拌损耗为3%，则每立方米水泥砂浆需水泥(　　)。

A. 369kg　　B. 384.5kg　　C. 407.9kg　　D. 423.7kg

62. 每立方米1∶3水泥砂浆，净干砂松散体积为0.96m^3，其堆密度为1 500kg/m^3，若天然含水率为3%，含石率为6%，搅拌损耗为2%，则每立方米水泥砂浆需天然砂(　　)。

A. 1 483.2kg　B. 1 572.2kg　C. 1 603.6kg　D. 1 626.4kg

63. 每立方米1∶3水泥砂浆，净干砂松散体积为0.96m^3，密度为2 600kg/m^3，堆密度为1 500kg/m^3，若天然含水率为3%，则每立方米水泥砂浆需天然砂(　)。

A. 2 570.9kg　B. 1 872kg　C. 1 483.2kg　D. 1 440kg

64. 在混凝土强度不变的前提下，混凝土的坍落度与水泥用量的关系是(　)。

A. 坍落度越大，水泥用量越少　B. 坍落度越大，水泥用量越多

C. 坍落度越小，水泥用量越多　D. 坍落度与水泥用量无关

65. 浇筑钢筋混凝土比浇筑无筋混凝土要求的坍落度(　)。

A. 大　B. 小　C. 相同　D. 无关

66. 当进行大体积混凝土及在炎热条件下混凝土施工时，最好在混凝土中添加(　)。

A. 减水剂　B. 早强剂　C. 引气剂　D. 缓凝剂

67. 泵送混凝土中宜加入(　)。

A. 减水剂　B. 早强剂　C. 速凝剂　D. 缓凝剂

68. 当掺有外加剂时，混凝土搅拌时间应(　)。

A. 缩短　B. 不变　C. 适当延长　D. 不确定

69. 在其他条件相同的情况下，用碎石配置的混凝土比用卵石配置的混凝土(　)。

A. 流动性低，强度高　B. 流动性高，强度低

C. 流动性低，强度低　D. 流动性高，强度高

70. 混凝土中采用的石子的最大粒径应小于钢筋最小净距的(　)。

A. 1/4　B. 1/2　C. 4/5　D. 3/4

71. 对于钢筋较密的柱、梁的混凝土振捣时宜采用(　)。

A. 内部振捣器　B. 表面振捣器

C. 外部振捣器　D. 振动台

72. 水泥混凝土的强度等级是指用边长15cm的立方体混凝土试块，在标准养护条件下养护(　)天的抗压极限强度。

A. 3　B. 7　C. 14　D. 28

73. 处于潮湿环境下的砌体，其砂浆宜采用(　)。

A. 水泥砂浆　B. 石灰砂浆　C. 混合砂浆　D. 水泥浆

74. 支设墩柱模板时主要应考虑(　)。

A. 侧向稳定性　B. 施工荷载

C. 混凝土竖向压力　D. 混凝土不漏浆

75. 桥涵工程钢筋采用搭接式电弧焊接时，双面焊的焊缝长度应不小于(　)。

A. 5d　B. 10d　C. 15d　D. 20d

76. 桥涵工程钢筋采用搭接式电弧焊接时，单面焊的焊缝长度应不小于(　)。

A. 5d　B. 10d　C. 15d　D. 20d

77. 公路桥涵构件安装时的混凝土强度，当设计无具体要求时，不应小于混凝土设计强度标准值的(　)。

A. 80%　B. 75%　C. 70%　D. 65%

78. 先张法施工中，预应力钢材放松时的混凝土强度，设计无规定时，一般不应低于混凝土

设计强度标准值的(　　)。

A. 60%　　B. 70%　　C. 80%　　D. 90%

79. 高等级公路常用的涵洞结构形式有(　　)种。

A. 三　　B. 四　　C. 五　　D. 六

80. 为便于组织施工和加快施工进度,涵洞工程中目前采用较多的是(　　)。

A. 钢筋混凝土盖板涵　　B. 圆管涵

C. 钢筋混凝土箱涵　　D. 拱涵

81. 明涵与暗涵的区分是以(　　)为依据。

A. 洞中有水还是无水　　B. 洞口形式

C. 洞顶填土情况　　D. 洞身形式

82. 根据规范规定,当涵洞长度大于15m、小于30m时,其内径或净高不宜小于(　　)。

A. 0.75m　　B. 1.00m　　C. 1.25m　　D. 1.50m

83. 根据规范规定,当涵洞长度大于30m时,其内径或净高不宜小于(　　)。

A. 0.75m　　B. 1.00m　　C. 1.25m　　D. 1.50m

84. 从基础底面到涵洞顶完全断开的变形缝是(　　)。

A. 伸缩缝　　B. 沉降缝　　C. 防震缝　　D. 温度缝

85. 涵洞完成后应在涵洞砌体砂浆或混凝土强度达到设计强度等级的(　　)时,方可回填。

A. 50%　　B. 70%　　C. 75%　　D. 80%

86. 构造物在上部荷重和结构形式差别很大处或下部地基承载力变化悬殊处,应设置(　　)。

A. 伸缩缝　　B. 沉降缝　　C. 防震缝　　D. 施工缝

87. 在变形缝中沉降缝的构造特点是(　　)。

A. 上部断开　　B. 台、墙身断开

C. 从上部到基础完全断开　　D. 基础断开

88. 拱式桥的主要承重结构是(　　)。

A. 拱圈或拱肋　　B. 拱脚　　C. 拱墩　　D. 拱上建筑

89. 下列(　　)施工中,应设置拌和船进行水上、水下混凝土施工。

A. 多孔跨径总长 >1 000m 的特大桥

B. 多孔跨径总长 >500m 的特大桥

C. 在通航江、河上修建的大型混凝土桥梁

D. 中桥、大桥、特大桥

90. 桥梁结构中横梁的作用是(　　)。

A. 提高整体承载能力　　B. 承受恒载和活载

C. 加强横向联结　　D. 提高抗弯强度

91. 因连续梁过长会增大温度变化的附加影响,故一般一联很少超过(　　)。

A. 三孔　　B. 五孔　　C. 七孔　　D. 十孔

92. 不等跨不等高的大跨度预应力混凝土连续梁,是(　　)悬臂施工法最常用的桥梁结构形式。

A. 悬臂施工法　B. 转体施工　C. 顶推法　D. 满堂支架法

93. 下列陈述正确的是(　　)。

A. 最大弯矩发生在剪力为零的截面处　B. 最大剪力发生在支座处

C. 最大弯矩发生在剪力变化处截面　D. 最大剪力发生在弯矩最大处

94. 下列(　　)上部构造的预制构件不属于需要设置大型预制构件底座的范围。

A. T 形梁　B. I 形梁　C. 矩形板　D. 箱形梁

95. 四孔一联的连续梁桥,其每联应设置的支座为(　　)。

A. 一个活动支座,其他为固定支座　B. 二个固定支座,三个活动支座

C. 一个固定支座,其他为活动支座　D. 二个活动支座,三个固定支座

96. 轻型桥台适用于(　　)上部构造。

A. 拱式桥梁　B. 梁板式桥梁

C. 小跨径梁板式桥梁　D. 中小跨径梁板式桥梁

97. 埋置式桥台适用于(　　)的桥梁。

A. 上部构造自重较大或河中有漂浮物　B. 地质条件较好

C. 路堤较高(6~8m)时　D. 中小跨径梁板式桥梁

98. 在公路桥梁建设中,重力式桥墩适用于(　　)的桥梁。

A. 荷载较大或河流中漂浮物较多　B. 荷载较小

C. 桥墩较高　D. 基础较差

99. 在公路桥梁建设中,(　　)在弯桥中得到广泛应用,尤其有利于立交桥的墩位设置,占地范围小、桥下空间视野开阔。

A. 独柱墩　B. 双柱墩　C. 三柱墩　D. 空心墩

100. 钢管混凝土材料应用于以(　　)为主的构件中,较之钢结构和混凝土结构有着极大的优越性。

A. 受弯　B. 受压　C. 受剪　D. 受拉

101. 钻孔灌注桩水下混凝土每立方米的水泥用量,一般宜不小于(　　)。

A. 300kg　B. 350kg　C. 400kg　D. 450kg

102. (　　)是扩大基础施工的主要工序。

A. 浇注混凝土　B. 砌筑圬工　C. 坑壁支护　D. 开挖基坑

103. 扩大基础施工的难易程度主要与(　　)的难易有关。

A. 浇注混凝土　B. 地下水处理　C. 坑壁支护　D. 砌筑圬工

104. 定额中所指的钻孔长度应为(　　)。

A. 设计长度　B. 理论长度　C. 实际长度　D. 入土长度

105. 护筒内径一般比桩径大(　　)。

A. 5~10cm　B. 10~20cm　C. 20~30cm　D. 30~40cm

106. 钻孔灌注桩基础中的摩擦桩,如无冲刷时,其入土深度不得小于(　　)(若有冲刷时,其入土深度应自局部冲刷线算起)。

A. 4m　B. 5m　C. 8m　D. 10m

107. 钻孔灌注桩柱桩基础,须嵌入基岩的有效深度一般不得小于(　　)(不包括风化岩)。

A. 30cm　B. 50cm　C. 100cm　D. 150cm

108. 钻孔灌注桩灌注混凝土的高程，应(　　)。

A. 高出桩顶设计高程0.5～1.0m　　B. 同桩顶设计高程

C. 低于桩顶设计高程0.2m　　D. 同护筒顶端

109. 钻孔灌注桩基础中的柱桩，其钢筋骨架应布置到(　　)。

A. 桩顶3～5m　　B. 桩顶开始至桩长50%

C. 桩顶开始至桩长75%　　D. 嵌岩中

110. 在预制桩打桩工程中，下面打桩顺序不正确的有(　　)。

A. 从周边向中间打设　　B. 逐排打设

C. 自中部向边缘打设　　D. 分段打设

111. 公路桥梁当地基的持力层埋深在5.0m以内时，一般选用(　　)。

A. 石砌或混凝土圬工天然基础　　B. 钢筋混凝土方桩基础

C. 钢筋混凝土灌注桩基础　　D. 重力式沉井基础

112. 公路桥梁当地基承载力不足，而各土层的摩阻力和桩尖土的承载力能够承受由桩传来的上部荷载时，则选用(　　)。

A. 石砌圬工天然基础　　B. 混凝土圬工天然基础

C. 桩基础　　D. 沉井基础

113. (　　)不属于轻型桥台。

A. 八字形桥台　　B. 一字墙桥台

C. 耳墙式桥台　　D. 后倾式埋置式桥台

114. 沉井所采用的混凝土强度等级不应低于(　　)。

A. C15　　B. C20　　C. C25　　D. C10

115. 在下面灌注桩施工实测图中，计量支付的长度是(　　)。

基础表面

L_1

设计桩底

L_2

施工桩底

A. L_1　　B. L_2　　C. L_1-L_2　　D. L_1+L_2

116. 基础挖方底面，按图纸所示或监理人批准的基础(包括地基处理部分)的(　　)计算。

A. 原地面线　　B. 超出原地面线0.5m的竖直面

C. 基底高程线　　D. 超出基底周边0.5m的竖直面

117. 试桩不论是检验荷载或破坏荷载，均以经监理人验收或认可的(　　)试桩计量。

A. 单根　　B. 试验中被破坏的根数

C. 试验完依旧完好的根数　　D. 试验用到的全部

118. 直径小于(　　)的管子、钢筋、锚固杆、管道、泄水孔或桩所占混凝土体积不予扣除。

A. 100mm　　B. 150mm　　C. 200mm　　D. 300mm

119. 砌石工程中，削角或其他装饰的切削，其数量为所在石料(　　)者，不予扣除。

A. ≤10%　　B. ≤8%　　C. ≤6%　　D. ≤5%

120. 桥面防水层按图纸要求施工，并经监理人验收的实际数量，以(　　)计量。

A. 立方米　　B. 平方米　　C. 千克　　D. 米

二、多项选择题

1. 桥涵工程主要由(　　)组成。

A. 上部构造　　B. 基础　　C. 下部构造　　D. 调治构造物

2. 公路桥梁按上部构造形式分有(　　)。

A. 梁式桥　　B. 板式桥

C. 斜拉组合体系桥　　D. 拱式桥

3. 公路桥梁按承重结构所用材料分有(　　)。

A. 圬工桥　　B. 钢筋混凝土桥

C. 预应力混凝土桥　　D. 钢桥和木桥

4. 公路桥梁按上部结构行车道的位置分有(　　)。

A. 上承式桥　　B. 下承式桥　　C. 中承式桥　　D. 浮桥

5. 公路桥梁工程中的人行道系，一般包括(　　)。

A. 人行道板　　B. 缘石或安全带

C. 水、电、通信管道　　D. 栏杆、扶手

6. 沥青混合料桥面铺装由(　　)组成。

A. 黏结层　　B. 防水层　　C. 沥青面层　　D. 封层

7. 拱式桥上部构造有实腹式和空腹式两种。其区别之处主要是空腹式拱桥的工程内容，尚应包括下列(　　)工程细目。

A. 侧墙、拱上填料　　B. 横墙或立柱

C. 采用拱肋和拱波的主拱圈　　D. 腹拱

8. 下列(　　)上部构造的预制构件属于需要设置大型预制构件底座的范围。

A. T 形梁　　B. I 形梁　　C. 矩形板　　D. 箱形梁

9. 箱梁上部构造由下列(　　)组成，其横截面是一个封闭箱。

A. 横隔梁　　B. 底板　　C. 腹板(梁肋)　　D. 顶板

10. 拱式桥与梁板式桥的主要区别有(　　)。

A. 外形上的差异

B. 受力不同，拱的弯矩与同跨径的梁板桥弯矩相比要小得多

C. 拱桥的承重结构拱圈可采用抗拉性能较差的天然石料和混凝土修建

D. 拱桥自重较大，水平推力较大，相应其墩、台和基础的圬工数量较大

11. 预制安装钢筋混凝土板桥常用(　　)安装。

A. 起重机　　B. 扒杆　　C. 跨墩门架　　D. 单导梁

12. 预制安装预应力混凝土板桥常用(　　)安装。

A. 起重机　　B. 扒杆　　C. 跨墩门架　　D. 单导梁

13. 简支梁桥常用的施工方法主要有(　　)。

A. 现浇施工　B. 预制安装施工　C. 悬臂施工　D. 顶推施工

14. 连续梁桥常用的施工方法主要有(　　)。

A. 现浇施工　B. 预制安装　C. 悬臂施工　D. 顶推施工

15. 装配式 T 形梁桥常用(　　)安装。

A. 起重机　B. 扒杆　C. 跨墩门架　D. 导梁

16. 拱式桥梁常用的施工方法主要有(　　)。

A. 现浇施工　B. 预制安装　C. 悬臂施工　D. 转体施工

17. 公路预应力连续刚构桥上部构造常用的施工方法有(　　)。

A. 搭支架现浇施工　B. 悬臂浇筑施工

C. 预制、悬拼施工　D. 顶推法施工

18. 斜拉桥常用的施工方法主要有(　　)。

A. 现浇施工　B. 预制安装　C. 悬臂施工　D. 转体施工

19. 悬索桥常用的施工方法主要有(　　)。

A. 现浇施工　B. 预制安装　C. 悬臂施工　D. 转体施工

20. 公路桥梁上部构造安装设备中,缆索吊装设备主要适用于(　　)上部构造工程。

A. 桁架梁　B. 连续梁　C. 刚架拱　D. 箱形拱

21. 在公路桥梁建设中采用钢筋混凝土悬臂式墩、台帽的主要目的,是在下列(　　)中,为了减少墩、台身和基础的圬工数量,降低工程造价,而常采用的一种结构形式。

A. 一些桥面较宽的桥梁　B. 墩、台身较高的桥梁

C. 跨径较大的桥梁　D. 造型美观需要的桥梁

22. 公路工程桥梁中索塔是(　　)的主要支承结构。

A. 预应力刚构桥　B. 悬索桥

C. 预应力连续梁桥　D. 斜拉桥

23. 预应力斜拉桥拉索在立面上的设置形式有(　　)。

A. 辐射形　B. 竖琴形　C. 扇形　D. 混合形

24. 斜拉桥索塔、斜拉索和主梁三者之间按其不同的结合方法,可以划分为(　　)体系。

A. 塔墩梁固结　B. 悬浮　C. 塔梁固结　D. 支承

25. 桥涵基础施工围堰中,(　　)适用于水深 4.0m 以上的工程。

A. 草(麻)袋围堰　B. 套箱围堰

C. 钢板桩围堰　D. 草土围堰

26. 下列(　　)施工中,应设置“泥浆循环系统”进行深水基础施工。

A. 打钢筋混凝土方桩基础　B. 回旋钻机钻孔灌注桩基础

C. 打钢筋混凝土管桩基础　D. 潜水钻机钻孔灌注桩基础

27. 公路桥梁常用的基础类型有(　　)。

A. 钢筋混凝土管柱基础　B. 天然基础

C. 钢筋混凝土灌注桩基础　D. 沉井基础

28. 浮式沉井在施工之前,应根据建设条件和实际情况与要求,选配好下列(　　)等沉井施工准备工作。

A. 固定船只和沉井用的锚碇　B. 定位船、导向船

C. 排水、灌水设备　　　　D. 混凝土拌和船

29. 下列(　　)属于深水钻孔灌注桩工程的辅助工程。

A. 围堰、筑岛　　　　B. 灌注桩工作平台

C. 埋设护筒　　　　D. 泥浆循环系统

30. 混凝土配合比设计的基本要求是(　　)。

A. 满足施工和易性要求　　　　B. 满足耐久性要求

C. 满足设计强度等级要求　　　　D. 满足经济性要求

31. 混凝土的密实性直接影响构件或结构的(　　)。

A. 强度　　B. 耐久性　　C. 抗冻性　　D. 抗渗性

32. 混凝土的和易性主要表现在(　　)。

A. 耐水性　　B. 保水性　　C. 流动性　　D. 黏聚性

33. 混凝土中掺入减水剂后的效果是(　　)。

A. 保持水泥和水的用量不变,提高混凝土的强度

B. 保持坍落度不变,降低单位用水量

C. 保持混凝土的强度不变,节约水泥用量

D. 保持养护条件不变,加速硬化

34. 目前,在平原微丘区修建高速公路、一级公路采用涵洞结构类型较多的是(　　)。

A. 钢筋混凝土盖板涵　　　　B. 钢筋混凝土圆管涵

C. 钢筋混凝土箱涵　　　　D. 石砌或混凝土拱涵

35. 下列属于变形缝的有(　　)。

A. 伸缩缝　　B. 沉降缝　　C. 防震缝　　D. 施工缝

36. 桥梁伸缩缝的构造应满足(　　)的要求。

A. 在平行和垂直于桥梁轴线的方向均能自由伸缩

B. 抗震

C. 车辆驶过时应平顺、无突跳和噪声

D. 不均匀沉降

37. 对于湿处挖基应考虑排水问题,较常用的方法有(　　)。

A. 集水坑排水法　　　　B. 人工排水法

C. 沙井排水法　　　　D. 井点排水法

38. 桥梁承台有带桩基的与不带桩基的两种形式,但不管何种形式,其施工方法都是一样的,可分为(　　)。

A. 直接开挖法　　　　B. 沉井或沉箱法

C. 围护开挖法　　　　D. 套箱法

39. 钢套箱的适用范围有(　　)。

A. 岸边墩台　　B. 浅水基础　　C. 深水基础　　D. 高桩承台

40. 下列关于桥梁净空说法正确的是(　　)。

A. 我国公路桥面行车道净宽为车道数乘以车道宽度

B. 计入所设置的加(减)速车道,紧急停车道、爬坡车道、慢车道或错车道的宽度

C. 桥上的净空高度是,高速公路、一级公路和二级公路应为6m,三、四级公路应为5m

D. 桥下净空，即设计洪水位至上部结构最下缘之间的净空高度

41. 设计荷载中，基本可变荷载（活载）包括（　　）。

A. 汽车荷载　　B. 温度影响　　C. 人群荷载　　D. 地震力

42. 悬索桥的主要施工方法有（　　）。

A. 悬臂施工法　　B. 转体施工法　　C. 顶推法　　D. 预制安装法

43. 拱桥中常用的拱架有（　　）。

A. 土牛拱　　B. 石拱架　　C. 木拱架　　D. 钢拱架

44. 空心墩的构造尺寸，应符合下列要求（　　）。

A. 墩身的最小壁厚，对于混凝土不宜小于40cm，钢筋混凝土不宜小于35cm

B. 墩身内应设置纵、横隔板，以加强墩的局部稳定

C. 墩顶实体部分及以下，应设置带门的进人洞和相应检查设施

D. 墩身周围应适当设置通风孔或泄水孔，孔的直径不宜小于20cm

45. 扩大基础的埋深应符合下列要求（　　）。

A. 小桥基础，在无冲刷处，除岩石地基外，应在地面或河床底以下至少埋入深度1m；如有冲刷，基底埋深应在局部冲刷线以下不少于1m

B. 大、中桥基础在有冲刷处，其基底埋置深度应按规范规定的局部冲刷线以下的安全值选定，一般为1～4m

C. 墩台基础的顶面不宜高于最低水位，若地面高于最低水位但不受冲刷时，则不宜高于地面

D. 墩台基础设置在岩石上时，不需清除风化层

46. 目前我国在中等跨径的公路桥梁建设中，应用最多的是（　　）。

A. 重力式的U形桥台　　B. 轻型桥台

C. 柱式桥墩　　D. 薄壁式桥台

47. 水泥混凝土的计量应按监理人认可的并已完工工程的净尺寸计算，其中不扣除的部分有（　　）。

A. 倒角不超过0.15m×0.15m时

B. 体积不超过0.03m^3的开孔及开口

C. 面积不超过0.15m×0.15m的填角部分

D. 钢筋的体积

E. 模板的体积

48. 桥梁工程计价中，下列工程属于不另行计价与支付的项目为（　　）。

A. 钢筋的防锈、截取、套丝、弯曲、场内运输、安装

B. 为完成基础挖方所做的地面排水及围堰、基坑支撑及抽水、基坑回填与压实、错台开挖及斜坡开挖

C. 钢筋混凝土或预应力混凝土沉桩

D. 为完成沉桩工程而进行的钢筋混凝土桩浇筑预制、养生、移运、沉入、桩头处理等一切有关作业

E. 沉井刃脚所用钢材

49. 桥面铺装工程中，以平方米计量的是（　　）。

A. 桥面铺装
B. 桥面泄水管及混凝土桥面铺装接缝
C. 桥面防水层
D. 由于施工原因而超铺的桥面铺装
E. 桥面铺装钢筋

三、判断题(正确者打✓,错误者打×)

1. 梁式桥标准跨径是指桥跨结构两端支座中心之间的距离。 ( )
2. 悬臂梁的锚固跨也应在一侧设置固定支座,另一侧设置活动支座。 ( )
3. 桥面铺装的作用是保护和防止梁的行车道板不受车辆轮胎(或履带)的直接磨损和雨水的侵蚀;同时,可使车辆轮重的集中荷载起到一定的分布作用。 ( )
4. 预应力混凝土分为全预应力和部分预应力两种,公路桥梁建设中广泛采用全预应力混凝土。 ( )
5. 单孔跨径小于5m的桥涵式构造物称为涵洞。 ( )
6. 单孔跨径5m的钢筋混凝土盖板式结构,属于涵洞范围。 ( )
7. 拱桥常用的桥台为实体式的。 ( )
8. 有桥台的桥梁全长指两岸桥台的侧墙或八字墙尾端之间的距离。 ( )
9. 无桥台的桥梁全长指桥面系行车道的长度。 ( )
10. 桥梁支座的设置原则是每孔梁的一侧设置固定支座,另一侧设置活动支座。 ( )
11. 梁式桥的计算跨径指桥跨结构在相邻两个支座中心之间的距离。 ( )
12. 梁式桥标准跨径是指以两个桥墩中线之间的距离或桥墩中线与台背前缘之间的距离。 ( )
13. 在涵洞工程设计中,一般情况下尽量不要采用倒虹吸管。 ( )
14. 圆管涵因结构简单、施工方便、耗用材料少,因此在公路工程中广泛采用。 ( )
15. 钻孔灌注桩水中施工,无论是否采用围堰筑岛,均按水中桩计量。 ( )
16. 单孔跨径5m的钢筋混凝土盖板式结构,属于涵洞范围。 ( )
17. 钻孔灌注桩基础,无论采用何种方法施工,均需要设置护筒和泥浆。 ( )
18. 在钻孔灌注桩施工中设置泥浆的作用主要是护壁和悬浮钻渣。 ( )
19. 钻孔灌注桩在钻孔时应保证钻孔内的水位同地下水位和施工水位一致。 ( )
20. 不同的钻孔方法对泥浆性能的要求是不同的。 ( )
21. 拱圈或拱肋是主要受力构件,属于受弯构件。 ( )
22. 在同一桩基中可以根据需要同时采用不同直径、不同材料和不同长度的桩。 ( )
23. 目前,斜拉桥广泛采用的是扇形密索体系。 ( )
24. 预应力连续梁桥的施工方法,一般采用预制安装和转体施工方法较多。 ( )
25. 圆管涵和箱涵,不论其管径或跨径的大小、孔数的多少,均称为涵洞。 ( )
26. 设计洪水位是指在进行桥涵设计时,按照一定的设计洪水频率所计算出的水位。 ( )
27. 预应力T形刚构桥全桥所有的墩上都应设置支座,一般跨中设有简支的挂梁且不设置任何形式的支座。 ( )

28. 混凝土强度等级是指边长为 15cm 的立方体混凝土试块，在标准养护条件下，养护 28 天的抗压极限强度。（　　）

29. 高速公路和一级公路中的特大桥则以 100 年内一遇的最大洪水位作为设计洪水位。（　　）

30. 矢跨比是指拱顶下缘至起拱线之间的垂直距离与标准跨径之比。（　　）

31. 拱式桥的计算跨径指相邻两拱脚截面重心点之间的距离。（　　）

32. 河岸处钻孔灌注桩均应按水中桩计量。（　　）

33. 在同一桩基中，不可以同时采用摩擦桩和柱桩。（　　）

34. 当地基的持力层埋深在 5.0m 以内时，一般选用天然地基上的浅基础，即石砌或混凝土圬工。（　　）

35. 跨径 20m 以上的简支 T 形梁时，常将梁与梁之间的翼缘板做得宽一点。（　　）

36. 三铰拱属于静定结构。温度变化、材料收缩、墩台沉陷等原因，不会在拱内产生附加内力。所以，在软土等不良地基上宜采用三铰拱。（　　）

37. 扇形斜拉索能比辐射形斜拉索发挥更好的工作效率。（　　）

38. 桥梁支座清洗、运输、起吊及安装支座所需的扣件、钢板、焊接、螺栓、黏结等，按实际发生量计量。（　　）

39. 桥梁工程的防水处理工程中，沥青或油毛毡防水层按实际发生量以平方米计量。（　　）

40. 桥梁工程的砌石工程中，砂浆或作为砂浆的小石子混凝土，作为砌体工程的附属工作，不另计量。（　　）

41. 桥梁工程的基础挖方及回填工程中，基坑土的运输作为挖基工程的附属工作，不另行计量与支付。（　　）

42. 桥梁工程的基础挖方及回填工程中，基础挖方底面：按图纸所示或监理人批准的基础（包括地基处理部分）的原地面高程线计算。（　　）

43. 通道涵范围（进出口之间距离）以内的土石方及边沟、排水沟等均按实际发生的量予以计量。（　　）

44. 桥面伸缩装置按图纸要求安装并经监理人验收的数量，分不同结构形式以米计量。其内容包括伸缩装置的提供和安装等作业。（　　）

第六章　其 他 工 程

一、单项选择题

1. 平面交叉路口交会的公路条数除特殊情况外，一般不得多于（　　）条。

A. 三　　B. 四　　C. 六　　D. 五

2. 相邻互通式立体交叉的间距不应小于（　　）km。

A. 4　　B. 6　　C. 5　　D. 10

3. 互通式立体交叉一般情况下的设置间距是（　　）。

A. 5～10km　B. 10～20km　C. 15～20km　D. 15～25km

4. 适用于干线公路相互交叉的互通式立体交叉形式是(　　)。

A. 定向形或半定向形　B. 半苜蓿叶形

C. 喇叭形　D. 菱形

5. 平面交叉右转弯车道的设计速度不宜大于(　　)km/h。

A. 20　B. 30　C. 40　D. 60

6. 适用于交通量较大、转弯车辆较多的平面交叉形式是(　　)。

A. 加铺转角式　B. 分道转弯式

C. 加宽路口式　D. 环形

7. 适用于多条公路交叉,且转弯车辆较多的平面交叉形式是(　　)。

A. 加铺转角式　B. 分道转弯式

C. 加宽路口式　D. 环形

8. 公路建设中的平面交叉是指(　　)而言。

A. 公路与公路平面交叉一种情况

B. 公路与公路、公路与铁路平面交叉两种情况

C. 公路与公路、公路与铁路、公路与乡村道路平面交叉三种情况

D. 公路与公路、公路与铁路、公路与乡村道路、公路与管线平面交叉四种情况

9. 护栏按其设置位置的不同,分为(　　)种。

A. 二　B. 三　C. 四　D. 五

10. 混凝土护栏属于(　　)。

A. 半刚性护栏　B. 刚性护栏

C. 刚柔结合护栏　D. 柔性护栏

11. 波形梁护栏属于(　　)。

A. 半刚性护栏　B. 刚性护栏

C. 刚柔结合护栏　D. 柔性护栏

12. 缆索护栏属于(　　)。

A. 半刚性护栏　B. 刚性护栏

C. 刚柔结合护栏　D. 柔性护栏

13. 高速公路路面标线中以连续实线表示的是(　　)。

A. 行车道中线　B. 路缘线

C. 车道分界线　D. 禁止超车线

14. 高速公路路面标线中以间断线表示的是(　　)。

A. 行车道中线　B. 路缘线

C. 车道分界线　D. 禁止超车线

15. 高速公路的车道分界线长度中实线段大致占(　　)。

A. 30%　B. 40%　C. 50%　D. 60%

16. 在人烟稀少地区、山岭地区,一般选用(　　)隔离栅。

A. 刺铁丝网型　B. 金属网型

C. 常青绿篱型　D. 钢板网型

17. 隔离栅采用型钢立柱时，为保证其稳定性，一般每隔（　　）应在型钢立柱两侧加斜撑。

A. 50m　　B. 100m　　C. 150m　　D. 200m

18. 隔离栅采用型钢立柱时，为保证其稳定性，一般每隔（　　）或在隔离设施改变方向处应在型钢立柱的三个方向加斜撑。

A. 50m　　B. 100m　　C. 150m　　D. 200m

19. 道路交通主标志分为（　　）种。

A. 二　　B. 三　　C. 四　　D. 五

20. 在左右转弯、人行横道等处应设置（　　）。

A. 警告标志　　B. 禁令标志　　C. 指示标志　　D. 指路标志

21. 道路交通指示标志是指（　　）标志。

A. 禁止或限制车辆、行人交通行为的　　B. 警告驾驶员及行人注意危险的

C. 传递道路行驶方向、到达地点等信息的　　D. 指示车辆、行人行动的

22. 高速公路上的出、入口标志，起、终点标志属于（　　）。

A. 警告标志　　B. 禁令标志　　C. 指示标志　　D. 指路标志

23. 同一地点需要设置多种标志时，在一根标志柱上最多可以设置（　　）种。

A. 二　　B. 三　　C. 四　　D. 五

24. 下列（　　）属于公路建设项目的安全设施。

A. 监控、通信中心　　B. 紧急电话

C. 道路标志、标线、护栏　　D. 停车场

25. 绿化工程的铺设表土工程中，表土铺设应按完成的铺设面积并经验收以（　　）为单位计量。

A. 米　　B. 平方米　　C. 立方米　　D. 吨

26. 防眩设施工程计量中中，下列叙述错误的是（　　）。

A. 防眩板设置安装完成并经验收后以块计量

B. 防眩网设置安装完成并经验收后以延米计量

C. 为安装防眩板、防眩网设置的预埋件，按实际发生量以米计量

D. 连接件、立柱、基础混凝土以及钢构件的连接，不另行计量。

27. 吸、隔声板声屏障应按图纸施工完成并经监理人验收的现场量测的长度，以（　　）为单位计量。

A. 米　　B. 平方米　　C. 立方米　　D. 吨

二、多项选择题

1. 适用于干线公路与次要公路交叉的互通式立体交叉形式是（　　）。

A. 定向形或半定向形　　B. 半苜蓿叶形

C. 喇叭形　　D. 菱形

2. 分离式立体交叉由下列（　　）组成。

A. 跨线桥　　B. 匝道

C. 出（入）口加（减）速车道　　D. 被交道整修

3. 互通式立体交叉由下列(　　)组成。

A. 跨线桥　　B. 匝道

C. 出(入)口加(减)速车道　　D. 被交道整修

4. 通道由下列(　　)组成。

A. 跨线桥(或涵洞)　　B. 匝道

C. 出(入)口加(减)速车道　　D. 被交道整修

5. 公路与铁路平面交叉,设计时应符合下列(　　)要求。

A. 交叉道口两侧的公路应各有不少于50m的直线距离

B. 平交道口的位置应选择在视距良好的地方

C. 平交道口钢轨两侧2m范围内的路面应设置易翻修的钢筋混凝土预制块铺砌层

D. 平交道口两侧的公路应铺筑不少于50m的高级路面

6. 跨越高速公路、一级公路的跨线桥上必须设置(　　)。

A. 中央分隔带　　B. 标志牌　　C. 防撞护栏　　D. 防护网

7. 跨越(　　)的跨线桥两侧均应设置金属网或钢板网,以免杂物掉入路上造成交通事故。

A. 铁路　　B. 乡村道路　　C. 高等级公路　　D. 一般公路

8. 各级公路在(　　)地段均应设置护栏。

A. 填方路段　　B. 挖方路段　　C. 桥头引道　　D. 陡坡

9. (　　)应设置齐全的交通标线。

A. 高速公路　　B. 一级公路　　C. 二级公路　　D. 三级公路

10. 下列(　　)的沿线两侧应设置隔离栅,以防人、畜进入公路。

A. 高速公路　　B. 一级公路　　C. 二级公路　　D. 三级公路

11. 在靠近城镇人烟稠密地区、著名风景区和旅游区,一般选用(　　)隔离栅。

A. 刺铁丝网型　　B. 金属网型　　C. 常青绿篱型　　D. 钢板网型

12. 道路交通标志中的主要标志按其作用可分为(　　)。

A. 警告标志　　B. 禁令标志　　C. 指示标志　　D. 指路标志

13. 下列(　　)属于公路建设项目的管理养护设施。

A. 监控、通信中心　　B. 紧急电话

C. 养护工区　　D. 服务区

14. 下列(　　)属于公路建设项目的服务设施。

A. 加油站及公共汽车停靠站　　B. 收费站

C. 养护工区　　D. 服务区

15. 下列(　　)属于公路工程的临时工程(即常称为大型临时工程)。

A. 临时便道、便桥　　B. 临时房屋

C. 临时电力、电信线路　　D. 临时码头

16. 公路工程中的平整场地是指下列(　　)必须修建的场地。

A. 大型混凝土预制构件的预制场　　B. 路基清除场地后的平整

C. 沥青混合料及厂拌稳定土拌和站　　D. 水泥混凝土拌和站

17. 一个大型预制场地中,其工程细目除进行填挖土、石方和找平外,尚应考虑下列

( )工程,并增列费用。

A. 进行碾压,使场地具有足够的强度

B. 根据工程需要和场地地质情况,铺筑厚度不小于15cm 的碎(砾)石路面及垫层

C. 设置用刺铁丝做成的围墙

D. 修建需要的临时房屋

18. 护栏工程中,以米计量的项目有( )。

A. 设置在中央分隔带的混凝土护栏　　B. 缆索护栏

C. 波形梁钢护栏　　D. 中央分隔带开口处活动式钢护栏

E. 明涵、通道、小桥、挡墙部分缆护栏的立柱插座、预埋构件

19. 道路交通标线工程中,下列叙述正确的是( )。

A. 反光型的路面标线玻璃珠应包含在涂敷面积内,不另计量。

B. 突起路标安装就位,经检查验收后以个计量。

C. 轮廓标安装就位,经检查验收后以个计量。

D. 立面标记设置经检查验收后以处计量。

E. 锥形交通路标安装就位经检查验收后以个数计量。

20. 收费设施及地下通道工程中,属于承包商附属工程,不予计量的是( )。

A. 收费亭　　B. 收费设施的预埋件

C. 收费天棚　　D. 所有挖基、挖槽以及回填、压实

E. 未列入计量子目的零星工程

21. 下列属于绿化及环境保护工程的是( )。

A. 铺设表土　　B. 种植乔木、灌木和攀缘植物

C. 防眩板　　D. 植物养护于管理

E. 声屏障

三、判断题(正确者打✓,错误者打×)

1. 高速公路是全部控制出入的公路,一级公路是部分控制出入的公路。 ( )

2. 高速公路,一级、二级公路与乡村道路交叉的数量,应予控制,在乡村道路密集地区,当交叉点过密影响行车安全时,应合并交叉点。 ( )

3. 对于公路工程,应该用立体交叉代替路网中的平面交叉。 ( )

4. 高速公路必须实行全封闭、全立交。 ( )

5. 高速公路可以实行大部分立体交叉,少部分平面交叉。 ( )

6. 高速公路与其他各级公路交叉应采用立体交叉。 ( )

7. 一级公路与其他各级公路交叉宜采用立体交叉。 ( )

8. 平面交叉的间距应尽量地大,以提高通行能力,保证行车安全。 ( )

9. 平面交叉只能用于二级及二级以下公路。 ( )

10. 各级公路的高路堤、桥头引道、极限最小半径、陡坡等地段均应设置护栏。 ( )

11. 高速公路及一级公路的桥梁应设置护栏。 ( )

12. 新泽西护栏可代替波形梁护栏。 ( )

13. 波形梁护栏的立柱一般都采用打入法施工。 ( )

14. 所有波形梁护栏的冷弯型钢部件及螺栓、螺母等紧固件均应作防腐处理，一般可采用热浸镀锌处理。（　　）

15. 波形梁护栏是柔性护栏的主要代表形式。（　　）

16. 缆索护栏是半刚性护栏的主要代表形式。（　　）

17. 公路标志有指路标志和警告标志两大类。（　　）

18. 公路上应设置必要的警告、禁令、指示及指路等交通标志。（　　）

19. 轮廓标是用以指示道路改变方向或警告驾驶员改变行驶方向的一种设施。（　　）

20. 高速公路和一、二级公路应设置齐全的交通标线。（　　）

21. 路面标线一般用间断线表示。（　　）

22. 高速公路、一级公路和二级公路的沿线两侧均应设置隔离栅。（　　）

23. 高速公路沿线两侧应全线设置隔离栅。（　　）

24. 高速公路沿线设置的隔离栅一般应采用钢板网或编织网。（　　）

25. 在车辆、行人、禽畜等不便进入的区段可不设禁入栅栏。（　　）

26. 只有高等级公路才允许设立收费设施。（　　）

27. 防眩设施是指防止夜间行车不受对向车辆前照行灯的眩目而设置在中央分隔带内的一种构造物。（　　）

28. 在公路基本建设工程中，需要设置的大型拌和站有：厂拌稳定土、沥青混合料和水泥混凝土拌和站三种。（　　）

29. 里程标和公路界碑等均应按埋设就位和验收的数量以平方米为单位计量。（　　）

30. 地下通道按图纸要求经监理人验收，其长度沿通道中心量测洞口间距离，以米为单位计量，计量中不包含装饰贴面工程及防、排水处理等内容。（　　）

31. 种植物的养护及管理是承包人完成绿化工程的附属工作，不另计量与支付。（　　）

32. 隔离栅应安装就位并经验收，分别按铁丝编织网隔离栅、刺铁丝隔离栅、钢板网隔离栅、电焊网隔离栅等，从端柱内侧沿隔离栅外部丈量，以米计量。（　　）

33. 吸声砖及墙声屏障以平方米为单位计量。（　　）

34. 桥上防护网以米计量，安设网片的支架、预埋件及紧固件等不另行计量。（　　）

第七章　公路工程施工组织

一、单项选择题

1. 以整个建设项目或群体工程为对象编制施工准备和施工的全局性、指导性文件的施工组织设计，称为（　　）。

A. 施工组织规划设计　　B. 施工组织总设计

C. 单位工程施工组织设计　　D. 分部工程施工组织设计

2. 对施工方案及期限、施工进度及工料机计划进行概略性安排的是指（　　）。

A. 施工组织规划设计　　B. 施工组织总设计

C. 单位工程施工组织设计　　D. 分部工程施工组织设计

3. 下列(　　)是施工组织总设计的具体化,以单位工程为对象编制,用以指导单位工程准备和施工全过程,它还是施工单位编制月旬作业计划的基础文件。

A. 施工组织规划设计　　B. 施工组织总设计

C. 单位工程施工组织设计　　D. 分部工程施工组织设计

4. 对于施工难度大或施工技术复杂的工程项目,在编制单位工程施工组织设计之后,还应编制(　　)。

A. 施工组织规划设计　　B. 施工组织总设计

C. 单位工程施工组织设计　　D. 分部工程施工组织设计

5. 施工组织总体设计是以(　　)为对象编制的。

A. 单位工程　　B. 分部工程

C. 分项工程　　D. 整个建设项目或群体工程

6. 单位工程施工组织设计的核心内容是(　　)。

A. 准备工作计划　　B. 施工方案

C. 施工平面布置图　　D. 进度计划

7. 单位工程施工组织设计的三大要素内容是(　　)。

A. 施工准备、施工方案、施工进度计划

B. 工程概况、施工方案、施工进度计划

C. 施工方案、施工进度计划、施工平面布置图

D. 施工方案、施工总进度计划、施工总平面图

8. 在编制施工总进度计划时,其工期应控制在(　　)之内。

A. 合同工期　　B. 定额工期　　C. 计算工期　　D. 规定工期

9. 完成一个工程项目后,再接着去完成另一个同类工程项目的施工组织方法,称为(　　)。

A. 顺序作业法　　B. 平行作业法　　C. 流水作业法　　D. 网络计划法

10. 布置施工总平面图时,应优先考虑的是(　　)。

A. 搅拌站、加工厂　　B. 场外交通道路

C. 内部运输道路　　D. 临时设施

11. 将建设工程分段或分项目,分别组织施工队同时进行施工的施工组织方法,称为(　　)。

A. 顺序作业法　　B. 平行作业法

C. 流水作业法　　D. 网络计划法

12. 将所有施工段按一定的时间间隔相继投入施工,各专业队按工艺的顺序依此进入每个施工段,每个专业队则在不同施工段上依此连续作业的施工组织方法称为(　　)。

A. 顺序作业法　　B. 平行作业法

C. 流水作业法　　D. 网络计划法

13. 从工程实际出发,绘制施工网络图,分析各个施工过程(或工序)在网络图中的地位,找出关键工序和关键线路,按照一定的目标不断调整网络图,最后得出最优的施工进度方案,这种施工组织方法称为(　　)。

A. 顺序作业法　　B. 平行作业法

C. 流水作业法　　　　　　　　　　　　D. 网络计划法

14. 流水作业法是(　　)相结合的一种搭接施工方法。

A. 顺序作业法、平行作业法和网络计划法　　B. 顺序作业法和平行作业法

C. 顺序作业法和网络计划法　　　　　　　D. 平行作业法和网络计划法

15. 在流水作业参数中,属于工艺参数的是(　　)。

A. 施工段数目　　B. 工作面　　C. 工序数　　D. 流水节拍

16. 在流水作业参数中,属于时间参数的是(　　)。

A. 施工段数目　　B. 工作面　　C. 工序数　　D. 流水节拍

17. 流水施工中,流水节拍是指(　　)。

A. 两相邻的工作队进入流水作业的最小时间间隔

B. 某个专业队在一个施工段上的施工作业时间

C. 某个专业队在各个施工段上的作业时间之和

D. 某个专业队在施工段上的技术间歇时间

18. 在施工组织设计的流水作业法中,流水节拍属于流水作业组织的(　　)。

A. 空间参数　　B. 工艺参数　　C. 时间参数　　D. 工序参数

19. 在施工组织设计的流水作业法中,流水步距属于流水作业组织的(　　)。

A. 空间参数　　B. 工艺参数　　C. 时间参数　　D. 工序参数

20. 两个相邻施工队进入流水作业的时间间隔称为(　　)。

A. 流水节拍　　B. 流水步距　　C. 技术间歇　　D. 组织间歇

21. 流水施工的实质就是(　　)。

A. 提高劳动生产率　　　　　　B. 加快施工进度

C. 提高工程质量　　　　　　　D. 连续作业,均衡生产

22. 某施工段中的工程量为 200,安排施工队人数为 25 人,每人每天完成 0.8,则该队在该施工段中的流水节拍是(　　)。

A. 12 天　　B. 10 天　　C. 8 天　　D. 6 天

23. 某工程划分为 4 个流水段,共 4 层,组织 2 个施工队进行等节奏流水施工,流水节拍为 4 天,其工期是(　　)。

A. 18 天　　B. 20 天　　C. 22 天　　D. 24 天

24. 网络计划的缺点是(　　)。

A. 很难反映工作间的相互关系　　B. 不能反映关键工作

C. 很难反映流水作业的情况　　　D. 不能用电算

25. 网络计划中,关键线路的判定依据为(　　)。

A. 总工期最短　　　　B. 总时差最小

C. 自由时差最小　　　D. 自始至终无虚箭线

26. 网络计划中关键工作是指(　　)最小的工作。

A. 自用时间　　B. 总时差　　C. 持续时间　　D. 时间间隔

27. 网络图中的虚箭线表示(　　)。

A. 时间消耗　　B. 资源消耗　　C. 时间间隔　　D. 工作逻辑关系

28. 在双代号网络图中,箭杆表示(　　)

A. 工序之间的逻辑关系　　B. 工序
C. 工序进行方向　　D. 工序持续时间

29. 在双代号网络图中，箭杆指示方向表示(　　)。
A. 工序之间的逻辑关系　　B. 工序
C. 工序进行方向　　D. 工序持续时间

30. 在单代号网络图中，箭杆表示(　　)。
A. 工序之间的逻辑关系　　B. 工序
C. 工序进行方向　　D. 工序持续时间

31. 某工作有两项紧前工作 A、B，其持续时间是 A = 3、B = 4，其最早开始时间是 A = 5、B = 6，则本工作的最早开始时间是(　　)。
A. 10　　B. 8　　C. 6　　D. 5

32. 某工作有两项紧后工作 A、B，其持续时间是 A = 7、B = 12，其最迟完成时间是 A = 20、B = 15，则本工作的最迟完成时间是(　　)。
A. 3　　B. 13　　C. 15　　D. 20

33. (　　)是在投标书编制前，经营管理层为了中标取得经济效益用于投标与签约阶段的规划性的施工组织设计。
A. 施工组织规划设计　　B. 施工组织总设计
C. 标前设计　　D. 标后设计

34. 公路工程项目的施工过程组织的核心是(　　)。
A. 资源组织　　B. 时间组织　　C. 空间组织　　D. 资金组织

35. 施工组织总体设计是以(　　)为对象编制的。
A. 单位工程　　B. 分部工程
C. 分项工程　　D. 整个建设项目或群体工程

36. (　　)是比较先进的一种作业方法，它是以施工专业化为基础，将不同工程对象的同一施工工序交给专业施工队(组)执行，各专业队(组)在统一计划安排下，依次在各个作业面上完成指定的操作。
A. 顺序作业法　　B. 平行作业法　　C. 流水作业法　　D. 顺序平行作业法

37. 多层结构型的路面工程，按工艺流程和施工程序(步骤)，即路槽、底基层、基层、联结层、面层和路肩的顺序进行施工操作，属于(　　)。
A. 顺序作业法　　B. 平行作业法　　C. 流水作业法　　D. 顺序平行作业法

38. (　　)是指各施工过程的流水节拍各自保持不变(t = 常数)，但不存在最大公约数，流水步距 K 也是一个变数的流水作业。
A. 全等节拍流水　　B. 无节奏流水　　C. 成倍节拍流水　　D. 分别流水

39. “相邻队组每段作业时间累加，数列错位相减取大差”的计算方法一般用于(　　)。
A. 全等节拍流水　　B. 无节奏流水　　C. 成倍节拍流水　　D. 分别流水

40. (　　)表示该节点紧前工作的已经全部完成，其后的紧后工作最早可能开始的时间。
A. 工作的最早可能开始时间　　B. 工作的最早可能结束时间
C. 节点的最早可能开始时间　　D. 工作的最迟可能开始时间

41. 某工作有两项紧前工作 A、B，其持续时间是 A = 3、B = 5，其最早开始时间是 A = 5、B =

6,则本工作的最早开始时间是(　　)。

A. 11　　B. 8　　C. 9　　D. 5

42. 以下(　　)的说法不正确。

A. 单代号网络图中严禁出现循环回路

B. 单代号网络图中严禁出现双向箭线或无箭头的连线

C. 绘制单代号网络图时,箭线不宜交叉

D. 单代号网络图中,可以有不止一个起点节点和一个终点节点

43. 以下哪项说法(　　)不正确。

A. 流水作业的效益具体表现在施工连续、进度加快、工期缩短

B. 公路工程施工组织应尽可能采用流水作业法

C. 任何一种流水施工的组织形式,仅仅是一种组织管理手段,其最终目的是要实现企业目标——质量好、工期短、成本低、效益高和安全施工

D. 道路工程的综合施工组织,大都属于无节奏流水

44. 垂直图的缺点不包括(　　)。

A. 反映不出某项工作提前(或推迟)完成对整个计划的影响程度

B. 反映不出工程的分布情况和施工日期

C. 计划安排的优劣程度很难评价

D. 不能使用电子计算机,因而绘制和修改进度图的工作量很大

二、多项选择题

1. 公路工程施工组织方法有(　　)。

A. 顺序作业法　　B. 平行作业法　　C. 流水作业法　　D. 网络计划法

2. 根据公路工程施工组织设计阶段和编制对象的不同,公路工程施工组织设计可分为(　　)。

A. 施工组织规划设计　　B. 施工组织总设计

C. 单位工程施工组织设计　　D. 分部工程施工组织设计

3. 下列(　　)是施工组织规划设计的内容。

A. 工程概况　　B. 施工方案及进度计划

C. 施工平面布置图　　D. 主要技术措施

4. 下列(　　)是施工组织总设计的内容。

A. 工程概况及准备工作计划　　B. 施工方案及总进度计划

C. 施工部署及施工平面布置图　　D. 各种需要量计划及技术经济分析

5. 单位工程施工组织设计的技术经济指标包括(　　)。

A. 单位劳动力消耗　　B. 总工期

C. 单位造价　　D. 成本降低率

6. 公路工程施工方案的基本内容主要包括(　　)。

A. 施工方法的选择　　B. 施工程序

C. 施工机械的选择　　D. 技术组织措施

7. 施工方案的基本内容包括(　　)。

A. 施工方法和施工机械的选择　　B. 垂直运输方案
C. 施工流向的确定　　D. 技术组织措施

8. 施工技术组织措施包括(　　)。
A. 保证质量及安全的措施　　B. 材料供应的措施
C. 冬、雨季施工及防止污染的措施　　D. 降低成本的措施

9. 编制施工组织设计时,要充分考虑施工生产过程中的连续性、平行性、协调性和均衡性以及相互关系,其经济效果具体表现在(　　)等方面。
A. 可合理地最低限度的配置施工现场各类人员的人数
B. 可使施工用的机械设备、工具、周转性消耗材料等减少到最低限度
C. 可合理地减少临时设施和现场管理费用
D. 可实现优质高产、安全生产和文明施工

10. 施工组织总设计是一个突出(　　)的文件。
A. 全局指导性　　B. 竞争性　　C. 规划性　　D. 作业性

11. 流水作业的特点是(　　)。
A. 连续性　　B. 均衡性
C. 省时间,提高劳动生产率　　D. 有节奏

12. 在流水作业参数中,属于空间参数的是(　　)。
A. 施工段数目　　B. 工作面　　C. 工序数　　D. 流水节拍

13. 网络计划的优点是(　　)。
A. 全面反映工序间的相互制约关系　　B. 可上机优化
C. 可通过参数计算确定关键线路抓重点　　D. 可直观清晰地反映每日进度

14. 网络计划中工作的总时差等于(　　)。
A. 工作的最迟开始时间与最早开始时间之差
B. 紧后工作的最早开始时间与本工作的最早完成时间之差
C. 工作的最迟完成时间与最早完成时间之差
D. 紧后工作的最迟开始时间与本工作的最迟完成时间之差

15. 双代号网络图中的虚箭线表示一项虚拟的工作,其含意是(　　)。
A. 在网络图中可有可无　　B. 无工作名称
C. 表示先后两过程的制约关系　　D. 不占用时间和消耗资源

16. (　　)是网络图绘制的规定。
A. 一个图只允许有一个起点节点　　B. 不允许出现循环回路
C. 每个节点只允许有内向箭线　　D. 必须绘制出关键线路

17. 施工组织设计的编制原则有(　　)。
A. 合理安排施工程序与顺序
B. 严格遵守工期定额和合同规定的工程竣工及交付使用期限
C. 采用先进合理而又可行的施工方法
D. 用流水作业法和网络计划法安排施工进度计划

18. 对于施工难度大或者施工技术复杂的工程项目,在施工阶段需编制(　　)施工组织设计。

A. 施工组织规划设计　　B. 施工组织总设计

C. 单项(或单位)工程施工组织设计　　D. 主要分部工程施工组织设计

19. 标后设计的编制工作包括(　　)。

A. 确定开工日期、竣工日期、总工期　　B. 进行调查研究,获得编制依据

C. 拟定施工方案　　D. 编制各种资源需要量计划及运输计划

20. 施工过程的组织原则包括(　　)。

A. 连续性　　B. 均衡性　　C. 协调性　　D. 经济性

21. 施工进度图通常是以图表表示的,主要形式有(　　)。

A. 横道图法　　B. 时标网络图法　　C. 垂直图法　　D. 网络图法

22. 虚箭线的作用有(　　)。

A. 在不同工程项目之间工作有联系时应用

B. 两项或两项以上的工作同时开始和同时结束时,必须引入虚箭线

C. 用于解决工作关系的逻辑断路问题

D. 用于解决工作间逻辑关系的连接

23. 绘制双代号网络图的基本规则包括(　　)。

A. 一张网络图允许多个起始节点和多个终点节点

B. 一对节点之间允许多条箭线

C. 网络计划图中不允许出现闭合回路

D. 网络计划图的布局应合理,尽量避免箭线交叉

24. 网络图的绘制方法包括(　　)。

A. 前进法　　B. 先细后粗法　　C. 后退法　　D. 先粗后细法

25. 以下说法正确的是(　　)。

A. 工作的总时差等于箭头节点最迟时间减去箭尾节点最早时间再减去其工作的持续时间

B. 工作的自由时差等于箭头节点最迟时间减去箭尾节点最早时间再减去其工作的持续时间

C. 工作的总时差等于箭头节点最早时间减去箭尾节点最早时间再减去其工作的持续时间

D. 工作的局部时差等于箭头节点最早时间减去箭尾节点最早时间再减去其工作的持续时间

26. 以下关于关键线路的说法正确的是(　　)。

A. 关键线路在网络计划中只有一条

B. 非关键工作如果将总时差全部用完,就会转化为关键工作

C. 关键线路上各工作的总时差均为零

D. 只有全部由关键工作组成的线路才能成为关键线路

三、判断题(正确者打✓,错误者打×)

1. 施工组织设计是编制工程造价的依据。　　(　　)

2. 公路工程施工组织方式中的顺序施工法是指同一专业队或作业班组,完成一个工程项

目之后,再接着去完成另一个同类工程项目。（　　）

3. 公路工程施工组织方式中的流水作业法是指同一专业队或作业班组,完成一个工程项目之后,再接着去完成另一个同类工程项目。（　　）

4. 平行施工法是指各项任务同时开工,平行作业。（　　）

5. 流水施工法是指若干项施工任务,相同的工序顺序进行,不同的工序平行进行的作业方法。（　　）

6. 施工顺序是指一个单位工程中若干个分项或某分项工程的若干工序,它们施工时间先后顺序的排列。（　　）

7. 编制施工进度时,不扣除法定的节假日和雨天或其他原因的停工时间。（　　）

8. 施工平面图有施工总平面图和单位工程施工平面图两种。（　　）

9. 编制各种施工组织设计时,首要的问题,就是要确定关键性工程,常称为重点工程。（　　）

10. 施工作业计划由设计单位负责编制。（　　）

11. 公路施工组织流水作业与工业生产组织流水作业是相同的。（　　）

12. 流水节拍是指从事某一工序施工的专业队在一个施工段上完成工序操作的持续时间。（　　）

13. 公路工程施工中常用网络图来表示施工进度。（　　）

14. 工序的持续时间是一道工序从施工开始到完成所需的作业时间。（　　）

15. 工序的总时差为零,而其自由时差不一定为零。（　　）

16. 总时差为零的各道工序组成的作业线路不一定是关键线路。（　　）

17. 总工期是指完成各道工序所需作业时间的总和。（　　）

18. 总工期是与网络图终点节点相联系的各道工序的最早完成时间的最大值。（　　）

19. 工作总时差是在不影响总工期的前提下,本工作所具有的机动时间。（　　）

20. 工作自由时差是在不影响紧后工作最早开始时间的前提下,本工作所具有的机动时间。（　　）

21. 总工期是与网络图终点节点相联系的各道工序的最迟完成时间。（　　）

22. 施工组织设计是指导工程投标、签订承包合同、施工准备和施工全过程的全局性的技术经济文件。（　　）

23. 单项(或单位)工程施工组织设计是施工组织总设计的具体化,是施工单位编制月旬作业计划的基础性文件。（　　）

24. 对于单个构筑物的施工顺序,既要考虑空间顺序,也要考虑工种之间的顺序。（　　）

25. 工艺参数是指单体工程划分的施工段或群体工程划分的施工区的个数。（　　）

26. 标后设计是在签约后开工前,经营管理层为了提高施工效率和效益用于施工准备至验收阶段的作业性的施工组织设计。（　　）

27. 流水作业的线形工程的作业面很大,根据工程或技术的需要,可划分为几段(或几个点),分别同时按程序施工。（　　）

28. 工期是指从第一个专业队投入流水作业开始,到最后一个专业队完成最后一个施工过程的最后一段工作退出流水作业为止的整个延续时间。（　　）

29. 施工组织设计又是施工方案、修正施工方案、施工组织计划和实施性施工组织设计等

施工组织文件的统称，由施工单位编制。（　　）

30. 在无特殊顺序要求的条件下，应以总工期最短作为组织施工段顺序的依据。（　　）

31. 垂直图是由两大部分组成，左面部分是以分部分项工程为主要内容的表格，包括了相应的工程量、定额和劳动量等计算依据；右面部分是指示图表。（　　）

32. 工作的最迟必须结束时间应从终节点逆箭线方向向起始节点逐项进行计算。（　　）

33. 最迟必须开始时间，它等于工作(i,j)的箭头节点(j)的最迟必须实现时间$L_{T(j)}$或其最迟必须结束时间$L_{T(i,j)}$减去工作(i,j)的持续时间$t_{(i,j)}$。（　　）

参考答案

第一章　概　　述

一、单项选择题

1. C　2. C　3. B　4. B　5. B　6. C　7. B　8. C　9. A　10. A
11. C　12. B　13. C　14. C　15. A　16. C　17. B　18. C　19. C　20. B
21. B　22. B　23. D　24. D　25. B　26. D　27. C　28. B　29. C　30. D
31. B　32. A　33. A　34. A　35. B　36. D　37. C　38. A　39. B　40. B
41. D　42. C　43. A　44. B　45. D　46. C　47. D　48. B　49. C

二、多项选择题

1. BC　2. ABC　3. ABC　4. ABC　5. AC
6. BCD　7. ABC　8. ABD　9. ABCD　10. ABCD
11. ACD　12. ABCD　13. ABCD　14. ABC　15. BCD
16. ABC　17. ABC　18. ABCD　19. ABCD　20. BCD
21. ABCD　22. ABCD　23. ABD　24. ABCD　25. ABCD
26. ABCDE　27. ABCD　28. ABC　29. AB　30. ABCE
31. ABDE　32. ABCD　33. BE　34. ABCD　35. ABC
36. CDE　37. ABCDE

三、判断题

1. ✓　2. ×　3. ✓　4. ✓　5. ✓　6. ✓　7. ✓　8. ×　9. ✓　10. ×
11. ×　12. ✓　13. ×　14. ✓　15. ×　16. ✓　17. ✓　18. ✓　19. ×　20. ✓
21. ✓　22. ×　23. ✓　24. ×　25. ×　26. ✓　27. ✓　28. ✓　29. ×　30. ✓
31. ×　32. ✓　33. ✓　34. ×　35. ×　36. ×　37. ✓　38. ✓　39. ✓　40. ×
41. ✓　42. ✓　43. ✓

第二章　路 基 工 程

一、单项选择题

1. B　2. A　3. B　4. D　5. B　6. A　7. D　8. A　9. C　10. D
11. B　12. A　13. A　14. D　15. B　16. D　17. A　18. B　19. C　20. B

21. D 22. B 23. A 24. B 25. D 26. C 27. C 28. C 29. C 30. C
31. B 32. C 33. B 34. A 35. D 36. C 37. C 38. B 39. B 40. B
41. B 42. B 43. B 44. C 45. A 46. A 47. D 48. D 49. A 50. B
51. B 52. C 53. C 54. A 55. B 56. A 57. C 58. C 59. A 60. D
61. B 62. C 63. A. 64. D 65. C 66. A 67. C 68. B 69. C 70. B
71. B 72. C 73. D 74. B 75. C 76. A 77. D 78. A 79. C

二、多项选择题

1. ABC 2. ABC 3. AC 4. ABD 5. AC
6. ACD 7. AC 8. ABD 9. ABC 10. ABCD
11. ABCD 12. ABD 13. ABD 14. AC 15. BD
16. ABD 17. ABC 18. ABCD 19. BD 20. BC
21. ACD 22. AB 23. ABD 24. AC 25. AC
26. ABC 27. ABCD 28. ABC 29. AB 30. AC
31. BCD 32. ABCD 33. ABCD 34. ABD 35. ABC
36. BCD 37. CD 38. BCD 39. ABCD 40. BCD
41. ABCD 42. ABC 43. AC 44. BCD 45. ABC
46. ABCDE 47. AB 48. ABCDE 49. ABCD 50. CDE
51. ABC

三、判断题

1. × 2. × 3. ✓ 4. ✓ 5. ✓ 6. × 7. ✓ 8. × 9. ✓ 10. ✓
11. × 12. × 13. ✓ 14. ✓ 15. ✓ 16. × 17. × 18. ✓ 19. × 20. ×
21. ✓ 22. ✓ 23. ✓ 24. ✓ 25. ✓ 26. × 27. ✓ 28. ✓ 29. × 30. ✓
31. × 32. ✓ 33. × 34. × 35. ✓ 36. ✓ 37. ✓ 38. ✓ 39. × 40. ✓
41. ✓ 42. × 43. ✓ 44. × 45. ✓ 46. × 47. × 48. ✓ 49. ✓ 50. ✓
51. ✓ 52. ✓ 53. × 54. ✓ 55. × 56. × 57. × 58. ✓ 59. ✓ 60. ×
61. ✓ 62. × 63. × 64. ✓ 65. × 66. × 67. ✓ 68. ✓ 69. × 70. ×
71. ✓

第三章 路面工程

一、单项选择题

1. A 2. C 3. C 4. C 5. A 6. C 7. D 8. C 9. A 10. A
11. D 12. C 13. B 14. C 15. B 16. B 17. A 18. B 19. C 20. B
21. A 22. C 23. D 24. B 25. C 26. A 27. B 28. A 29. C 30. D
31. C 32. B 33. A 34. D 35. B 36. C 37. D 38. D 39. B 40. A
41. B 42. A 43. B 44. C 45. A 46. D 47. C 48. C 49. B 50. B

51. D　52. A　53. A　54. B　55. A　56. D　57. B

二、多项选择题

1. ABC　2. BCD　3. ABD　4. AC　5. BCD
6. CD　7. AC　8. BD　9. CD　10. ABCD
11. ABCD　12. AC　13. AB　14. ABCD　15. AD
16. ABC　17. AD　18. ABCD　19. ABD　20. ABD
21. AB　22. AB　23. ABC　24. ABCD　25. ABCD
26. AB　27. ABCD　28. ABCD　29. ABC　30. ABCD
31. BC　32. BD　33. ABCD　34. ABCD　35. ABCD
36. ABD　37. BCD　38. ABCD　39. AB　40. BD
41. ABC　42. BD　43. ACD　44. BCD　45. ABCD
46. ABE　47. ABDE　48. ABC　49. ABCE

三、判断题

1. ✓　2. ×　3. ×　4. ✓　5. ✓　6. ✓　7. ✓　8. ×　9. ×　10. ×
11. ✓　12. ✓　13. ✓　14. ×　15. ×　16. ×　17. ✓　18. ✓　19. ×　20. ✓
21. ✓　22. ✓　23. ×　24. ✓　25. ✓　26. ×　27. ×　28. ×　29. ✓　30. ✓
31. ×　32. ×　33. ×　34. ×　35. ✓　36. ×　37. ×　38. ×　39. ✓　40. ✓
41. ×　42. ✓　43. ✓　44. ×　45. ×　46. ✓　47. ×　48. ✓　49. ✓　50. ×
51. ×　52. ✓　53. ×　54. ×　55. ✓　56. ×　57. ✓　58. ×

第四章　隧 道 工 程

一、单项选择题

1. B　2. B　3. B　4. B　5. C　6. A　7. C　8. A　9. C　10. D
11. C　12. B　13. C　14. C　15. D　16. D　17. D　18. A　19. D　20. A
21. B　22. B　23. C　24. C　25. A　26. D　27. D　28. C　29. B　30. B
31. A　32. C

二、多项选择题

1. ABCD　2. AC　3. ABCD　4. ABC　5. ABD
6. AB　7. CD　8. ABC　9. AC　10. AB
11. AD　12. ABC　13. CD　14. ABD　15. ABD
16. ABCD　17. ABCD　18. ABCD　19. BCD　20. ABC
21. BCD　22. ABC　23. BCD　24. ABCD　25. ABCD
26. ABC　27. ACD　28. BD　29. ABC

三、判断题

1. ✓ 2. ✓ 3. × 4. ✓ 5. ✓ 6. ✓ 7. ✓ 8. ✓ 9. ✓ 10. ×
11. × 12. ✓ 13. × 14. ✓ 15. ✓ 16. ✓ 17. × 18. × 19. ✓ 20. ×
21. ✓ 22. × 23. ✓ 24. ✓ 25. × 26. ✓ 27. × 28. × 29. ✓ 30. ×
31. ✓ 32. × 33. × 34. ✓

第五章　桥涵工程

一、单项选择题

1. C 2. D 3. A 4. D 5. A 6. B 7. D 8. A 9. C 10. C
11. B 12. C 13. D 14. B 15. A 16. A 17. C 18. C 19. B 20. D
21. A 22. B 23. A 24. C 25. B 26. A 27. A 28. B 29. B 30. C
31. A 32. B 33. B 34. A 35. B 36. D 37. A 38. B 39. A 40. D
41. D 42. A 43. C 44. A 45. C 46. D 47. C 48. A 49. A 50. D
51. D 52. B 53. C 54. B 55. A 56. C 57. D 58. A 59. C 60. C
61. C 62. C 63. C 64. B 65. A 66. D 67. A 68. C 69. A 70. D
71. C 72. D 73. A 74. A 75. A 76. B 77. C 78. B 79. A 80. A
81. C 82. B 83. C 84. B 85. B 86. B 87. C 88. A 89. C 90. C
91. B 92. A 93. B 94. C 95. C 96. C 97. C 98. A 99. A 100. B
101. B 102. D 103. B 104. D 105. C 106. A 107. B 108. A 109. D 110. A
111. A 112. C 113. D 114. A 115. A 116. C 117. A 118. C 119. D 120. B

二、多项选择题

1. ABCD 2. ACD 3. ABCD 4. ABC 5. ABD
6. ABC 7. BCD 8. ABD 9. BCD 10. ABCD
11. AB 12. ABD 13. AB 14. ABCD 15. CD
16. ABD 17. AB 18. ABC 19. AC 20. CD
21. AB 22. BD 23. ABC 24. ABCD 25. BC
26. BD 27. BCD 28. ABCD 29. ABCD 30. ABCD
31. ABCD 32. BCD 33. BC 34. AC 35. ABC
36. AC 37. AD 38. ABCD 39. ABCD 40. ABD
41. AC 42. AD 43. ACD 44. BCD 45. ABC
46. AC 47. ABD 48. ABDE 49. AC

三、判断题

1. × 2. ✓ 3. ✓ 4. ✓ 5. ✓ 6. × 7. ✓ 8. ✓ 9. ✓ 10. ×
11. ✓ 12. ✓ 13. ✓ 14. × 15. × 16. × 17. × 18. ✓ 19. × 20. ✓

21. × 22. × 23. ✓ 24. × 25. ✓ 26. ✓ 27. × 28. ✓ 29. × 30. ✓
31. × 32. ✓ 33. × 34. ✓ 35. × 36. ✓ 37. × 38. × 39. × 40. ✓
41. ✓ 42. × 43. × 44. ✓

第六章　其他工程

一、单项选择题

1. B 2. A 3. D 4. A 5. C 6. C 7. D 8. C 9. B 10. B
11. A 12. D 13. B 14. C 15. B 16. A 17. B 18. D 19. C 20. C
21. D 22. D 23. C 24. C 25. C 26. C 27. A

二、多项选择题

1. BCD 2. AD 3. ABCD 4. AD 5. ABC
6. CD 7. AC 8. CD 9. ABC 10. AB
11. BD 12. ABCD 13. ABC 14. AD 15. ACD
16. ACD 17. AB 18. ABC 19. ABCDE 20. BDE
21. ABDE

三、判断题

1. ✓ 2. ✓ 3. × 4. ✓ 5. × 6. ✓ 7. × 8. ✓ 9. × 10. ✓
11. ✓ 12. × 13. ✓ 14. ✓ 15. × 16. × 17. × 18. ✓ 19. × 20. ✓
21. × 22. × 23. × 24. × 25. ✓ 26. × 27. ✓ 28. ✓ 29. × 30. ×
31. ✓ 32. × 33. × 34. ✓

第七章　公路工程施工组织

一、单项选择题

1. B 2. A 3. C 4. D 5. D 6. B 7. C 8. A 9. A 10. B
11. B 12. C 13. D 14. B 15. C 16. D 17. B 18. C 19. C 20. B
21. D 22. B 23. B 24. C 25. B 26. B 27. D 28. B 29. C 30. A
31. A 32. A 33. C 34. B 35. D 36. C 37. A 38. B 39. B 40. A
41. A 42. D 43. D 44. B

二、多项选择题

1. ABCD 2. ABCD 3. BCD 4. ABCD 5. ABCD
6. ABCD 7. ACD 8. ACD 9. ABCD 10. AC
11. ABCD 12. AB 13. ABC 14. AC 15. BCD

16. ABC　17. ABCD　18. CD　19. BCD　20. ABCD
21. ABCD　22. ABCD　23. CD　24. ACD　25. AD
26. BCD

三、判断题

1. ✓　2. ✓　3. ×　4. ✓　5. ×　6. ✓　7. ×　8. ✓　9. ✓　10. ×
11. ✓　12. ✓　13. ×　14. ✓　15. ×　16. ×　17. ×　18. ✓　19. ✓　20. ✓
21. ×　22. ✓　23. ✓　24. ✓　25. ×　26. ×　27. ×　28. ✓　29. ×　30. ✓
31. ×　32. ✓　33. ✓

第四篇　公路工程造价案例分析

【案例一】

人工挖路基土方，土壤为普通土，挖 $1m^3$ 需消耗基本工作时间 60min，辅助工作时间占工作班连续时间的 2%，准备与结束工作时间占工作班连续时间的 2%，不可避免的中断时间占工作班连续时间的 1%，休息时间占工作班连续时间的 15%。

问题：

1. 计算该人工挖普通土劳动定额的时间定额。

2. 计算该人工挖普通土劳动定额的产量定额。

解题思路：

本案例主要考核劳动定额的编制及计算方法。

首先，确定完成 $1m^3$ 普通土开挖需要的工作班延续时间 x：

x = 基本工作时间 + 辅助工作时间 + 准备与结束工作时间 + 中断时间 + 休息时间

然后，计算完成 $1m^3$ 普通土开挖需要的时间定额和产量定额。

参考答案：

1. 时间定额

假定完成 $1m^3$ 普通土开挖需要的工作班延续时间为 x：

$x = 60 + 2\%x + 2\%x + 1\%x + 15\%x$

$x = 60 \div (1 - 2\% - 2\% - 1\% - 15\%) = 75(\text{min})$

若每工日按 8h 计算，则人工挖 $1m^3$ 普通土需要的时间定额为：

$x \div 60 \div 8 = 75 \div 60 \div 8 = 0.156\ 25$（工日/$m^3$）

2. 产量定额

产量定额 $= 1 \div$ 时间定额 $= 1 \div 0.156\ 25 = 6.40$（$m^3$/工日）

【案例二】

某混凝土工程的观察测时，对象是 6 名工人，符合正常的施工条件，整个过程完成的工程量为 $32m^3$ 混凝土。基本工作时间 300min，因没有水泥而停工时间 15min，因停电耽误时间 12min，辅助工作时间占基本工作时间 1%，准备结束时间为 20min，工人上班迟到时间 8min，不可避免中断时间测时为 10min，休息时间占定额时间的 20%，下班早退时间 5min。

问题：

试计算时间定额和产量定额。

解题思路：

本案例主要考核劳动定额的编制及计算方法，同时考查定额时间的组成。

1. 确定挖每 m^3 混凝土工作的定额时间

定额时间 = 基本工作时间 + 辅助工作时间 + 准备与结束工作时间

+ 不可避免中断时间 + 休息时间

除上述五项时间外，其他时间如停工时间、迟到早退时间等不能算作定额时间，不参与计算。

2. 根据定额时间计算时间定额

时间定额 = 班组成员工日数总和/班组完成产品数量总和

3. 根据时间定额，按照时间和产量定额互为倒数，计算产量定额

参考答案：

1. 设定额时间为 x，则有

$x = 300 + 300 \times 1\% + x \times 20\% + 20 + 10$

$= 416.25$

2. 时间定额 = $416.25 \times 6/60 \times 8 \times 32 = 0.163$（工日/$m^3$）

3. 产量定额 = $1/0.163 = 6.135$（m^3/工日）

【案例三】

用工作量写实法，确定钢筋工程施工定额中的劳动定额。已知准备机具等消耗时间10min，钢筋切断消耗时间30min，钢筋弯曲消耗时间20min，调直钢筋消耗时间52min，焊接成型消耗时间350min，操作过程中由于供料不足停工20min，由于停电造成停工5min，操作完成后清理工作消耗8min。

问题：

1. 计算钢筋施工所消耗的基本工作时间。

2. 计算钢筋施工所消耗的定额时间。

3. 若在上述时间内完成的钢筋数量为1.25t，参加施工的人员为5人，试计算劳动定额。

解题思路：

本案例主要考核劳动定额的编制及计算方法。

参考答案：

1. 计算基本工作时间

基本工作时间等于调直、切断、弯曲、焊接成型所消耗的时间之和，即：

$30 + 20 + 52 + 350 = 452$（min）

2. 计算定额时间

定额时间等于基本工作、辅助工作、准备与结束、不可避免中断和休息的时间之和，即：

$452 + 10 + 8 = 470$（min）

3. 计算劳动定额

由于停电造成的停工属于非施工本身造成的停工时间，在确定定额时不予考虑；而由于供料不足造成的停工时间属于施工本身造成的停工时间，在确定定额时不应考虑；由于重新焊接消耗的时间并不能增加产品数量，属于多余的时间损失，在确定定额时也不应考虑。

因此，钢筋施工的时间定额为：$470 \div 60 \div 8 \times 5 \div 1.25 = 3.917$（工日/t）；

其产量定额为：$1 \div 3.917 = 0.255$（t/工日）。

【案例四】

用测时法进行人工挖基坑土方定额的测定，现场测定情况如下表所示：

观察项目	工种	时间产量	观察资料			
			第一次	第二次	第三次	第四次
挖土出坑	普通工	工人数量	7	11	6	8
		耗时（min）	446	258	262	368
		产量（m^3）	27	24.1	13.5	25.2
清理整修坑底、坑壁	普通工	工人数量	7	5	6	4
		耗时（min）	25	26	28	20
		产量（m^2）	35	25	30	15
手推车运 20m	普通工	工人数量	7	8	6	4
		耗时（min）	110	120	121	128
		产量（m^3）	19.8	25.9	18.7	13.4

假定基坑体积为 $75m^3$，清理整修坑底、坑壁面积为 $36m^2$，运土体积为回填后多余的土体，体积为 $32m^3$，不考虑运土便道。

据经验，估计非工作耗时（指准备工作时间、合理中断和休息及结束整理时间）占定额时间的 15%。

问题：

请用上述资料计算人工挖基坑土方的劳动定额，定额单位取 $10m^3$。工作内容为：人工挖、装基坑土方并运出坑外，20m 内弃土，清理基底、坑壁。

解题思路：

本案例主要考核劳动定额的编制及计算方法。对测时法得到的测时资料进行整理，一般有平均法和图形整理法。平均法又有加权平均法和算术平均法，一般与工程量有关的测时资料整理，应采用加权平均法。与工程规格有关的应采用图形整理法。

参考答案：

一、按加权平均的方法计算

1. 计算挖土出坑的定额时间

挖土出坑基本时间耗时：

$(7\times446+11\times258+6\times262+8\times368)\div(27+24.1+13.5+25.2)=116.659(min/m^3)$

挖土出坑定额时间耗时：

$116.659\div(1-15\%)=137.246(min/m^3)$

2. 计算清理整修坑底坑壁的定额时间

清理整修坑底、坑壁定额时间耗时：

$(7\times25+5\times26+6\times28+4\times20)\div(35+25+30+15)=5.267(min/m^3)$

清理整修坑底、坑壁定额时间耗时：

$5.267\div(1-15\%)=6.196(min/m^3)$

3. 计算的推车运土的定额时间

手推车运土基本时间耗时：

$(7\times110+8\times120+6\times121+4\times128)\div(19.8+25.9+18.7+13.4)=38.149(\mathrm{min/m^3})$

手推车运土定额时间耗时：

$38.149\div(1-15\%)=44.881(\mathrm{min/m^3})$

4. 计算挖基坑土方的劳动定额

挖基坑定额时间：

$137.246\times75+6.196\times36+44.881\times32=11\ 952.698(\mathrm{min/m^3})$

挖基坑的劳动定额：

$11\ 952.698\div60\div8\div75\times10=3.320$（工日/10m^3）

二、按算术平均的方法计算

1. 计算挖土出坑的定额时间

挖土出坑基本时间耗时：

$(7\times446\div27+11\times258\div24.1+6\times262\div13.5+8\times368\div25.2)\div4=116.665(\mathrm{min/m^3})$

挖土出坑定额时间耗时：

$116.665\div(1-15\%)=137.253(\mathrm{min/m^3})$

2. 计算清理整修坑底坑壁的定额时间

清理整修坑底、坑壁定额时间耗时：

$(7\times25\div35+5\times26\div25+6\times28\div30+4\times20\div15)\div4=5.283(\mathrm{min/m^3})$

清理整修坑底、坑壁定额时间耗时：

$5.283\div(1-15\%)=6.216(\mathrm{min/m^3})$

3. 计算推车运土的定额时间

手推车运土基本时间耗时：

$(7\times110\div19.8+8\times120\div25.9+6\times121\div18.7+4\times128\div13.4)\div4=38.247(\mathrm{min/m^3})$

手推车运土定额时间耗时：

$38.247\div(1-15\%)=44.996(\mathrm{min/m^3})$

4. 计算挖基坑土方的劳动定额

挖基坑定额时间：

$137.253\times75+6.216\times36+44.996\times32=11\ 957.623(\mathrm{min/m^3})$

挖基坑的劳动定额：

$11\ 957.623\div60\div8\div75\times10=3.322$（工日/10m^3）

【案例五】

用工作日写实法测算某项工作的测时数据如下：

项　目	测时编号									
	1	2	3	4	5	6	7	8	9	10
工程量(件)	15	24	30	20	10	15	20	40	20	25
耗时(h)	20.4	25.2	26.4	39.8	17.7	18.6	18.8	28.8	21.4	21.5

问题：

1. 计算该工作完成一件产品的平均实耗工时和平均先进实耗工时。

2. 假定该工作的非工作耗时(指准备工作时间、合理中断、休息时间及结束整理时间)占定额时间的15%,请确定施工定额(计算时均取三位小数)。

解题思路:

本案例主要考核劳动定额的编制及计算方法。掌握几种测定定额的方法,并能够根据各种测定定额的方法所得到的原始数据进行处理分析。

参考答案:

1. 完成每件产品的耗时:

项　目	测	时	编	号						
完成每件产品	1	2	3	4	5	6	7	8	9	10
耗时(h)	1.36	1.05	0.88	1.99	1.77	1.24	0.94	0.72	1.07	0.86

2. 完成每件产品的平均耗时:

(1.36 + 1.05 + 0.88 + 1.99 + 1.77 + 1.24 + 0.94 + 0.72 + 1.07 + 0.86) ÷ 10 = 1.188(h)

3. 完成每件产品的先进平均耗时:

(1.05 + 0.88 + 0.94 + 0.72 + 1.07 + 0.86) ÷ 6 = 0.92(h/件)

4. 完成每件产品的平均先进耗时:

(1.188 + 0.92) ÷ 2 = 1.054(h/件)

5. 完成每件产品的施工定额:

1.054 ÷ (1 − 15%) ÷ 8 = 0.155(工日/件)

【案例六】

某工作用经验估计法测定定额,聘请了10名有各种经验的专家对每完成1件产品进行背对背调查,调查结果经初步分析如下表:

	时间消耗较少的组			时间消耗中等的组				时间消耗较多的组		
专家	1	2	3	4	5	6	7	8	9	10
时间(h)	8.4	8.6	8.8	10.4	10.6	10.8	10.2	15.4	15.6	15.8

问题:

根据上述资料,用经验估计法编制施工定额的劳动消耗定额,定额水平为平均先进水平(有70%的工人达不到的水平)。完成工作的概率与标准离差系数见下表:

λ	P(λ)	λ	P(λ)	λ	P(λ)	λ	P(λ)
0.0	0.50	−1.3	0.10	0.0	0.50	1.3	0.90
−0.1	0.46	−1.4	0.08	0.1	0.54	1.4	0.92
−0.2	0.42	−1.5	0.07	0.2	0.58	1.5	0.93
−0.3	0.38	−1.6	0.05	0.3	0.62	1.6	0.95
−0.4	0.34	−1.7	0.04	0.4	0.66	1.7	0.96
−0.5	0.31	−1.8	0.04	0.5	0.69	1.8	0.96
−0.6	0.27	−1.9	0.03	0.6	0.73	1.9	0.97
−0.7	0.24	−2.0	0.02	0.7	0.76	2.0	0.98
−0.8	0.21	−2.1	0.02	0.8	0.79	2.1	0.98
−0.9	0.18	−2.2	0.01	0.9	0.82	2.2	0.99
−1.0	0.16	−2.3	0.01	1.0	0.84	2.3	0.99
−1.1	0.14	−2.4	0.01	1.1	0.86	2.4	0.99
−1.2	0.12	−2.5	0.01	1.2	0.88	2.5	0.99

解题思路：

本案例主要考核用经验估计法编制劳动定额的计算方法。

1. 先计算乐观时间(a)、悲观时间(b)和正常时间(c)，根据已知数据用算术平均法计算；

2. 计算平均时间 $M=(a+4c+b)/6$；

3. 计算标准偏差 $\delta=(b-a)/6$；

4. 根据概率计算定额时间 $T=M+\delta\times\lambda$；

5. 根据定额时间确定劳动定额。

参考答案：

1. 计算乐观时间(a)、悲观时间(b)和正常时间(c)：

$a=(8.4+8.6+8.8)/3=8.6(\text{h})$

$b=(15.4+15.6+15.8)/3=15.6(\text{h})$

$c=(10.4+10.6+10.8+10.2)/4=10.5(\text{h})$

2. 计算平均时间：$M=(8.6+4\times10.5+15.6)/6=11.03(\text{h})$

3. 计算标准偏差：$\delta=(15.6-8.6)/6=1.17$

4. 根据题目要求有 70% 的工人达不到的水平，即有 30% 的工人能够达到的水平，查表得 $\lambda=-0.525$，则：

$T=11.03+1.17\times(-0.525)=10.42(\text{h})$

5. 时间定额 $=10.42\div8=1.303$(工日/件)

产量定额 $=1\div1.303=0.768$(件/工日)

【案例七】

某工作用统计分析法编制定额，定额编制人员收集了前三年的施工统计资料，将施工统计资料进行了初步筛选，完成 1m^3 隧道洞内工程消耗的人工和机械的作业时间见下表：

组数	1	2	3	4	5	6	7	8	9	10	11	12
人工(h)	24	25	23	26	27	30	36	33	35	24	35	26
机械(min)	210	223	226	258	250	261	246	268	272	221	236	246

问题：

1. 根据上述资料编制施工定额的劳动消耗定额和机械消耗定额。

2. 结合【案例六】所给的概率与标准离差系数表，评价定额水平。

解题思路：

本案例主要考查用统计分析法编制劳动定额的计算方法。

1. 计算平均实耗工时：

$$平均实耗工时\ M=\frac{\sum_{i=1}^{n}t_i}{n}$$

2. 计算先进平均的实耗工时；

3. 计算平均先进工时：

$$平均先进工时=\frac{平均实耗工时+先进平均的实耗工时}{2}$$

4. 计算时间定额和产量定额，隧道工作洞内工程每工日(台班)按 7h 计算；

5. 计算标准偏差，进行概率分析，评价定额水平。

参考答案：

1. 平均实耗工时的计算：

$$M_R=\frac{24+25+23+26+27+30+36+33+35+24+35+26}{12}=28.67(\text{h})$$

$$M_J=\frac{210+223+226+258+250+261+246+268+272+221+236+246}{12}=243.08(\text{min})$$

2. 先进平均工时计算：

$$M'_R=\frac{24+25+23+26+27+24+26}{7}=25(\text{h})$$

$$M'_J=\frac{210+223+226+221+236}{5}=223.2(\text{min})$$

3. 平均先进工时计算：

人工：$\frac{28.67+25}{2}=26.84(\text{h})$

机械：$\frac{243.08+223.2}{2}=233.14(\text{min})$

4. 确定施工定额：

人工：时间定额 $=\frac{26.84}{7}=3.83$（工日/m^3）

产量定额 $=1/3.83=0.26$（m^3/工日）

机械：时间定额 $=\frac{233.14}{60\times7}=0.56$（台班/$m^3$）

产量定额 $=1/0.56=1.79$（m^3/台班）

5. 计算标准偏差，评价定额水平：

由公式 $\delta=\sqrt{\frac{\sum_{i=1}^{n}(M-t_i)^2}{n}}$ 得：

人工：$\delta=\sqrt{\frac{\sum_{i=1}^{n}(M-t_i)^2}{n}}=\sqrt{\frac{\sum_{i=1}^{n}(28.67-t_i)^2}{12}}=4.66$

$$\lambda=\frac{T-M}{\delta}=\frac{26.84-28.67}{4.66}=-0.39$$

查表得 $P(-0.39)=34.4\%$，即34.4%的工人能够完成定额。

机械：$\delta=\sqrt{\frac{\sum_{i=1}^{n}(M-t_i)^2}{n}}=\sqrt{\frac{\sum_{i=1}^{n}(243.08-t_i)^2}{12}}=19.13$

$$\lambda=\frac{T-M}{\delta}=\frac{233.14-243.08}{19.13}=-0.52$$

查表得 $P(-0.52)=30.2\%$，即30.2%的机械能够完成定额。

由上述计算得知：34.4%的工人能够完成定额，30.2%的机械能够完成定额，即有65.6%的工人和69.8%的机械达不到定额水平，证明该定额水平是平均先进水平，大多数（60%～

80%）工人要经过努力才能达到。

【案例八】

测算某工作的施工定额，各专家的测时数据表明，完成某工作的所需时间数据如下表：

项目内容	组数								
	1	2	3	4	5	6	7	8	9
完成的工程量（件）	15	25	30	10	15	20	25	30	20
总时间（h）	34.5	65	81	21	33	48	68	84	50
平均时间（h）	2.3	2.6	2.7	2.1	2.2	2.4	2.72	2.8	2.5

问题：

1. 求出施工定额。
2. 用较高精度的方法求出施工定额。
3. 用评价定额水平的方法求出施工定额。

解题思路：

本案例主要考查编制劳动定额的计算方法。根据题目要求的三个问题可知，求施工定额应采用算术平均法；用较高精度的方法求施工定额应采用加权平均法；用评价定额水平的方法求出施工定额应采用统计分析法计算，并评价定额水平。

参考答案：

1. 求施工定额

测时数列算术平均值：$x=\dfrac{2.3+2.6+2.7+2.1+2.2+2.4+2.72+2.8+2.5}{9}=2.48$

时间定额：$\dfrac{2.48}{8}=0.31$（工日/件）

产量定额：$\dfrac{1}{0.31}=3.23$（件/工日）

2. 用较高精度的方法求出施工定额

测时数列加权平均值：$\bar{x}=\dfrac{34.5+65+81+21+33+48+68+84+50}{15+25+30+10+15+20+25+30+20}=2.55$

时间定额：$\dfrac{2.55}{8}=0.32$（工日/件）

产量定额：$\dfrac{1}{0.32}=3.13$（件/工日）

3. 用评价定额水平的方法求出施工定额

先进平均工时：$\dfrac{34.5+21+33+48+50}{15+10+15+20+20}=2.33$

平均先进定额工时：$\dfrac{2.55+2.33}{2}=2.44$

时间定额：$\dfrac{2.44}{8}=0.305$（工日/件）

产量定额：$\dfrac{1}{0.305}=3.28$（件/工日）

$$\delta=\sqrt{\frac{\sum_{i=1}^{n}(M-t_i)^2}{n}}=\sqrt{\frac{\sum_{i=1}^{n}(2.55-t_i)^2}{9}}=0.24$$

$$\lambda=\frac{T-M}{\delta}=\frac{2.44-2.55}{0.24}=-0.46$$

查完成工作的概率与标准离差系数表得 $P(-0.46)=0.32$，有32%的工人可达到定额水平，有68%的工人达不到定额，证明该定额水平是平均先进，大多数(60%～80%)工人要经过努力才能达到。

【案例九】

用工作量写实法，确定自卸汽车运输路基土方(装载机装车)的机械定额。各项基础参数如下表所示：

项　目	装车时间	卸车时间	调位时间	等待时间	运行时间	
					重载	空车
时间消耗(min)	3.305	1.325	1.250	1.000	11.952	10.676

问题：

1. 假定时间利用系数为0.9，请问其循环工作时间和台班循环次数是多少？

2. 假定自卸汽车的车厢容积为 $8m^3$，每天施工12h，每天准备机具和保养等消耗的时间为10min，试计算其每1 000m^3 时间定额。

解题思路：

本案例主要考核机械定额的编制及计算方法。

1. 确定机械1小时纯工作正常生产率

机械纯工作的工作时间就是定额时间：满载和有根据降低负荷的工作时间、不可避免的无负荷工作时间、必要的中断时间。

循环工作时间＝装车时间＋卸车时间＋调位时间＋等待时间＋运行时间

2. 确定机械的正常利用系数

3. 计算施工机械定额

机械台班产量定额＝机械1小时纯工作正常生产率×工作班纯工作时间

或：

机械台班产量定额＝机械1小时纯工作正常生产率×工作班延续时间×机械正常利用系数

参考答案：

1. 计算循环工作时间

循环工作时间＝装车、卸车、调位、等待、运行所消耗的时间之和，即：

3.305＋1.325＋1.250＋1.000＋11.952＋10.676＝29.508(min)

2. 计算台班循环次数

台班循环次数＝台班工作时间×时间利用系数÷循环工作时间，即：

8×60×0.9÷29.508＝14.64(次)

3. 计算时间定额

每天施工12h，自卸汽车的循环次数：

$(12 \times 60 - 10) \times 0.9 \div 29.508 = 21.655$(次)

每天完成的土方数量为：

$21.655 \times 8 = 173.241(m^3)$

时间定额为：$12 \div 8 \div 173.241 \times 1\ 000 = 8.658$(台班/1 000$m^3$)

【案例十】

某路基土方工程，设计计算有天然密实方 6 000m^3，采用 0.5m^3 的反铲挖掘机挖土，载质量 5t 的自卸汽车运土，经现场测试的有关数据如下：

1. 假设土的松散系数为 1.2，松散状态密度为 1.65t/m^3；

2. 假设挖掘机的铲斗充盈系数为 1.0，每循环 1 次为 2min，机械时间利用系数为 0.85；

3. 自卸汽车每 1 次装卸往返需 24min，时间利用系数为 0.80(注"时间利用系数"仅限于计算机械定额时使用)。

问题：

1. 所选挖掘机、自卸汽车的台班产量是多少？

2. 所需挖掘机、自卸汽车各多少个台班？

3. 完成 1 000m^3 天然密实土，挖掘机、自卸汽车的时间定额？

4. 如果要求在 20 天内完成土方工程，至少需用多少台挖掘机和自卸汽车？

解题思路：

本例主要考查机械台班定额消耗量的确定。

1. 确定机械纯工作 1 小时的正常生产率。对于循环动作的机械，计算公式为：

机械纯工作 1 小时的正常生产率 = 机械纯工作 1 小时正常循环次数 × 1 次循环产量

2. 确定机械的正常利用系数。即确定机械在工作班内对工作时间的利用率。

3. 计算机械台班定额。计算公式为：

施工机械台班产量定额 = 机械 1 小时纯工作正常生产率 × 工作班纯工作时间

= 机械 1 小时纯工作正常生产率 × 工作班延续时间 × 机械正常利用系数

$$施工机械时间定额 = \frac{1}{机械台班产量定额}$$

参考答案：

问题 1：

计算挖掘机台班产量为：

每小时正常循环次数 $= 60 \div 2 = 30$(次)

纯工作 1 小时正常生产率 $= 30 \times 0.5 \times 1.0 = 15(m^3/h)$

时间利用系数 = 0.85

台班产量 $= 8 \times 0.85 \times 15 = 102$($m^3$/台班)

计算自卸汽车台班产量为：

每小时正常循环次数 $= 60 \div 24 = 2.5$(次)

纯工作 1 小时正常生产率 $= 2.5 \times 5 \div 1.65 = 7.58(m^3/h)$

(注：此处注意土壤的质量与体积的换算，即 1m^3 = 1.65t。)

时间利用系数 = 0.80

台班产量 = 8 × 0.80 × 7.58 = 48.51(m^3/台班)

问题 2：

所需挖掘机台班数：

6 000 ÷ 102 = 58.82(台班)

所需自卸汽车台班数：

6 000 × 1.20 ÷ 48.51 = 148.42(台班)

(注：此处注意开挖是天然密实方，而运输是按松散状态计算。)

问题 3：

每 1 000m^3 天然密实土挖掘机的时间定额：

1 000 ÷ 102 = 9.804(台班/1 000m^3)

每 1 000m^3 天然密实土自卸汽车的时间定额：

1 000 × 1.20 ÷ 48.51 = 24.737(台班/1 000m^3)

问题 4：要求在 20 天内完成土方工程，则

需用挖掘机台数为：58.82 ÷ 20 = 2.94(台)，四舍五入取 3 台。

需用自卸汽车台数为：148.42 ÷ 20 = 7.42(台)，四舍五入取 8 台。

【案例十一】

某矩形混凝土板，板长 10m，板宽 1m，高 0.4m，采用 5cm 厚模板预制，考虑底模，支撑用料为模板的 20%，按 5 次周转摊销，锯材的场内运输及操作损耗为 15%。

问题：

试计算该混凝土板每 10m^3 实体应摊销锯材多少立方米。

解题思路：

本例主要考查材料消耗量的编制。

$$Q = A\frac{(1+k)}{nV}$$

式中：Q——周转材料的单位定额用量(m^3 或 kg/m^3)；

A——周转材料的图纸总用量，如一套模板的总量(kg 或 m^3)；

k——场内运输及操作损耗(%)，可通过施工实践测定；

n——周转及摊销次数；

V——工程设计实体(m^3)。

参考答案：

预制模板的单位定额用量：

$$Q = \frac{(10\times1+2\times10\times0.4+2\times1\times0.4)\times0.05\times(1+20\%)\times(1+15\%)}{5\times10\times0.4\times1.0} = 0.65(m^3)$$

则每 10m^3 实体的混凝土应摊销的锯材为 0.65m^3。

【案例十二】

18cm 厚 5% 水泥稳定碎石基层，定额单位 1 000m^2，已知水泥稳定碎石基层的干密度为

2.1t/m³,碎石的干密度为1.45t/m³,碎石的堆积密度为1.5t/m³,碎石和水泥的场内运输及操作损耗率为2%。

问题:

求水泥、碎石的定额用量,并计算材料总重量。

解题思路:

本案例主要考查材料消耗量的编制,按公式 $Q = \frac{V\rho_{11}K}{\rho_1}$ 得到材料的净用量,定额用量 = 材料净用量 ×(1 + 场内运输及操作损耗率)。

式中:Q——每1 000m² 路面,需要耗用某种材料的数量(kg 或 m³);

V——路面铺筑体积(m³);

ρ_{11}——路面压实混合料干密度(kg/m³);

ρ_1——材料松方干密度(kg/m³);

K——材料的含量(%)。

参考答案:

水泥:$\frac{0.18 \times 1\,000 \times 2.1 \times 0.05}{1.0} \times 1.02 = 19.278(\text{t})$

碎石:$\frac{0.18 \times 1\,000 \times 2.1 \times 0.95}{1.45} \times 1.02 = 252.61(\text{m}^3)$

材料总重量 = 19.278 + 252.61 × 1.5 = 398.193(t)

【案例十三】

某浆砌料石桥台工程,定额测定资料如下:

1. 完成每立方米浆砌料石桥台工程的基本工作时间为7.9h;

2. 辅助工作时间、准备与结束时间、不可避免的中断时间和休息时间分别占浆砌料石桥台工程定额时间的3%、2%、2%、16%;

3. 每10m³ 浆砌料石桥台需要消耗砌筑M7.5水泥砂浆3.93m³,勾缝M10砂浆0.25m³,细料石11.0m³,水0.79m³;

4. 每10m³ 浆砌料石桥台需要消耗200L砂浆搅拌机0.66台班;

5. 人工幅度差10%,机械幅度差50%。

6. 该地区有关资源的预算价格如下:

(1)人工单价为25元/工日;

(2)32.5级水泥的预算单价350元/m³;

(3)料石的预算单价为108元/m³;

(4)水的预算单价为1.5元/m³;

(5)电的预算单价为0.8元/kW·h;

(6)中(粗)砂的预算单价为50元/m³。

问题:

1. 确定浆砌料石桥台每立方米的人工时间定额和产量定额。

2. 若预算定额的其他用工占基本用工12%,试编制该分项工程的补充预算定额(定额单位为 10 m^3)。

解题思路:

本案例主要考核劳动定额的编制,预算定额单价的组成和确定方法。

1. 首先确定完成每立方米浆砌料石桥台的定额时间 X:

X = 基本工作时间 + 辅助工作时间 + 准备与结束工作时间 + 不可避免的中断时间 + 休息时间

2. 计算完成每立方米浆砌料石桥台的人工时间定额和产量定额:

时间定额 = 定额时间/每工日的工时数 = $X/8$(工日/m^3);

产量定额 = 1/时间定额

3. 预算定额由人工、主要材料和施工机械的消耗量构成。人工消耗量由施工定额中劳动定额及其他用工乘以幅度差确定;主要材料消耗量根据测定的数量确定,砌筑砂浆和勾缝砂浆以及细料石的场内运输及操作损耗分别为 2.5%、4% 和 1%,砂浆的配合比见基本定额;施工机械消耗量由施工定额中的机械定额乘以幅度差确定。

人工用量 = 基本用工 ×(1 + 其他用工比例)×(1 + 幅度差)

4. 定额直接费 = 定额消耗量 × 定额规定的人工、材料、机械台班单价

直接费 = 定额消耗量 × 工程所在地的人工、材料、机械台班单价

参考答案:

1. 确定浆砌料石桥台每立方米的人工时间定额和产量定额:

假设砌筑每立方米浆砌料石桥台的定额时间为 X,则:

$X = 7.9 + (3\% + 2\% + 2\% + 16\%)X$

$X = 10.26$(工时)

浆砌料石桥台的人工时间定额 = 10.26/8 = 1.283(工日/m^3);

产量定额 = 1/1.283 = 0.779(m^3/工日)

2. 补充预算定额

每 10 m^3 浆砌料石桥台中:

人工数量:1.283 ×(1 + 12%)×(1 + 10%)× 10 = 15.81(工日)

32.5 级水泥数量:0.292 × 3.93 ×(1 + 2.5%)+ 0.342 × 0.25 ×(1 + 4%)= 1.265(t)

水数量:0.79(m^3)

细料石:11 ×(1 + 1%)= 11.11(m^3)

中(粗)砂:1.09 × 3.93 ×(1 + 2.5%)+ 1.07 × 0.25 ×(1 + 4%)= 4.669(m^3)

200L 砂浆搅拌机:0.66 ×(1 + 50%)= 0.99(台班)

【案例十四】

编制施工图预算时,某工程细目的人工费、材料费和机械使用费分别是 10 万元、30 万元、20 万元,又已知其他工程费综合费率Ⅰ为 10%、Ⅱ为 5%,间接费中规费费率为 40%、企业管理费综合费率是 15%,利润率按照编制办法取,综合税率为 3.41%,试计算该工程细目的建筑安装工程费。(计算保留两位小数)

解题思路:

本案例主要考核公路工程施工图预算费用中建筑安装工程费的计算,以及各费用的计费

基数。

参考答案：

直接工程费 = 10 + 30 + 20 = 60 万元

其他工程费 = 60 × 10% + (10 + 20) × 5% = 7.5 万元

直接费 = 60 + 7.5 = 67.5 万元

规费 = 10 × 40% = 4 万元

企业管理费 = 67.5 × 15% = 10.13 万元

间接费 = 4 + 10.13 = 14.13

利润 = (67.5 + 14.13 − 4) × 7% = 5.43 万元

税金 = (67.5 + 14.13 + 5.43) × 3.41% = 2.97 万元

建筑安装工程费 = 67.5 + 14.13 + 5.43 + 2.97 = 90.03 万元

【案例十五】

××高速公路第×合同段共长 16.76km，路基宽度为 26m，两端分别为 2.46km 和 3.40km，穿越丘陵地带，土壤为普通土；中间 10.90km，穿越农田、果林，绝大部分为填方地段。

路基土、石方工程量如下：

挖方（天然密实方）：开挖土方（普通土）262 826m^3；

开炸石方（次坚石）1 444 007m^3；

石方弃方远运 3km，400 000m^3。

填方（压实方）：利用土填方 226 574m^3（远运 4.0km）；

利用石填方 1 135 109m^3（远运 4.5km）；

借土填方 210 576m^3（普通土远运 5km）。

其他零星工程应摊入填、挖单价内的有：

耕地填前压实计 260 000m^2 按填方比例分摊：

利用土方填方 39 000m^2；

利用石方填方 187 200m^2；

借土填方 33 800m^2。

整修路基分摊到填、挖方单价中：

项　目	整修路拱（m^2）	整修边坡（km）
挖土方	22 854	0.88
开炸石方	129 506	4.98
利用土方填方	42 510	1.63
利用石方填方	204 048	7.85
借土填方	36 842	1.42

填方地段为保证路基边缘压实度每边加宽的填方，完工后应刷坡计 80 000m^3，分摊到填方单价内。

利用土方填方 12 000m^3；

利用石方填方 57 600m^3；

借土填方 10 400m³。

问题：

1. 简要叙述该段路基土、石方工程的施工方法。

2. 计算上列工程量清单的项目数量、定额代号。

解题思路：

本案例主要考核路基土、石方施工方法的选择，各种土、石方施工机械的经济范围及各种机械的合理组合；路基土、石方挖方，填方，利用方等各项工程量清单的构成。

参考答案：

该高速公路路基土、石方工程，挖方和填方都比较集中，利用方和借方运距达 4 ~ 5km，因此，施工方法采用大型土、石方机械施工较为合适。路基土、石方挖运宜采用 165kW 以内推土机推运和集料，3m³ 装载机装料，15t 自卸汽车运输。填方选用平地机平整、重振动压路机碾压，符合高速公路施工进度和质量要求。

工程量清单所包括的工程细目、工程量、定额表号、调整系数。

1. 开挖路基土方（262 826m³）

序号	工程细目		单位	定额代号	工程量	定额调整系数
1	165kW 以内推土机推土方	第一个 20m	1 000m³	10101017	262.826	
		每增运 10m	1 000m³	10101020	262.826	
2	整修边坡		km	10120003	0.88	
3	整修路拱		1 000m²	10120001	22.854	

2. 开挖路基石方（14 440 070m³）

序号	工程细目		单位	定额代号	工程量	定额调整系数
1	165kW 以内推土机推石方	第一个 20m	1 000m³	10115019	14 440.07	
		每增运 10m	1 000m³	10115022	14 440.07	
2	3m³ 装载机装石（弃方）		1 000m³	10110009	400	
3	15t 以内自卸汽车运石方	第一个 1km	1 000m³	10111049	400	
		每增运 0.5km	1 000m³	10111050	400	4
4	整修边坡		km	10120003	4.98	
5	整修路拱		1 000m²	10120001	129.506	

3. 利用土方填方（226 574m³）

序号	工程细目		单位	定额代号	工程量	定额调整系数
1	3m³ 装载机装土		1 000m³	10110003	226.574	1.16
2	15t 以内自卸汽车运土方	第一个 1km	1 000m³	10111021	226.574	1.19
		每增运 0.5km	1 000m³	10111022	226.574	6 × 1.19
3	土方碾压		1 000m³	10118005	226.574	
4	耕地填前压实		1 000m²	10105003	39	
5	刷坡		100m³	10121002	120	
6	整修边坡		km	10120003	1.63	
7	整修路拱		1 000m²	10120001	42.51	

4. 利用石方填方(1 135 109m³)

序号	工程细目		单 位	定额代号	工程量	定额调整系数
1	$3m^3$ 装载机装石		1 000m^3	10110009	1 135.109	0.92
2	15t 以内自卸汽车运石方	第一个 1km	1 000m^3	10111049	1 135.109	0.92
		每增运 0.5km	1 000m^3	10111050	1 135.109	7×0.92
3	石方碾压		1 000m^3	10118018	1 135.109	
4	耕地填前压实		1 000m^2	10105003	187.2	
5	刷坡		100m^3	10121002	576	
6	整修边坡		km	10120003	7.85	
7	整修路拱		1 000m^2	10120001	204.048	

5. 借土方填方(210 576m³)

序号	工程细目		单 位	定额代号	工程量	定额调整系数
1	165kW 以内推土机推集土方		1 000m^3	10101017	210.576	1.16×0.8
2	$3m^3$ 装载机装土		1 000m^3	10110003	210.576	1.16
3	15t 以内自卸汽车运土方	第一个 1km	1 000m^3	10111021	210.576	1.19
		每增运 0.5km	1 000m^3	10111022	210.576	8×1.19
4	土方碾压		1 000m^3	10118005	210.576	
5	耕地填前压实		1 000m^2	10105003	33.8	
6	刷坡		100m^3	10121002	104	
7	整修边坡		km	10120003	1.42	
8	整修路拱		1 000m^2	10120001	36.842	

【案例十六】

某地拟建一条高速公路，根据交通量需要和全寿命周期成本控制的要求，设计单位提出了A(沥青混凝土路面)、B(水泥混凝土路面)两个方案进行比选，面层数量为710 850m^2、基层数量为771 780m^2、垫层数量为832 710m^2。为对两个方案进行深入比选，设计单位进行了认真的调查研究和分析，有关情况如下：

1. 公路通车年建设成本为：沥青混凝土面层120 元/ m^2、水泥混凝土面层85 元/ m^2、路面基层45 元/ m^2、路面垫层28 元/ m^2，公路使用寿命为100 年，预计沥青混凝土路面每15 年大修一次，水泥混凝土路面每10 年大修一次，大修费用按重新铺筑面层计算。

2. 旧路面挖除费用为：A 方案4.5 元/ m^2、B 方案8.0 元/ m^2。

3. 假定社会成本为：A 方案500 000 元/年、B 方案1 000 000 元/年。

4. 每次大修时，将增加有关社会和经济成本：预计将减少收费收入100 万元，增加燃油损耗、时间损失等社会成本200 万元。

问题：

假设两个方案营运养护管理成本相等，社会折现率取5%，请从全寿命周期成本的角度，选择经济合理的方案。

解题思路：

本案例主要考核资金的时间价值计算。要求熟练掌握资金的年值、现值和终值之间的换算。

参考答案：

1. 建设成本的计算

A 方案：$120 \times 710\ 850 + 45 \times 771\ 780 + 28 \times 832\ 710 = 143\ 347\ 980$（元）

B 方案：$85 \times 710\ 850 + 45 \times 771\ 780 + 28 \times 832\ 710 = 118\ 468\ 230$（元）

2. 大修成本的计算

A 方案：$(120 \times 710\ 850 + 4.5 \times 710\ 850 + 1\ 000\ 000 + 2\ 000\ 000) \times \dfrac{(1+5\%)^{100} - (1+5\%)^{10}}{[(1+5\%)^{15} - 1] \times (1+5\%)^{100}}$

$= 91\ 500\ 825 \times 0.915\ 4 = 83\ 759\ 855$（元）

B 方案：$(85 \times 710\ 850 + 8 \times 710\ 850 + 1\ 000\ 000 + 2\ 000\ 000) \times \dfrac{(1+5\%)^{100} - (1+5\%)^{10}}{[(1+5\%)^{10} - 1] \times (1+5\%)^{100}}$

$= 69\ 109\ 050 \times 1.570\ 4 = 108\ 528\ 852$（元）

3. 社会成本计算

A 方案：$500\ 000 \times \dfrac{(1+5\%)^{100} - 1}{5\% \times (1+5\%)^{100}} = 500\ 000 \times 19.847\ 9 = 9\ 923\ 950$（元）

B 方案：$1\ 000\ 000 \times \dfrac{(1+5\%)^{100} - 1}{5\% \times (1+5\%)^{100}} = 1\ 000\ 000 \times 19.847\ 9 = 19\ 847\ 900$（元）

4. 确定项目全寿命周期成本

A 方案：$143\ 347\ 980 + 83\ 759\ 855 + 9\ 923\ 950 = 237\ 031\ 785$（元）

B 方案：$118\ 468\ 230 + 108\ 528\ 852 + 19\ 847\ 900 = 246\ 844\ 982$（元）

5. 确定合理方案

由于 237 031 785 元 < 246 844 982 元，因此 A 方案比 B 方案经济（即应选择沥青混凝土路面设计方案）。

【案例十七】

××公路工程中路面基层为 30cm 厚的石灰砂砾土，计 350 000 m^2，拟分为二层施工。底层厚度为 15cm，采用稳定土拌和机拌和施工；上层厚度为 15cm，采用厂拌法施工，15t 自卸汽车运 5km，石灰含量均为 5%。

问题：

1. 确定该项目的定额。

2. 分析两种施工方法所需主要机械设备的型号和数量。

注：假定基层施工期为 6 个月，每月工作日 22 天，机械设备幅度差 1.43（指施工产量定额换算为预算定额的幅度差）；厂拌法施工所需稳定土厂拌设备安装、拆除以及场地清理、平整、垫层、碾压不包括在内。

解题思路：

本案例主要考核对于两种不同的施工方法应如何选用定额。机械设备的数量一般可按下式计算：

数量 = 按定额计算的消耗量 ÷ 施工期（天）÷ 幅度差 ÷ 每天工作时间

参考答案：

1. 石灰砂砾土定额项目：

序号	工程细目	单位	数量	定额代号	定额调整
1	15cm 石灰砂砾土基层(路拌)	1 000m²	350	20103025	12 ~ 15t 光轮压路机(1078):-0.18
2	15cm 石灰砂砾土基层(厂拌)	1 000m²	350	20107019	
3	15t 自卸汽车运第一个 1km	1 000m³	52.5	20108021	
4	15t 自卸汽车每增运 0.5km	1 000m³	52.5	20108022	定额 ×8
5	机械铺筑	1 000m²	350	20109003	

2. 施工 6 个月,每月工作日 22 天,机械设备幅度差 1.43,定额消耗量除以 $6 \times 22 \times 1.43 = 188.76$,即为每天一班工作制所需的施工机械数量。

计算结果如下:

机械设备名称	5cm 石灰砂砾土基层(路拌)		15cm 石灰砂砾土基层(厂拌)		施工机械消耗量合计	计划一班工作制配备台数
	定额	消耗量	定额	消耗量		
120kW 平地机	0.37	129.5	0.37	129.5	259	2
6 ~ 8t 光轮压路机	0.27	94.5	0.14	49	143.5	1
12 ~ 15t 光轮压路机	1.27 ~ 0.18	381.5	1.27	444.5	826	5
235kW 稳定土拌和机	0.29	101.5			101.5	1
6 000L 洒水汽车	0.88	308	0.31	108.5	416.5	3
3m³ 装载机			0.41	143.5	143.5	1
300t/h 稳定土厂拌设备			0.21	73.5	73.5	1
15t 自卸汽车第一个 1km			5.9	309.75	586.95	4
15t 自卸汽车增运 0.5km			0.66	277.2		

【案例十八】

由 × × 公路工程公司承担基坑土方施工,基坑深为 4.0m,土方量为 15 000m³,运土距离按平均 5km 计算,计算工期为 10 天,公司现有斗容量 0.5 m³、0.75 m³、1.00 m³ 液压挖掘机各两台及 4t、8t、15t 自卸汽车各 10 台,其主要参数如下:

挖掘机:

型号	WY50	WY75	WY100
斗容量(m³)	0.5	0.75	1.00
台班产量(m³)	420	558	690
台班价格(元/台班)	475	530	705

自卸汽车:

载重能力	4t	8t	15t
运距 5km 台班产量(m³)	40	62	103
台班价格(元/台班)	296	411	719

问题:

1. 挖掘机与自卸汽车按表中型号只能各取一种,如何组合最经济? 其 1 m³ 土方挖、运、卸的直接费用为多少元?

2. 若按两班制组织施工，则需要配备几台挖掘机和几台自卸汽车？

3. 按照确定的机械配备，完成基坑土方开挖任务需要多长时间？

解题思路：

按单位费用最低的原则选取机械型号，计算直接费和机械需要量。

参考答案：

1. 最经济组合

挖掘机挖 $1m^3$ 土的费用为：WY50：$475 \div 420 = 1.13$（元/m^3）

WY75：$530 \div 558 = 0.95$（元/m^3）

WY100：$705 \div 690 = 1.02$（元/m^3）

自卸汽车运 $1m^3$ 土的费用为：4t：$296 \div 40 = 7.40$（元/m^3）

8t：$411 \div 62 = 6.63$（元/m^3）

15t：$719 \div 103 = 6.98$（元/m^3）

因此，最经济的组合应该是 WY75 挖掘机与 8t 自卸汽车，其 1 m^3 土方挖、运、卸的直接费用为：

$0.95 + 6.63 = 7.58$（元/m^3）

2. 每天需要的挖掘机和自卸汽车数量

根据最经济组合，每天需要的挖掘机台数与自卸汽车台数的比例为：$558 \div 62 = 9$，即每台 WY75 挖掘机配备 9 台 8t 自卸汽车。

$15\,000 \div (558 \times 10 \times 2) = 1.34$（台）

取每天配备 WY75 挖掘机 2 台，则每天需 8t 自卸汽车 $2 \times 9 = 18$（台），由于该施工单位仅有 10 台 8t 自卸汽车，因此，应考虑用 15t 自卸汽车来代替，每天需 15t 自卸汽车 $8 \times 62 \div 103 = 4.82$（台），按 5 台配备。

即，每天配备 WY75 挖掘机 2 台，8t 自卸汽车 10 台，15t 自卸汽车 5 台。

3. 按照上述机械配备，完成此基坑开挖工程需要的工期

按挖掘机计算的工期为：$15\,000 \div (558 \times 2 \times 2) = 6.72$（天）

按自卸汽车计算的工期为：$15\,000 \div (62 \times 10 \times 2 + 103 \times 5 \times 2) = 6.61$（天）

即，完成基坑土方开挖需 6.72 天。

【案例十九】

××高速公路路基土、石方工程，计有挖土方 3 000 000 m^3，其中松土 500 000 m^3、普通土 1 500 000 m^3、硬土 1 000 000 m^3。利用开挖土方作填方用，计天然密实方松土 300 000 m^3、普通土 1 000 000 m^3、硬土 500 000 m^3。开炸石方计 1 000 000 m^3，利用开炸石方作填方用，计天然密实方 300 000 m^3、填方计压实方 4 000 000 m^3。

问题：

1. 计算路基设计断面方数量。

2. 计算计价方数量。

3. 计算利用方数量（压实方）。

4. 计算借方数量（压实方）。

5. 计算弃方数量。

解题思路：

本案例主要考核关于土、石方数量的几个概念性问题以及相互之间的关系，天然密实方与压实方之间的关系等。

设计断面方 = 挖方（天然密实方）+ 填方（压实方）

计价方 = 挖方（天然密实方）+ 填方（压实方）－利用方（压实方）

= 挖方（天然密实方）+ 借方（压实方）

借方 = 填方（压实方）－利用方（压实方）

弃方 = 挖方（天然密实方）－利用方（天然密实方）

参考答案：

1. 路基设计断面方数量：

3 000 000 + 1 000 000 + 4 000 000 = 8 000 000（m^3）

2. 计价方数量：

8 000 000 －（300 000 ÷ 1.23 + 1 000 000 ÷ 1.16 + 500 000 ÷ 1.09 + 300 000 ÷ 0.92）

= 6 109 226（m^3）

3. 利用方数量：

300 000 ÷ 1.23 + 1 000 000 ÷ 1.16 + 500 000 ÷ 1.09 + 300 000 ÷ 0.92 = 1 890 774（m^3）

4. 借方数量：

4 000 000 － 1 890 774 = 2 109 226（m^3）

5. 弃方数量：

3 000 000 + 1 000 000 －（300 000 + 1 000 000 + 500 000 + 300 000）= 1 900 000（m^3）

【案例二十】

××地区有一山岭重丘区高速公路，路基土方挖方土质为普通土，平均运距 30m 的有 1 000 000 m^3，平均运距 50m 的有 1 000 000 m^3，平均运距 200m 的有1 000 000 m^3，平均运距 3 000m的有 1 000 000 m^3。

问题：

1. 计算挖土方的平均运距。

2. 提出全部合理的机械化施工方式。

3. 提出不同机械施工方式的预算定额工程细目名称、定额表号。

解题思路：

本案例主要考核关于土、石方工程机械的经济运距，以及机械规格型号的选择。一般来讲，工程量较大的土、石方施工应选择大功率或大吨位的施工机械，工程量小的土、石方施工应选择小功率或小吨位的施工机械。因此，本案例推土机选用 135～240kW 均属正确；铲运机选用10～12 m^3 均属正确；自卸汽车选用 12～15t 均属正确；装载机选用 2～3 m^3 均属正确。

参考答案：

1. 挖土方平均运距：

（30 × 1 000 000 + 50 × 1 000 000 + 200 × 1 000 000 + 3 000 × 1 000 000）÷ 4 000 000 = 820（m）

2. 合理的机械化施工方式：

平均运距 30m 和 50m 的采用推土机施工；

平均运距200m的采用铲运机施工；

平均运距3 000m的采用推土机集土、装载机装土、自卸汽车运输施工。

3. 不同施工方式的预算定额工程细目名称、定额表号：

施工方式	预算定额细目名称		定额代号	单位	数量	调整系数
推土机施工	165kW以内推土机推土	第一个20m	10112018	1 000m^3	2 000	
		每增运10m	10112020	1 000m^3	2000	2
铲运机施工	10m^3以内铲运机铲运土方	第一个20m	10113006	1 000m^3	1 000	
		每增运10m	10113006	1 000m^3	1 000	2
装载机配合自卸汽车施工	165kW以内推土机推松集土		10112018	1 000m^3	1 000	0.8
	3m^3以内装载机装土		10110003	1 000m^3	1 000	
	15t以内自卸汽车运土	第一个1km	10111021	1 000m^3	1 000	
		每增运0.5km	10111022	1 000m^3	1 000	4

【案例二十一】

××高速公路第X合同段15km，路基宽26m，其中挖方路段长4.7km，填方路段长10.5km。招标文件图纸的路基土石方表的主要内容如下：

挖方(m^3)				本桩利用方(m^3)			远运利用(m^3)		借方(m^3)
普通土	硬土	软土	次坚石	普通土	硬土	石方	土方	石方	普通土
265 000	220 000	404 000	340 000	50 000	35 000	105 000	385 000	450 000	600 000

注：表中挖方、利用方指天然密实方；借方指压实方。

根据招标文件技术规范规定，路基挖方包括土石方的开挖和运输，路基填筑包括土石方的压实，借土填方包括土方的开挖、运输和压实费用，工程量清单格式如下：

细目编号	细目名称	单位	数量	单价	金额
203－1－a	挖土方	m^3			
203－1－b	挖石方	m^3			
204－1－a	利用土方填土	m^3			
204－1－b	利用石方填土	m^3			
204－1－c	借土填方	m^3			

问题：

1. 请计算各支付细目的计量工程数量。

2. 请计算各支付细目应分摊的整修路拱和整修边坡的工程数量。

解题思路：

注意挖方数量为天然密实方，填方数量为压实方，要考虑调整系数。

公路等级	土方				石方
	松土	普通土	硬土	运输	
二级及以上等级公路	1.23	1.16	1.09	1.19	0.92
三、四级公路	1.11	1.05	1.00	1.08	0.81

参考答案：

1.计量工程数量的计算

考虑到实际计量支付以断面进行计量。故挖方数量为天然密实方，填方数量为压实方，并据此计算清单计量工程数量。

203－1－a 挖土方：265 000＋220 000＝485 000（m^3）

203－1－b 挖石方：404 000＋34 000＝744 000（m^3）

204－1－a 利用土方：［（50 000＋385 000）－（220 000－35 000）］÷1.16＋22 000÷1.09
＝417 352（m^3）

204－1－b 利用石方：（105 000＋450 000）÷0.92＝603 261（m^3）

204－1－c 借土填方：600 000（m^3）

2.各支付细目分摊的整修路拱的工程数量计算

挖方总量：485 000＋744 000＝1 229 000（m^3）

填方总量：417 352＋603 261＋600 000＝1 620 613（m^3）

203－1－a 挖土方：4 500×26×（485 000÷1229 000）＝46 172（m^3）

203－1－b 挖石方：4 500×26×（744 000÷1 229 000）＝70 828（m^3）

204－1－a 利用土方：10 500×26×（417 352÷1 620 613）＝70 305（m^3）

204－1－b 利用石方：10 500×26×（603 261÷1 620 613）＝101 622（m^3）

204－1－c 借土填方：10 500×26×（600 000÷1 620 613）＝101 073（m^3）

3.各支付细目分摊的整修边坡的工程数量计算

203－1－a 挖土方：4.5×（485 000÷1 229 000）＝1.776（km）

203－1－b 挖石方：4.5×（744 000÷1 229 000）＝2.724（km）

204－1－a 利用土方：10.5×（417 352÷1 620 613）＝2.704（km）

204－1－b 利用石方：10.5×（603 261÷1 620 613）＝3.909（km）

204－1－c 借土填方：10.5×（600 000÷1 620 613）＝3.887（km）

【案例二十二】

某高速公路沥青路面项目，路线长 36km，行车道宽 22m，沥青混凝土厚度 18cm。在距离路线两段 1/3 处各有 1 处较平整场地适宜设置沥青拌和场，上路距离均为 200m，根据经验估计每设置 1 处拌和场的费用为 90 万元。施工组织提出了设 1 处和设 2 处拌和场的两种施工组织方案进行比较。

问题：

假设施工时工料机价格水平与定额基价一致，请从经济角度出发，选择费用较省的施工组织方案。

解题思路：

本案例主要考虑综合平均运距的确定，而综合平均运距与需要运输的数量有关。以此题为例，假设需要运输的沥青混凝土数量为 1m^3，则综合平均运距计算方式为：

1.混合料综合平均运距计算

设置 1 处拌和场：

拌和场设置在路线 1/3 处，距路线起、终点分别为 12km 和 24km，平均运距分别为 6km 和

12km，其混合料综合平均运距为：

(36÷3×36÷3÷2+36÷3×2÷2)÷36+0.2=10.2(km)

设置2处拌和场：

拌和场设置在距离路线两端1/3处，两个拌和场供料范围均为18km，每个拌和场距其供料路段的起、终点分别为12km和6km，平均运距分别为6km和3km，其混合料综合平均运距为：

(36÷3×36÷3÷2+36÷3÷2÷2)×2÷36+0.2=5.2(km)

2. 混合料运输费用计算

混合料工程量=0.18×22×36 000=142 560(m^3)

设置1处拌和场混合料运输费用为：

(5 473+425×18)×142 560÷1 000=1 871 996(元)

设置2处拌和场时混合料运输费用为：

(5 473+445×8)×142 560÷1 000=1 287 744(元)

3. 两方案的经济性比较

设置1处拌和场时的综合费用为：

900 000+1 871 996=2 771 996(元)

设置2处拌和场时的费用为：

900 000+1 287 744+900 000=3 087 744(元)

由于设置1处拌和场的综合费用低于设置2处拌和场的综合费用，从经济角度出发，推荐设置1处拌和场的施工组织方案。

【案例二十三】

某公路工程采用沥青混凝土路面，施工图设计的路面为中粒式沥青混凝土混合料，厚度为18cm(4+6+8=18cm)。某标段路线长度25km，面层数量为610 350m^2，在施工过程中，由于某种原因造成中面层施工结束后相隔较长的时间才铺季节性上面层。根据施工组织设计资料，在距路线两端1/3处各有一块比较平坦的场地，且与路线相邻。施工工期为5个月。拌和站场地处理费用不考虑。

问题：

请根据上述资料列出本标段中路面工程造价所涉及的相关定额的名称、单位、定额代号、数量等内容，并填入表格，需要时应列式计算或文字说明。

解题思路：

本案例主要考核根据工程量套用定额，要求对沥青混凝土施工的相关工序较熟悉。综合运距的计算参见【案例二十二】。

参考答案：

1. 面层混合料拌和设备数量计算

沥青路面混合料拌和设备按160t/h考虑，沥青拌和设备利用系数按0.85考虑，混凝土料的重度按2.36t/h计算，拌和设备每天的工作时间按10h计算，工作时间按4个月考虑。则混合料拌和设备的需要量为：

613 500×0.18×2.36÷150÷30÷4÷10÷0.85=1.58(台)。按设置两台拌和设备考虑。

2. 面层混合料综合平均运距

根据施工期安排和工程数量，沿线按设沥青混合料拌和站一处考虑，按设160t/h 沥青拌和设备2台，其混合料综合平均运距为：

25 ÷3 ÷2 ÷3 +25 ÷3 ×2 ÷2 ×2 ÷3 =6.94(km)。按7km 考虑。

序 号	工程细目	定额代号	单 位	数 量	定额调整或系数
1	沥青透层	20216003	1 000m^2	646.971	
2	沥青混凝土面层拌和	20211010	1 000m^3	109.863	
3	15t 自行汽车运第一个1km	20213021	1 000m^3	109.863	
4	15t 自行汽车运每增运0.5km	20213023	1 000m^3	109.863	6
5	沥青混合料摊铺	20214020	1 000m^3	109.863	
6	黏层沥青	20216005	1 000m^2	610.35	
7	沥青混合料拌和设备安拆	20215004	1座	2	

【案例二十四】

某标段高速公路路基土石方设计，无挖方，按断面计算的填方数量为201 000m^3，平均填土高度5.0m，边坡坡度1:1.5。本标段路线长度6km，路基宽度为26m，地面以上范围内填方中40%从其他标段调用，平均运距为3 000m，其他为借方，平均运距为2 000m(均按普通土考虑)。为保证路基边缘的压实度须加宽铺筑，宽填宽度为50cm，完工后要刷坡但不远运。假设填前压实沉陷厚度为15cm，土的压实干密度为1.4t/m^3，自然土的含水量约低于其最佳含水量2%，水的平均运距为1km。

问题：

列出编制本项目土石方施工图预算所需的全部工程细目名称、单位、定额代号、数量等内容，并填入表格，需要时应列式计算。

解题思路：

本案例主要考核根据工程量套用定额，要求对土石方工程量的计算及土石方施工的相关工序较熟悉，确保不漏项。

参考答案：

1. 路基填前压实沉陷增加数量：6 000 ×(26 +5 ×1.5 ×2) ×0.15 =36 900(m^3)

2. 路基宽填增加数量：6 000 ×0.5 ×2 ×5 =30 000(m^3)

3. 实际填方数量：201 000 +30 000 +36 900 =267 900(m^3)

4. 利用方数量：201 000 ×40% =80 400(m^3)

5. 借方数量：267 900 −80 400 =187 500(m^3)

6. 填前压实数量：6 000 ×(26 +5 ×1.5 ×2) =246 000(m^2)

7. 土方压实需加水数量：267 900 ×1.4 ×2% =7 501(m^2)

8. 整修路拱数量：6 000 ×26 =156 000(m^2)

序号	工 程 细 目		定额代号	单 位	数 量	定额调整或系数
1	$3m^3$ 装载机装土(利用方)		10110003	$1\ 000m^3$	80.4	1.16
2	15t 自行汽车运土方(借方)	第一个 1km	10111021	$1\ 000m^3$	80.4	1.19
3		增运 2km	10111022	$1\ 000m^3$	80.4	1.19×4
4	$2m^3$ 挖掘机装土(借方)		10109008	$1\ 000m^3$	187.5	1.16
5	15t 自行汽车运土方(借方)	第一个 1km	10111021	$1\ 000m^3$	187.5	1.19
6		增运 1km	10111022	$1\ 000m^3$	187.5	1.19×2
7	土方碾压		10118004	$1\ 000m^3$	267.9	
8	土方洒水(8 000L 洒水车)		10122009	$1\ 000m^3$	7.501	
9	耕地填前压实		10105004	$1\ 000m^2$	246	
10	刷坡		10121002	$100\ m^3$	300	
11	整修路拱		10120001	$1\ 000m^3$	156	
12	整修边坡		10120003	1km	6	

【案例二十五】

某平原微丘区二级公路,路线总长度为 30km,其路基土、石方工程的设计资料如下表:

序号	项 目 名 称	单 位	数 量	附 注
1	本桩利用土方	m^3	22 000	硬土
2	远运利用土方	m^3	48 000	硬土,运距 250m
3	借土方	m^3	620 000	硬土,运距 4km
4	填土方	m^3	690 000	
5	本桩利用石方	m^3	9 000	软石
6	远运利用石方	m^3	77 000	软石,运距 200m
7	填石方	m^3	93 478	

问题:

1. 计算路基设计断面方、计价方数量。

2. 若编制年工程所在地的各项预算价格,以定额基价为基础上调 10% 计算,编制该路基土、石方的施工图预算建筑安装工程费。(注:其他工程费和间接费不计)

解题思路:

本案例主要考核关于土、石方数量的几个概念性问题以及相互之间的关系,天然密实方与压实方之间的关系以及土石方平衡计算等,建筑安装工程费用的计算方法。

设计断面方 = 挖方(天然密实方) + 填方(压实方)

计价方 = 挖方(天然密实方) + 填方(压实方) - 利用方(压实方)

　　　 = 挖方(天然密实方) + 借方(压实方)

填方(压实方) = 利用方(压实方) + 借方(压实方)

根据已知条件给定的工程量,我们分析发现土方:填方($690\ 000m^3$) = 利用方($22\ 000m^3$ + $48\ 000m^3$) + 借方($620\ 000m^3$),说明土方是平衡的,也就是说已知条件给定的工程量均为压实方。而石方:填方($93\ 437m^3$)大于利用方($9\ 000m^3$ + $77\ 000m^3$),假如已知条件给定的工程量均为压实方，则说明需要借石填筑，显然是不合理的，也不符合公路工程常规要求。假如已知条件给定工程量利用方是天然密实方，是否平衡呢？计算发现如果利用石方是天然密实方是平衡的，即说明已知条件给定的土方部分是压实方，而石方部分利用方是天然密实方，填方是压实方。

参考答案：

1.设计断面方、计价方数量

(1)设计断面方数量：设计断面方数量 = 挖方数量 + 填方数量

挖土方数量：(22 000 + 48 000) × 1.09 = 76 300(m^3)

挖石方数量：9 000 + 77 000 = 86 000(m^3)

填方数量：690 000 + 93 478 = 783 478(m^3)

断面方数量：76 300 + 86 000 + 783 478 = 954 778(m^3)

(2)计价方数量：计价方数量 = 挖方数量 + 借方数量 = 断面方数量 − 利用方数量

76 300 + 86 000 + 620 000 = 782 300(m^3)

或 945 778 − 22 000 − 48 000 − (9 000 + 77 000) ÷ 0.92 = 782 300(m^3)

2.建筑安装工程费

(1)定额基价：

项目名称	定额代号	单位	数量	基价	调整系数	定额直接费(元)
135kW 推土机推土(第一个 20m)	10112015	1 000m^3	22	2 199	1.09	52 732
135kW 推土机推土(增运 10m)	10112016	1 000m^3	22	521	1.09	12 494
8 m^3 铲运机铲土(第一个 100m)	10113003	1 000m^3	48	3 650	1.09	190 968
8 m^3 铲运机铲土(增运 150m)	10113004	1 000m^3	48	434	1.09 × 3	68 121
135kW 推土机推松集土	10112015	1 000m^3	620	2 199	1.09 × 0.8	1 188 867
2 m^3 装载机装土	10110002	1 000m^3	620	1 001	1.09	676 476
12t 自卸汽车运土(第一个 1km)	10111009	1 000m^3	620	4 952	1.12	3 653 586
12t 自卸汽车运土(增运 3km)	10111010	1 000m^3	620	686	1.12 × 6	3 036 785
15t 振动压路机碾压土方	10118009	1 000m^3	690	3 218		2 220 420
135kW 推土机推石(第一个 20m)	10115024	1 000m^3	9	8 944		80 496
135kW 推土机推石(增运 10m)	10115027	1 000m^3	9	1 195		10 755
135kW 推土机推石(第一个 20m)	10115024	1 000m^3	77	8 944	0.8	688 688
1 m^3 装载机装石	10110004	1 000m^3	77	1 585		122 045
机动翻斗车运石(第一个 100m)	10108002	1 000m^3	77	6 453		496 881
机动翻斗车运石(增运 100m)	10108004	1 000m^3	77	389		29 953
15t 振动压路机碾压石方	10118020	1 000m^3	93.478	4 724		441 590
整修路拱	10120001	1 000m^2	360	121		43 560
整修边坡	10120003	1km	30	16 566		496 980
合　计					15 902 915	13 511 397

(2)直接费：13 511 397 × (1 + 10%) = 14 862 537(元)

(3)利润：14 862 537 × 7% = 1 040 378(元)

(5)税金:(14 862 537 +1 040 378) ×3.41% =542 289(元)

(6)建筑安装工程费:14 862 537 +1 040 378 +542 289 =16 445 204(元)

【案例二十六】

某建设工程项目从美国进口设备重 1 000t;装运港船上交货价为 600 万美元;采用海运,海运费率为 6%,运输保险费费率为 0.35%,银行财务费费率为 0.5%;外贸手续费费率为 1.5%,增值税率为 17%,关税税率为 25%,消费税税率 2%,商检费率为 0.8%,检疫费率为 0.17%,按有关规定免征车辆购置附加费,美元对人民币汇率为 1∶7.8。从到货口岸至安装现场 500km;国内运输保险费率为 1%;设备的采购及保管费率为 2%。试计算该进口设备的购置费。

参考答案:

货价(FOB) =600 ×7.8 =4 680 万元

国际运费 = 原币货价(FOB) × 运费费率 =4 680 ×6% =280.8 万元

运输保险费 =[原币货价(FOB) + 国际运费] ÷(1 - 保险费费率) × 保险费费率

=(4 680 +280.8) ÷(1 -0.35%) ×0.35% =17.423 8 万元

银行财务费 = 人民币货价(FOB) × 银行财务费费率

=600 ×7.8 ×0.5% =23.4 万元

外贸手续费 =[人民币货价(FOB) + 国际运费 + 运输保险费] × 外贸手续费费率

=(4 680 +280.8 +17.423 8) ×1.5% =74.643 4 万元

关税 =[人民币货价(FOB) + 国际运费 + 运输保险费] × 进口关税税率

=(4 680 +280.8 +17.423 8) ×25% =1 244.556 万元

消费税 =[人民币货价(FOB) + 国际运费 + 运输保险费 + 关税] ÷(1 - 消费税税率) × 消费税税率

=(4 680 +280.8 +17.423 8 +1 244.556) ÷(1 -2%) ×2%

=126.995 5 万元

增值税 =[人民币货价(FOB) + 国际运费 + 运输保险费 + 关税 + 消费税] × 增值税税率

=(4 680 +280.8 +17.423 8 +1 244.556 +126.995 5) ×17%

=1 079.462 万元

商检费 =[人民币货价(FOB) + 国际运费 + 运输保险费] × 商检费费率

=(4 680 +280.8 +17.423 8) ×0.8% =39.825 8 万元

检疫费 =[人民币货价(FOB) + 国际运费 + 运输保险费] × 检疫费费率

=(4 680 +280.8 +17.423 8) ×0.17% =8.463 万元

进口设备原价 = 货价 + 国际运费 + 运输保险费 + 银行财务费 + 外贸手续费 + 关税 + 增值税 + 消费税 + 商检费 + 检疫费

=4 680 +280.8 + 17.4238 +23.4 +74.643 4 +1 244.556 +126.995 5 +1 079.462 +39.825 8 +8.463

=7 575.599 2 万元

国内运杂费 = 设备原价 × 运杂费费率 =7 575.599 2 ×1.2% =90.907 2 万元

运输保险费 = 设备原价 × 保险费费率 =7 575.599 2 ×1% =75.756 万元

采购及保管费 = 设备原价 × 采购及保管费费率 = 7 575.599 2 × 2% = 151.512 万元

设备购置费 = 进口设备原价 + 国内运杂费 + 运输保险费 + 采购及保管费

= 7 575.599 2 + 90.907 2 + 75.756 + 151.512 = 7 893.774 3 万元

【案例二十七】

某三级公路设计土石方数量如下表:

挖方(m^3)				填方(m^3)
松土	普通土	硬土	次坚石	
33 300	105 000	4 500	29 400	30 000

本项目路线长度为 30km,路基宽度为 8.5m,挖方、填方路段长度各占一半,全部挖方均可用作路基填方,其中土方平均运距为 200m、石方平均运距为 60m。如需借方,其平均运距为 1 300m(按普通土考虑)。假设路基平均占地宽度为 12m,填前压实沉陷厚度为 0.1m,土的压实干密度为 1.4t/m^3,自然状态土的含水量约低于其最佳含水量 2%,水的平均运距为 1km。

问题:

1. 计算本项目路基断面方、挖方、填方、利用方、借方和弃方数量。

2. 列出编制本项目土石方工程施工图预算所需的全部工程细目名称、单位、定额代号及数量等内容,并填入表格中,需要时应列式计算。

解题思路:

本案例主要考核根据工程量套用定额,对断面方、借方、弃方的计算,特别是土石方天然密实方和压实方的调整系数随公路等级而不同,在路基土石方工程数量的计算及填挖平衡利用时要充分注意和考虑。调整系数见下表:

调整系数

公路等级	土方				石方
	松土	普通土	硬土	运输	
二级及以上等级公路	1.23	1.16	1.09	1.19	0.92
三、四级公路	1.11	1.05	1.00	1.08	0.84

参考答案:

1. 断面方等数量的计算:

(1) 断面方数量:33 300 + 105 000 + 45 000 + 29 400 + 300 000 = 512 700(m^3)

(2) 挖方数量:33 300 + 105 000 + 45 000 + 29 400 = 212 700(m^3)

(3) 路基填前压实沉陷增加数量:30 000 × 50% × 12 × 0.1 = 18 000(m^3)

(4) 填方数量:300 000 + 18 000 = 318 000(m^3)

(5) 利用方数量:33 300 ÷ 1.11 + 105 000 ÷ 1.05 + 45 000 ÷ 1 + 29 400 ÷ 0.84 = 210 000(m^3)

(6) 借方数量:318 000 − 210 000 = 108 000(m^3)

(7) 弃方数量:210 000 − 300 000 = −90 000(m^3)

由于挖方全部利用仍达不到填方数量的要求,需要借方来填筑,故弃方数量为 0。

2. 填前压实数量:30 000 × 50% × 12 = 180 000(m^2)

3. 挖方及零填方段压实数量:30 000 × 50% × 8.5 = 127 500(m^2)

4. 土方压实需加水数量:(300 000 + 18 000) × 1.4 × 2% = 8 904(m^3)

5. 整修路拱数量：300 000 × 8.5 = 255 000(m^2)

序号	工程细目		定额代号	单　位	数　量	调整系数
1	8 m^3 铲运机铲运土方(挖)	松土	10113001	1 000m^3	33.3	
2		普土	10113002	1 000m^3	105	
3		硬土	10113003	1 000m^3	45	
4		每增运 50m	10113004	1 000m^3	183.3	2
5	135kW 推土机推石方(挖)	次坚石	10115025	1 000m^3	29.4	
6		每增运 10m	10115028	1 000m^3	29.4	4
7	135kW 推土机推土方(借)		10112014	1 000m^3	108	1.05 × 0.8
8	2 m^3 装载机装土(借)		10110002	1 000m^3	108	1.05
9	12t 自卸汽车运土	第一个 1km	10111017	1 000m^3	108	1.08
10		每增运 0.5km	10111018	1 000m^3	108	1.08
11	土方碾压		10118011	1 000m^3	283	
12	石方碾压		10118021	1 000m^3	35	
13	土方洒水(6 000L)		10122005	1 000m^3	8.904	
14	零填及挖方路段压实		10118032	1 000m^2	127.5	
16	耕地填前压实		10105004	1 000m^2	180	
17	整修边坡		10120004	1km	30	
18	整修路拱		10120001	1 000m^2	255	

注：推土机功率选用 90 ~ 165kW，铲运机容量选用 8 ~ 12 m^3 均为正确；自卸汽车选用 8 ~ 15t 均为正确；装载机选用 2 ~ 3 m^3 均为正确，但应与自卸汽车配套，即 8 ~ 10t 配 2 m^3、12 ~ 15t 配 3 m^3；土石方碾压，采用三级公路定额的均为正确；洒水车洒水选用 4 000 ~ 10 000L 的均为正确。

【案例二十八】

× × 省拟新建一条六车道高速公路，地处平原微丘区，有一座钢筋混凝土盖板涵，标准跨径 4.00m，涵高 3.00m，八字墙，路基宽度 35.00m。其施工图设计主要工程量如下表：

序　号	项　　目	单　位	工　程　量
1	挖基坑土方(干处)	m^3	460
2	浆砌片石基础、护底、截水墙	m^3	410
3	浆砌片石台、墙	m^3	335
4	混凝土帽石	m^3	0.6
5	矩形板混凝土	m^3	71.7
6	矩形板钢筋	1	6.02
7	沉降缝高 3m 计 10 道	m^2	50

25 座盖板涵的混凝土矩形板预制，设一处预制场计 10 000m^2，场地需平整碾压，30% 面积需铺砂砾垫层厚 15cm，20% 面积需做 2cm 水泥砂浆抹平，作为预制板底模。构件运输 4km。该项目其他工程费综合费率 I 为 4%，其他工程费综合费率 II 为 0%，规费费率为 40%，企业管理费综合费率为 6%。

问题：

若编制年工程所在地的各项预算价格，以定额基价为基础上调 10% 计算，其中人工费占直接工程费的10%,编制该盖板涵的施工图预算的建筑安装工程费。

解题思路:

本案例主要考核施工图预算中建筑安装工程费的构成和计算方法,同时考核在编制施工图预算时,除应考虑主要工程项目外,还应考虑其他附属工程项目。

参考答案:

1. 定额基价

序号	工程细目名称	单 位	工程量	定额代号	基价(元)	合计(元)
1	挖基坑土方(干处)	$1\ 000m^3$	0.46	40101001	22 056	10 146
2	浆砌片石基础、护底、截水墙	$10m^3$	41	40502001	1 396	57 236
3	浆砌片石台、墙	$10m^3$	33.5	40502005	1 640	54 940
4	混凝土帽石	$10m^3$	0.06	40603001	4 743	285
5	帽石混凝土拌和	$10m^3$	0.06×1.02	41111001	176	11
6	预制矩形板混凝土	$10m^3$	7.17	40709001	3 493	25 045
7	矩形板混凝土拌和	$10m^3$	7.17×1.01	41111001	176	1 275
8	矩形板钢筋	1t	6.02	40709003	3 869	23 291
9	矩形板安装	$10m^3$	7.17	40710002	1 129	8 095
10	构件出坑	$100m^3$	0.717	40803009	3 010	2 158
11	构件运输第一个1km	$100m^3$	0.717	40803009	3 010	2 158
12	增运3km	$100m^3$	0.717×8	40803013	100	574
13	预制场地平整	$1\ 000m^2$	10	41101002	2 291	22 910
14	预制场砂砾垫层	$10m^3$	45	41105001	693	31 185
15	预制场水泥砂浆抹面	$100m^2$	20	41106017	713	14 260
16	沉降缝	m^2	50	41107013	163	8 150
17	合 计					261 719

2. 直接工程费

261 719×1.1=287 891(元)

3. 其他工程费

287 891×0.04=11 516(元)

4. 直接费

287 891+11 516=299 407(元)

5. 规费

287 891×0.1×0.4=11 516(元)

6. 企业管理费

299 407×0.06=17 964(元)

7. 间接费

11 516+17 964=29 480(元)

8. 利润

(299 407+29 480−11 516)×0.07=22 216(元)

9. 税金

(299 407+29 480+22 216)×0.034 1=11 973(元)

10. 建筑安装工程费

299 407 + 29 480 + 22 216 + 11 973 = 363 076(元)

【案例二十九】

某高速公路有一直径为 ϕ150cm 的钢筋混凝土圆管涵，涵管壁厚为 15cm，涵长为 32.5m (13 ×2.5 = 32.5m)，其施工图设计的工程量见下表：

涵身		涵身基础		洞口					挖土方
钢筋	混凝土	混凝土	砂砾石	混凝土帽石	浆砌片石端墙与基础	浆砌片石锥坡与基础	浆砌片石隔水墙与铺砌	砂浆勾缝	挖土方
kg				m^3				m^2	m^3
2 751	25	109	66	3	29	27	13	45	2 174

注：混凝土构件和土方的平均运距为 1km。预制场设施不考虑。

问题：

请列出该涵洞工程造价所涉及的相关定额的名称、单位、定额代号、数量等内容，并填入表格中，需要时应列式计算。

参考答案：

1. 每节涵管的重量

25 ×2.4 ÷13 = 4.62

因此，管节运输应选用载重 6t 以内的载重汽车。

2. 涵管接头沥青麻絮填塞

$1.8 \times \pi \times 12 \times 0.01 = 0.68(m^2)$

3. 涵管涂防水沥青

$1.8 \times \pi \times 32.5 = 183.78(m^2)$

序号	工程细目	定额代号	单位	数量	定额调整或系数
1	挖掘机挖基坑土方	10109008	1 000m^3	2.174	
2	自卸汽车运土方(1km)	10111009	1 000m^3	2.174	
3	涵管砂砾石基础垫层	41105001	10m^3	6.6	
4	涵管基础混凝土	41105006	10m^3	10.9	
5	预制圆管管节	40704002	10m^3	2.5	1.01
6	混凝土拌和	41111001	10m^3	2.5	1.01 ×1.01
7	预制管节钢筋	40704003	t	2.751	1.01
8	安装圆管涵	40705004	10m^3	2.5	
9	载重汽车运输管节	40803008	10m^3	2.5	1.01
10	涵管接头沥青麻絮填塞	41107013	1m^2	0.68	
11	涵管防水层沥青	41104005	10m^2	18.378	
12	浆砌片石端墙与基础	40502005	10m^3	2.9	
13	浆砌片石锥坡与基础	40502009	10m^3	2.7	
14	浆砌片石隔水墙与铺砌	40502001	10m^3	1.3	
15	洞口帽石混凝土	40603001	10m^3	0.3	
16	混凝土拌和	41111001	10m^3	0.3	1.02

【案例三十】

××四车道高速公路，路基宽 26.00m，设计若干座钢筋混凝土矩形板小桥。其中有一座一孔标准跨径 5.00m 的小桥，其上部构造行车道钢筋混凝土矩形板设计 C25 混凝土 62.40m^3、钢筋 5.24t，台高 5.00m。10 座小桥设一处预制场计 10 000m^2，场中面积 30% 要铺筑砂砾垫层 15cm 厚，20% 面积用水泥砂浆。2cm 厚进行抹面，作为构件预制底板。预制场至桥址平均运距计 10km，用汽车运至安装地点。小桥有浅水 0.30m 深，须用草袋围堰，适当平整用砂砾垫层 3.00m^3。加固后才能架设桥梁临时支架，以便现浇上部构造混凝土。

问题：

分别就预制、安装和现浇上部混凝土二种施工方法，提出行车道板的各项工程细目、预算定额表号及工程量。

本案例主要考核矩形板桥上部构造采用不同的施工方法时，工程造价的构成内容。其中支架为跨径×台高为 25m^2，有效宽度为 12m 计，当实际宽度为 26m 时，应调整定额 26 ÷ 12 = 2.17 倍。

参考答案：

两种施工方法的工程细目、工程量及定额表号：

预制安装：

序号	工程细目名称	单位	工程量	定额代号	定额系数或调整
1	预制矩形板混凝土	10m^3	6.24	40709002	
2	矩形板钢筋	1t	5.24	40709003	
3	矩形板混凝土拌和	10m^3	6.24	41111001	1.01
4	矩形板安装	10m^3	5.24	40710002	
5	构件出坑	100m^3	0.624	40803010	
6	构件运输第一个 1km	100m^3	0.624	40803010	
7	增运 9km	100m^3	0.624	40803018	18
8	预制场地平整	1 000m^2	1	41101002	
9	预制场砂砾垫层	10m^3	4.5	41105001	
10	预制场水泥砂浆抹面	100m^2	2	41106017	

现浇：

序号	工程细目名称	单位	工程量	定额代号	定额系数或调整
1	现浇矩形板混凝土	10m^3	6.24	40608001	
2	矩形板钢筋	1t	5.24	40608004	
3	矩形板混凝土拌和	10m^3	6.24	41111001	1.02
4	现浇支架	10m^2	2.5	40903008	2.17
5	支架预压	10m^3	6.24	40906001	
6	支架基础排水围堰	10m	6.2	40202001	
7	河床平整	1 000m^2	0.15	41101002	
8	支架河床铺砂砾垫层	10m^3	0.3	41105001	

【案例三十一】

某一大桥，桥梁全长 1 282m，两岸接线各 1km，路基工程已全部完工（可做预制场使用，路基宽度 26m）。上部构造为 13×30m＋7×40m＋20×30m 先简支后连续预应力混凝土（后张法）T 形梁结构，其中 30m 预应力混凝土 T 梁每孔桥 14 片梁，梁高 1.8m，梁顶宽 1.6m，梁底宽 48cm，40m 预应力混凝土 T 梁每孔桥 14 片梁，梁高 2.4m，梁顶宽 1.6m，梁底宽 50cm，上部构造预制安装总工期按 8 个月计算，每片梁预制周期按 8 天计算。上部构造的主要工程量详见下表：

序号	工程细目		单　位	工程量	备　注
1	40m 预制 T 梁	混凝土	m^3	2 951	锚具数量：OVM15－7：784 套
2		钢绞线	t	108.288	
3		光圆钢筋	t	221.021	
4		带肋钢筋	t	359.126	
5	40m 预制 T 梁	混凝土	m^3	9 243	锚具数量：OVM15－7：3 234 套
6		钢绞线	t	296.136	
7		光圆钢筋	t	724.954	
8		带肋钢筋	t	1 224.839	

问题：

请列出该桥梁工程上部构造施工图预算所涉及的相关定额的名称、单位、定额代号、数量、定额调整等内容，并填入表格中，需要时应列式计算或文字说明。

参考答案：

1. 预制底座计算

需要预制的 30m 跨 T 形梁的数量：(13＋20)×14＝462（片）

需要预制的 40m 跨 T 形梁的数量：7×14＝98（片）

T 形梁的预制安装总工期为 8 个月，考虑到预制与安装存在一定的时差，本题按 1 个月考虑，因此，预制与安装的工期均为 7 个月，每片梁预制需要 8 天，故需要底座数量为：

30m 跨底座：462×8÷210＝17.6（个），即底座数量应不少于 18 个。

40m 跨底座：98×8÷210＝3.7（个），即底座数量应不少于 4 个。

底座面积：18×(30＋2)×(0.48＋1)＋4×(40＋2)×(0.5＋1)＝1 104.48（m^2）

由于接线路基工程已经完工，不需要考虑预制场地平整。

2. 吊装设备计算

由于按 22 个底座计算能满足工期要求，因此预制场可以设置在大桥一岸接线，则：

场地龙门架：按 40m 梁吊装重量计算，龙门架应配备 2 套（即预制 1 套，存梁 1 套），重量参考预算定额的参考重量按跨径 20、高 12m 计算，即 43.9×2＝87.8（t）。设备使用期按安装、拆除 1 个月，使用 8 个月，共 9 个月计算。

架桥机：按 40m 梁吊装重量计算，全桥配备 1 套，重量参考预算定额的参考重量 165t 计算，设备使用期按安装、拆除 2 个月，使用 7 个月共 9 个月计算。

3. 临时轨道计算

考虑大桥运输的方便，大梁底座顺桥方向布置，每排布置4个，共布置6排，考虑工作场地，每排之间空3m的间隙。在梁场的长度按50m计算，因此预制场总长为：

$32\times5+42+7\times3+50=273(m)$

考虑到运输的方便，预制场与桥头直接相连。因此在路基上的临时轨道长度约：$273\times2=546(m)$，按550m计算；在桥上运梁临时轨道等于桥梁总长，即1 282m，架桥机的行走临时轨道一般为两孔桥梁的长度，即$40\times2\times2=160(m)$，因此在桥梁上的临时轨道长度应为$1\,282+160=1\,442(m)$，按1 450m计算。

4. 预制构件运距计算

30mT梁运输的平均运距：

$[20\times30\div2\times20+(20\times30+7\times40+13\times20\div2)\times13]\div33=605(m)$

40mT梁运输的平均运距：$20\times30+7\times40\div2=740(m)$

30mT梁单片梁的重量：$9\,243\div462\times2.50=50(t)$

40mT梁单片梁的重量：$2\,951\div98\times2.50=75(t)$

5. 预应力钢绞线束数量的计算

$(3\,234+784)\div2\div404.424=4.97$(束/t)

序号	工程细目		定额代号	单位	数量	定额调整或系数
1	T梁预制		40714001	$10m^3$	1 219.4	
2	混凝土拌和		41111003	$10m^3$	1 219.4	1.01
3	光圆钢筋		40714003	1t	945.975	光圆：1.025、带肋：0
4	带肋钢筋		40714003	1t	1 583.965	光圆：0、带肋：1.025
5	T梁安装		40714007	$10m^3$	1 219.4	
6	预应力钢绞线		40720029	1t	404.424	
7			40720030	1t	404.424	1.15
8	大梁预制底座		41109001	$10m^2$	110.45	
9	30mT梁运输	第一个50m	40802005	$10m^3$	924.3	
10		每增运50m	40802014	$10m^3$	924.3	11
11	40mT梁运输	第一个50m	40802006	$10m^3$	295.1	
12		每增运50m	40802015	$10m^3$	295.1	14
13	30mT梁运输出坑堆放		40802005	$10m^3$	924.3	
14	40mT梁运输出坑堆放		40802006	$10m^3$	295.1	
15	双导梁		40731002	10t	16.5	设备摊销费，8 100
16	预制场龙门架		40431004	10t	8.78	设备摊销费，8 100
17	临时轨道	路基上	70104003	100m	5.5	
18		桥面上	70104004	100m	14.5	

【案例三十二】

某高速公路的桥梁基础：桥台为钢筋混凝土天然基础，桥墩为Φ1.5m挖孔灌注桩基础，造价工程师编制的施工图预算如下表所示：

序号	工程细目		定额代号	单　位	数　量	定额调整或系数
1	桥台天然基础	混凝土	40601003	$10m^3$	61	
2		钢筋	40601013	1t	15.656	
3	桥墩挖孔桩基础	挖孔(土)	40401001	$10m^3$	42.4	
4		挖孔(软石)	40401003	$10m^3$	98.8	
5		挖孔桩混凝土	40407001	$10m^3$	141.2	
6		挖孔桩钢筋	40407024	1t	132.6	

问题:

请问该造价工程师编制的造价文件中存在那些问题?根据你的理解请改正这些问题,并在上表中补充修改。

解题思路:

本案例主要考核挖孔桩的施工工艺过程及挖孔桩定额应用的方法,以及挖孔桩施工所需的护壁、挖孔等工程量的计算。

参考答案:

造价文件中存在的问题是:天然基础钢筋定额代号错误,漏计天然基础的挖基和挖孔桩的护壁费用,挖孔数量中漏计护壁的数量,挖孔桩钢筋定额代号错误,漏计混凝土拌和费用。

1.定额代号修改

序　号	工程细目	定额代号	单　　位	数　　量
1	桥台天然基础钢筋	40601012	1t	15.656
2	挖孔桩钢筋	40407022	1t	132.6

2.补充天然基础挖基的费用

序　号	工程细目		定额代号	单　　位	数　　量
1	桥台挖基	挖土	40103003	$1\ 000m^3$	0.183
2		挖石	40103009	$1\ 000m^3$	0.736

注:挖基数量只要大于基础混凝土数量即为正确。

3.补充挖孔桩护壁费用

序　号	工程细目		定额代号	单　　位	数　　量
1	预制护壁	预制	40408001	$10m^3$	40.16
2		安装	40408002	10m	79.9

4.补充桩护壁费用

序　号	工程细目	定额代号	单　　位	数　　量
1	挖孔(土)	40401001	$10m^3$	12.06
2	挖孔(软石)	40401003	$10m^3$	28.1

注:或在挖孔桩挖土、石细目的定额调整栏填入1.284的系数为正确。

5. 补充混凝土拌和费用

序 号	工程细目	定额代号	单 位	数 量	定额调整
1	桥台基础混凝土拌和	41111001	$10m^3$	61	1.02
2	桩基础混凝土拌和	41111001	$10m^3$	141.2	1.02
3	护壁混凝土拌和	41111001	$10m^3$	40.16	1.01

【案例三十三】

某预应力混凝土连续梁桥，桥跨组合为 50 + 3 × 80 + 50，桥梁全长 345.50m，桥梁宽度为 25.00m。基础为钻孔灌注桩，采用回旋钻机施工，桥墩为每排三根共 6 根 2.50m 的桩，桥台为 8 根 2.00m 的桩。承台尺寸为 8.00 × 20.00 × 3.00m。除桥台为干处施工外，其余均为水中施工（水深 5m 以内）。混凝土均要求采用集中拌和、泵送施工，水上混凝土施工考虑搭便桥的方法，便桥费用不计。本工程计划工期为 18 个月。其施工图设计的主要工程数量见下表：

项 目		钻孔深度（m）				钢筋（t）
		砂土	砂砾	软石	次坚石	
灌注桩	桩径 2.50m	87	862	176	27	329
	桩径 2.00m	67	333	160	—	
承台		封底混凝土（m^3）		承台混凝土（m^3）		钢筋（t）
		720		1 440		68

问题：

请列出该桥梁基础工程造价所涉及的相关定额的名称、单位、定额代号、数量等内容，并填入表格中，需要时应列式计算。

解题思路：

本案例主要考核桩基础的施工工艺过程及桩基础定额应用的方法，以及桩基础施工所需的护筒、工作平台、套箱等辅助工程量的计算等。

参考答案：

1. 钻孔灌注桩护筒数量的确定

根据钻孔土质情况，拟定桩径 2.00m 的护筒长度平均为 3.5m。其重量为：

$8 \times 2 \times 3.50m \times 0.499\,1 = 27.95(t)$

根据钻孔土质情况，拟定桩径 2.50m 的护筒长度平均为 10.0m。其重量为：

$6 \times 4 \times 10.00m \times 0.612\,6 = 147.024(t)$

2. 水中施工钻孔工作平台数量的确定

根据承台平面尺寸，拟定工作平台尺寸为 10 × 25m，其面积为：

$10 \times 25 \times 4 = 1\,000(m^2)$

3. 钻孔灌注桩混凝土数量的确定：

$(67 + 333 + 160) \times 2^2 \times \pi \div 4 + (87 + 862 + 176 + 27) \times 2.5^2 \times \pi \div 4 = 7\,414.16(m^3)$

4. 承台采用钢套箱施工，其重量为：

$(8 + 20) \times 2 \times 5.5 \times 4 \times 0.15 = 184.8(t)$

序号	工 程 项 目	定额代号	单 位	数 量	定额调整或系数
1	桩径2.0m内孔深40m内砂、黏土	40505065	10m	6.7	
2	桩径2.0m内孔深40m内砂砾	40505067	10m	33.3	
3	桩径2.0m内孔深40m内砂砾	40505070	10m	16	
4	桩径2.5m内孔深60m内砂、黏土	40505313	10m	8.7	
5	桩径2.5m内孔深60m内砂砾	40505315	10m	86.2	
6	桩径2.5m内孔深60m内软石	40505318	10m	17.6	
7	桩径2.5m内孔深60m内次坚石	40505319	10m	2.7	
8	灌注桩混凝土	40407018	$10m^3$	741.416	
9	混凝土拌和	41111011	$10m^3$	741.416	1.197
10	混凝土搅拌站	41111007	1座	1	
11	桩径2.0m内护筒	40408007	t	27.95	
12	桩径2.5m内护筒	40408008	t	147.024	
13	水中施工工作平台	40409001	$100m^2$	10	
14	灌注桩钢筋	40407022	t	329	
15	承台封底混凝土	40601011	$10m^3$	72	
16	承台混凝土	40601010	$10m^3$	144	
17	承台钢筋	40601013	t	68	
18	混凝土拌和	41111011	$10m^3$	212	1.04
19	钢套箱	40206002	10t	18.48	

【案例三十四】

××桥梁工程上部构造设计为40m跨径的预应力混凝土T形梁，有两种方案可供选择。方案A为预制安装T形梁，方案B为搭支架现浇T形梁。

每片梁的混凝土数量为$25m^3$，每孔由6片梁组成，混凝土拌和站的场地处理费用为250 000元，拌和站设备摊销及维修费用为15 000元/月；现浇T形梁混凝土的费用为610元/m^3，预制安装T形梁混凝土的费用为720元/m^3；现浇混凝土运输费用为20元/m^3，预制构件运输费用为25元/m^3；大型预制构件底座的费用为26 000元，现场支架的费用为130元/m^3混凝土；现浇一孔T形梁时间为50天，每片梁的预制周期为8天。

问题：

1. 当混凝土数量为多少时A、B两个方案的施工成本是一致的。

2. 假设该桥梁的长度为405m，此时A、B两个方案哪一个更经济？

解题思路：

本案例主要考核对桥梁上部结构的了解，以及临时工程费用的摊销。

参考答案：

1. 假设当T形梁数量为Q片梁时A、B两个方案的施工成本是一致的，则：

A 方案的施工成本为：

250 000 + 15 000 × Q × 8 ÷ 30 + 25 × Q × (720 + 25) + 26 000

B 方案的施工成本为：

250 000 + 15 000 × Q × 50 ÷ 30 ÷ 6 + 25 × Q × (610 + 20 + 130)

Q = 48(片梁)

则 T 形梁混凝土数量为：48 × 25 = 1 200(m^3)

即，当混凝土数量为 1 200m^3 时，A、B 两个方案的施工成本是一致的。

2. A、B 方案的经济性比较

当桥梁长度为 405m 时，其孔数应为：

405 ÷ 40 = 10.125 ≈ 10(孔)

即应为 10 孔，则 T 形梁数量为：

10 × 6 = 60(片梁)

此时，A 方案的施工成本为：

250 000 + 15 000 × 60 × 8 ÷ 30 + 25 × 60 × (720 + 25) + 26 000 = 1 633 500(元)

此时，B 方案的施工成本为：

250 000 + 15 000 × 60 × 50 ÷ 30 ÷ 6 + 25 × 60 × (610 + 20 + 130) = 164 000(元)

由于 1 640 000 元 > 1 633 500 元，因此，A 方案比 B 方案经济(即此时应采用预制安装的施工方案)。

【案例三十五】

某桥梁下部构造设计为薄壁空心墩(横断面形式见下图)，墩身设计高度为 60m，拟采用翻模法施工，每次浇注高度为 4m，每节施工周期为 7 天，根据施工现场布置，混凝土输送泵设置在距桥墩 150m 的地方，混凝土要求采用集中拌和施工，混凝土拌和站距输送泵的距离为 2km。根据本工程所处的地理位置的要求，混凝土的外观质量比一般结构要高，据调查，工程所在地区的组合钢模内衬板的价格为 90 元/m^2，一般可以连续使用 5 次。

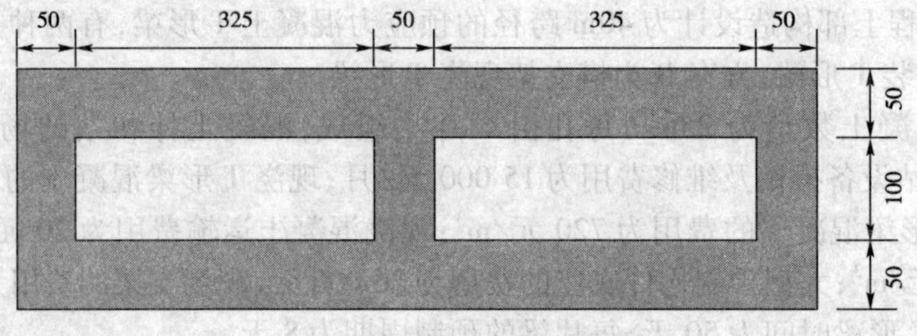

(尺寸单位：cm)

问题：

根据上述基础资料，请列出编制该空心墩施工图预算所涉及的相关定额的名称、单位、定额代号、数量、定额调整等内容，并填入表格中，需要时应列式计算或文字说明。

解题思路：

本案例主要考核桥梁下部结构的施工工艺过程及下部结构定额应用的方法，以及下部结构施工所需的模板提升架等工程量的计算。

参考答案：

1. 空心墩工程数量计算

空心墩长度为：0.5 + 3.25 + 0.5 + 3.25 + 0.5 = 8(m)

空心墩宽度为：0.5 + 1.00 + 0.5 = 2(m)

空心墩混凝土数量的计算：(8 × 2 − 3.25 × 1 × 2) × 60 = 570(m^3)

空心墩施工工期的计算：60 ÷ 4 × 7 = 105(天) ÷ 30 = 3.5(月)

2. 空心墩模板内衬板费用计算

60 ÷ 4 ÷ 5 = 3(套)

(8 + 2) × 2 × 4 × 3 × 90 = 21 600(元)

模板提升架数量计算：(8 × 2) ÷ (8.6 × 2.6) × 11 = 7.87(t)

模板提升架设备摊销费调整计算：

提升架使用期按安装拆除 1.5 个月，施工 3.5 个月，共 5 个月计算。

设备摊销费增加：90 × 7.87 = 708.3(元)

3. 空心墩施工辅助设施

考虑到墩身高度达 60m，为了保证施工安全，应配备施工电梯和塔式起重机各一台。使用期按施工 3.5 个月计算，考虑到施工中会有部分时间处于停使状态，因此，按 120 天计算。

序号	工程细目		定额代号	单位	数量	定额调整或系数
1	现浇空心墩混凝土		40602032	10m^3	57	
2	混凝土内衬板费用			元	21 600	
3	混凝土集中拌和		41111011	10m^3	57	1.04
4	混凝土运输(第一个 1km)		41111020	10m^3	57	1.04
5	混凝土运输(每增运 0.5km)		41111021	10m^3	57	1.04 × 2
6	泵送混凝土增加 100m	人工		工日	2.82 × 5.7	2
		输送泵		台班	0.36 × 5.7	2
7	模板提升架安拆		40731009	10t	0.787	
8	设备摊销费增加			元	708.3	
9	施工电梯安拆		41115001	1 部	1	
10	施工电梯使用费		41115005	1 台天	150	
11	塔式起重机安拆		41116001	1 部	1	
12	塔式起重机使用费		41116005	1 台天	150	
13	混凝土拌和站安拆		41111007	1 座	1	

【案例三十六】

某桥梁工程采用装配式上部构造，桥梁全长 520m，跨径为 40m，每孔设置 7 片梁，每片梁的预制周期为 10 天，根据施工组织设计的安排，要求混凝土预制构件施工在 8 个月内。

问题：

1. 请问该桥梁工程应设置多少个构件预制底座。

2. 如果因施工场地的限制，只能设置 2 个构件预制底座，那么在施工组织设计中需安排多长时间的预制时间。

解题思路:

本案例主要考核桥梁工程预制底座的计算及其对工期的影响。

参考答案:

1. 计算构件预制底数量

(1)计算全桥需要预制的构件数量:

520 ÷ 40 × 7 = 91(片梁)

(2)计算在计划工期内一个底座可以预制的构件数量:

30 ÷ 10 × 8 = 24(片梁)

(3)计算需要的构件预制底座的数量:

底座数量 = 全部预制构件数量 ÷ 每个底座的生产能力

= 91 ÷ 24 = 3.79(个)

即该桥梁工程在计划工期内完成任务,应设置4个构件预制底座。

2. 计算施工日期

(1)计算2个底座每月预制的构件数量:

30 ÷ 10 × 2 = 6(片梁)

(2)计算完成全部构件预制需要的时间:

91 ÷ 6 = 15.17(个月)

即该桥梁工程如设置2个构件预制底座,那么应安排15.17个月的施工工期。

【案例三十七】

为保护生态环境,某公路施工图设计有一明洞工程,长51m,其主要工程量如下表:

隧道洞身开挖(m^3)	现浇拱墙		现浇拱部		回填碎石(m^3)	路面(m^2)
	混凝土(m^3)	钢筋(t)	混凝土(m^3)	钢筋(t)		
8 780	2 500	103	1 700	131	1 959	1 200

隧道断面面积为156m^2,其中拱部面积为88m^2。隧道洞身开挖中Ⅴ类围岩占90%,Ⅱ类围岩占10%,弃渣平均运距为3km;洞内路面设计为中粒式沥青混凝土,厚度为15cm,混合料平均运距为4km。

问题:

请根据上述资料列出本隧道工程造价所涉及的相关定额的名称、单位、定额代号、数量等内容,并填入表格中,需要时应列式计算或文字说明。

解题思路:

本案例主要考核明洞的施工工艺过程及定额应用的方法,明洞开挖按路基工程开挖套用定额计价,明洞施工需要按桥梁工程计算拱盔及支架。

参考答案:

1. 开挖数量计算:开挖土质:8 780 × 0.9 = 7 902(m^3)

开挖土质:8 780 × 0.1 = 878(m^3)

2. 路面沥青混凝土数量计算:1 200 × 0.15 = 180(m^3)

序号	工程细目				定额代号	单　位	数　量	定额调整或系数
1	开挖	土质	2 m^3 挖掘机挖装		10109008	1 000m^3	7.902	
2			12t 自卸汽运输	第一个 1km	10111017	1 000m^3	7.902	
3				增运 2km	10111018	1 000m^3	7.902	4
4		石质	135kW 推土机推渣		10115025	100m^3	0.878	
5			2 m^3 装载机装		10110008	1 000m^3	0.878	
6			12t 自卸汽车运输	第一个 1km	10111045	1 000m^3	0.878	
7				增运 2km	10111046	1 000m^3	0.878	4
8	现浇拱墙		混凝土		30118004	10m^3	250	
9			钢筋		30118005	1t	103	
10			混凝土拌和		41111001	10m^3	250	1.02
11	现浇拱部		混凝土		40612009	10m^3	170	
12			钢筋		40612013	1t	131	
13			混凝土拌和		41111001	10m^3	170	1.02
14			拱盔		40902004	10m^2	8.8	6
15			支架		40903007	10m^2	6.8	4.25
16			支架预压		40906001	10m^2	170	
17	回填		回填碎石		30119003	10m^3	195.9	
18	路面		沥青混凝土拌和		20211009	1 000m^3	0.18	
19			12t 自卸汽车运输	第一个 1km	20213017	1 000m^3	0.18	
20				增运 3km	20213018	1 000m^3	0.18	6
21			沥青混凝土铺筑		20214016	1 000m^3	0.18	

注：本题评分时，推土机选用 105 ~ 165kW 推土机施工均为正确；弃渣和沥青混合料运输选用 10 ~ 15t 的自卸汽车均为正确。

【案例三十八】

某隧道工程长约 500m，隧道围岩为石灰岩，隧道洞口地势较平坦，隧道弃渣堆放在洞口附近，距隧道洞口 15km 处有一碎石料场，2cm 碎石供应价为 45 元/m^3（含装卸费等杂费）。当地运价标准为 0.5 元/(t · km)，人工工资单价 45 元/工日，辅助生产间接费率为 5%，250 × 150 电动碎石机台班预算单价 150 元/台班，滚筒式筛分机台班预算单价 170 元/台班，碎石的单位重量为 1.5t/m^3，定额规定的检清片石人工消耗 27.7 工日/100m^3，机械加工 100m^3 碎石定额消耗为人工 48.3 工日，片石 116.9m^3，250 × 150 电动碎石机 6.49 台班，滚筒式筛分机 6.6 台班。

问题：（计算结果均取两位数）

1. 假设隧道弃渣经破碎筛分后能满足隧道混凝土工程需要，请合理确定本项目 2cm 碎石的预算单价。

2. 如果隧道弃渣加工的碎石仅能满足 200m 隧道混凝土的工程需要，此时的 2cm 碎石预算单价是多少？

参考答案：

1. 外购碎石预算单价计算

$(45+15\times0.5\times1.5\times1.5)\times1.01\times1.025=64.06$（元/$m^3$）

2. 考虑利用隧道弃渣自行加工碎石预算单价计算

片石单价计算：$27.7\times45\times1.05\div100=13.09$（元/$m^3$）

碎石单价计算：$(48.3\times45\times1.05+116.9\times13.09+6.49\times150+6.6\times170)\div100$

$=59.08$（元/m^3）

3. 综合选定

由于利用隧道砌渣加工碎石单价低于外购碎石单价，因此本项目碎石应利用隧道弃渣进行加工。即本项目2cm碎石预算单价为59.09元/m^3。

4. 2cm碎石预算单价综合计算

$64.06\times0.6+59.08\times0.4=62.07$（元/$m^3$）

【案例三十九】

某分离式山区高速公路隧道，全长1 462m，主要工程量为：

1. 洞门部分：开挖土石方6 000m^3，其中V类围岩30%、IV类围岩70%；浆砌片石墙体1 028m^3，浆砌片石截水沟69.8 m^3。

2. 洞身部分：设计开挖断面为162m^2，开挖土石方247 180m^3，其中V类围岩10%、IV类围岩70%、II类围岩20%；钢支撑445t；喷射混凝土10 050m^3，钢筋网138t，ϕ25锚杆12 600m，ϕ22锚杆113 600m，拱墙混凝土25 259 m^3，光圆钢筋16t，带肋钢筋145t。

3. 洞内路面：21 930m^2，水泥混凝土面层厚26cm。

4. 洞外出渣运距为1 300m。

5. 隧道防排水、洞内管沟、装饰、照明、通风、消防等不考虑。

问题：

请列出该隧道工程施工图预算所涉及的相关定额的名称、单位、定额代号、数量、定额调整等内容，并填入表格中，需要时应列式计算或文字说明。

分析要点：

本案例主要考核隧道的施工工艺过程及定额应用的方法。

参考答案：

1. 洞门开挖数量计算

开挖普通土：$6\,000\times0.3=1\,800$（m^3）

开挖软石：$6\,000\times0.7=4\,200$（m^3）

2. 洞身开挖数量计算

由于$162\times1\,462=236\,844$（m^3）小于题目中给定的开挖数量247 180m^3，说明在题目中给定的洞身开挖数量中包含有超挖数量，按定额规定，超挖数量是不能计价的。

按定额中的工程量计算规则，开挖数量＝设计开挖断面×隧道长度，则计价工程量应为：

开挖V类围岩：$162\times1\,462\times0.1=23\,684.4$（$m^3$）

开挖IV类围岩：$162\times1\,462\times0.7=165\,790.8$（$m^3$）

开挖II类围岩：$162\times1\,462\times0.2=47\,368.8$（$m^3$）

3. 锚杆数量计算

$$(0.025^2 \times 12\,600 + 0.022^2 \times 113\,600) \times \pi \div 4 \times 7.85 = 387.539(\text{t})$$

序号	工程项目				定额代号	单 位	数 量	定额调整或系数
1	洞门	开挖	土质		10109008	1 000m³	1.8	
2			软石	含运20m	10115024	1 000m³	4.2	
3				扣20m运输	10115027	1 000m³	-4.2	2
4			弃渣;洞外运输	土	10111017	1 000m³	1.8	
5				增运	10111018	1 000m³	1.8	1
6				装石	10110005	1 000m³	4.2	
7				运石	10111045	1 000m³	4.2	
8				增运	10111046	1 000m³	4.2	1
9		浆砌片石墙体(装修另计)			30201004	10m³	102.8	
10		浆砌片石截水沟			10203001	10m³	6.98	
11	洞身	开挖	V类围岩		30103011	100m³	236.844	
12			IV类围岩		30103010	100m³	1 657.908	
13			II类围岩		30103008	100m³	473.699	
14			出渣	IV、V类围岩	30103041	100m³	1 894.752	
15				II类围岩	30103040	100m³	473.699	
16			运输	土	10111018	1 000m³	189.475 2	2
17				石	10111046	1 000m³	47.369 9	2
18		支护	钢支撑		30105001	1t	445	
19			锚杆		30106001	1t	387.539	
20			钢筋网		30106002	1t	138	
21			喷射混凝土		30108001	10m³	1 005	
22			混凝土拌和		41111011	100m³	100.5	1.2
23			混凝土运输		30109009	100m³	100.5	1.2
24		衬砌	拱墙混凝土		30109002	10m³	2 525.9	
25			混凝土拌和		41111011	100m³	252.59	1.17
26			混凝土运输		30109009	100m³	252.59	1.17
27			钢筋	光圆	30109006	1t	16	光圆:1.025;带肋:0
28				带肋	30109006	1t	145	带肋:1.025; 光圆:0
29	水泥混凝土路面	厚度20cm			20217003	1 000m²	21.93	人工、机械×1.26
30		厚度增加6cm			20217004	1 000m²	21.93×6	人工、机械×1.26
31	混凝土拌和站安拆				41111007	1座	1	
32	正洞通风				30115002	100m	14.62	
33	正洞高压风水管、照明、电线路				30116002	100m	14.62	

【案例四十】

××公路工程工作量计600万元，计划当年上半年内完工，主要材料金额占施工总产量的62.5%，预付备料款占工程款25%，当年上半年各月实际完成施工产值见下表所示。

单位：万元

1月	2月	3月	4月	5月	6月	合同调整额
60	80	100	120	120	120	80

问题：

1. 工程价款结算的方式有哪些？

2. 计算本工程的预付备料款和起扣点。

3. 计算按月结算的工程进度款。

4. 计算本工程竣工结算工程款。

解题思路：

本案例主要考核工程结算方式，按月结算工程款的计算方法，工程预付备料款和起扣点的计算等。

预付备料款＝工程价款总额×预付备料款额度

起扣点＝工程价款总额－预付备料款÷主要材料所占比重

参考答案：

1. 工程价款结算的方式

工程价款的结算方式主要分为：按月结算、竣工后一次结算、分段结算、目标结算和双方议定的其他方式。

2. 预付备料款：

600×0.25＝150（万元）

起扣点：600－150÷0.625＝360（万元）

3. 各月结算的工程进度款

1月份：工程款60万元，累计完成60万元；

2月份：工程款80万元，累计完成140万元；

3月份：工程款100万元，累计完成240万元；

4月份：工程款120万元，累计完成360万元；

5月份：已达到起扣点情况下的应收工程款为：

工程款＝当月已完工作量－（当月累计已完工作量－起扣点）×主材所占比重

＝120－（360＋120－360）×0.625＝45（万元）

累计完成405万元；

6月份：工程款＝当月已完工作量×（1－主材所占比重）

＝120×（1－0.625）＝45（万元）

4. 本工程竣工结算工程款

405＋45＋150＋80＝680（万元）

【案例四十一】

××路基土、石方工程，主要的分项工程包括开挖土方、填方等，按我国施工合同示范文本签订的施工承包合同规定按实际完成工程量计价。根据合同的规定，承包人必须严格按照施工图及承包合同规定的内容及技术规范要求施工，工程量由造价工程师负责计量，工程的总价款根据承包人取得计量证书的工程量进行结算。工程开工前，承包人向业主提交了施工组织设计和施工方案并得到批准。

问题：

1. 根据该工程的合同特点，造价工程师提出了计量支付的程序要求如下。试改正其不恰当和错误的地方。

(1)对已完成的分项工程向业主申请质量认证。

(2)在协议约定的时间内向造价工程师申请计量。

(3)造价工程师对实际完成的工程量进行计量，签发计量证书给承包人。

(4)承包人凭质量认证和计量证书向业主提出付款申请。

(5)造价工程师复核申报资料，确定支付款项，批准向承包人付款。

2. 在工程施工过程中，当进行到施工图所规定的处理范围边缘时，承包人为了使压实质量得到保证，将压实范围适当扩大，施工完成后，承包人将扩大范围的施工工程量向造价工程师提出计量付款的要求，但遭到拒绝。试问造价工程师为什么会作出这样决定？

3. 在工程施工过程中，承包人根据业主指示就部分工程进行了变更施工，试问变更部分合同价款应根据什么原则进行确定？

4. 在土方开挖工程中，有两项重大原因使工期发生较大的拖延：一是土方开挖时遇到了一些地质勘探没有探明的孤石，排除孤石拖延了一定的时间；二是施工过程中遇到数天季节性小雨，由于雨后土壤含水量过大不能立即进行压实施工，从而耽误了部分工期。随后，承包人按照正常索赔程序向造价工程师提出延长工期并补偿停工期间窝工损失要求。试问造价工程师是否该受理这两起索赔事件？为什么？

解题思路：

本案例主要考核工程计量及工程款支付程序，造价工程师在工程合同管理中的地位和作用，造价工程师的工作职责，工程变更价款的确定原则，以及因工程地下障碍、气候条件等事件引起工程费用增加和工期延长的责任的划分原则。

参考答案：

1. 计量支付的要点：

(1)对已完成的分项工程向业主代表申请质量认证。

(2)取得质量认证后在协议约定的时间内向造价工程师申请计量。

(3)造价工程师按照规定的计量方法对合同规定范围内的工程量进行计量，签发计量证书给承包人。

(4)承包人凭质量认证和计量证书向造价工程师提出付款申请。

(5)造价工程师审核申报资料，确定支付款额，向业主提供付款证明文件。

2. 造价工程师拒绝的原因：

(1)该部分的工程量超出了施工图的要求，一般地讲，也就超出了合同约定的工程范围，不属于造价工程师计量的范围。造价工程师、监理工程师均无权处理合同以外的工程内容。

(2)该部分的施工是承包人为了保证施工质量而采取的技术措施,监理工程师或造价工程师认可的是承包人的保证施工质量的技术措施,一般在业主没有批准追加相应费用的情况下,技术措施费用应由承包人自己承担。

3. 变更价款原则的确定:

(1)合同中已有适用于变更工程的价格,按合同中已有的价格计算,变更合同价款。

(2)合同中只有类似于变更工程的价格,可以参照类似价格变更合同价款。

(3)合同中没有类似于或适用于变更工程的价格,由承包人提出适当的变更价格,造价工程师批准执行。这一批准的变更价格,应与承包人达成一致,否则由工程造价管理部门裁定。

4. 对两项索赔的处理:

(1)对处理孤石引起的索赔,这是预先无法估计的情况,应予受理。

(2)由于阴雨天气属正常季节性的,这是有经验的承包人预先应估计的因素,在合同期内应作考虑,因而索赔理由不成立,索赔应予驳回。

【案例四十二】

××跨线桥工程基坑开挖后发现有城市供水管道横跨基坑,须将供水管道改线并对地基进行处理,为此业主以书面形式通知施工单位停工十天,并同意合同期顺延十天,为确保继续施工要求工人、施工机械等不要撤离施工现场,但在通知中未涉及由此造成施工单位停工损失如何处理。施工单位认为对其损失过大,意欲索赔。

问题:

1. 索赔能否成立,索赔证据是什么?

2. 由此引起的损失费用项目有哪些?

3. 如果提出索赔要求,应向业主提供哪些索赔文件?

解题思路:

本案例主要考核工程索赔成立的条件,索赔的内容与证据,索赔文件的种类、内容及形式。

参考答案:

1. 索赔成立,索赔证据为业主提出的要求停工的通知书。

2. 费用损失主要包括:10 天的工人窝工、施工机械停置及管理费用。

3. 应向业主提供的索赔文件主要有:

(1)致业主的索赔信函,提出索赔要求。

(2)索赔报告;提出索赔事实和内容,引用文件说明索赔的合理与合法性,提出索赔费用的计算依据及要求的赔偿金额。

(3)索赔费用计算书及索赔证据复印件。

【案例四十三】

××工程承包人实行总价合同承包。工程招标文件参考资料中提供的用砂地点距工地 4km,但开工后,发现该砂不符合质量要求,承包人只得从另一距工地 20km 供砂点采购,而在一个关键工作面上又发生了几种原因造成的暂时停工:4 月 20 日至 4 月 26 日承包人的施工设备出了从未出现的故障；应于4月24日交给承包人的后续图纸直到5月10日才交给承包人；5月7日到5月12日工地下了该季节罕见的特大暴雨，造成了5月11日到5月14日该地区的供电全面中断。

问题：

1. 由于供砂距离的增大，必然引起费用的增加，承包人经过仔细计算后，在业主指令下达的第3天，向业主的造价工程师提交了将原用砂单价每t提高5元人民币的索赔要求。作为一名造价工程师您批准该索赔要求吗？为什么？

2. 由于几种情况的暂时停工，承包人在5月15日向业主的造价工程师提交了延长工期25天，成本损失费人民币2万元/天（此费率已经造价工程师核准）和利润损失费人民币2 000元/天的索赔要求，共计索赔款人民币55万元。

（1）作为一名造价工程师您批准索赔款额多少万元？为什么？

（2）作为一名造价工程师您认为会在业主给承包人工程款的支付中扣除竣工拖期违约损失赔偿金吗？为什么？

3. 索赔成立的条件是什么？

4. 若承包人对因业主造成的窝工损失，要求设备窝工按台班计算，人工的窝工按日计价是否合理？如不合理应怎样计算？

解题思路：

本案例主要考核工程索赔的概念，成立的条件，施工进度的拖延和费用增加的责任如何处理，工期和费用索赔的计算与审查方法。

参考答案：

1. 对承包人提出的因砂场地点变化的索赔不予批准，原因是：

（1）承包人应对自己就招标文件的解释负责并考虑相关的风险。

（2）承包人应对自己报价的正确性和完备性负责。

（3）对当地砂、石材料的供应情况变化是一个有经验的承包人能够合理预见到的。

2.

（1）批准索赔款额24万元，原因是：

①4月20日至4月26日的停工属于承包人自身的原因造成的，应由承包人承担，因此，不考虑承包人的索赔要求。

②4月27日至5月6日的停工属于业主的原因造成的，应由业主承担，应考虑承包人的索赔要求，但不考虑承包人提出的利润索赔要求，索赔额为$10\times2=20$万元。

③5月7日至5月12日的停工属于业主和承包人共同承担的风险，因此，不考虑承包人的索赔要求。

④5月13日至5月14日的停工属于有经验的承包人无法预见的自然条件变化，应由业主承担，但不考虑承包人的利润索赔要求，索赔额为$2\times2=4$万元。

（2）由上述事件引起的工程进度拖延不等于竣工工期的延误。原因是：如果不能够通过施工方案的调整将延误的工期补回，将会造成竣工延误，支付中要扣除拖期违约金；如果能够通过施工方案的调整将延误的工期补回，不会造成竣工延误，不产生拖期违约金，支付中不扣除。

3. 承包人的索赔要求成立必须同时具备如下四个条件：

(1)与合同相比较,已造成了实际的额外费用增加或工期损失。

(2)造成费用增加或工期损失的原因不是由于承包人的过失。

(3)按合同规定不应由承包人承担的风险。

(4)承包人在事件发生后的规定时限内提出了索赔的书面意向通知。

4. 不合理。

因窝工而闲置的设备按折旧费或停置台班费或租赁费计价,不包括运转费部分。人工费损失应考虑这部分工作的工人调做其他工作时工效降低的损失费用,一般用工日单价乘以一个测算的降效系数计算这一部分损失,而且只按成本费用计算,不包括利润。

【案例四十四】

××工程深基坑支护系统包括围护桩、顶梁、钢筋混凝土水平支撑、锚杆、钢围檩等。围护桩为干挖桩。业主通过招标确定由 A 施工单位承包。

A 施工单位报价明细如下:

序号	项目名称	单位	工程量	预算单价(元)	优惠后单价(元)	优惠后总价(万元)
1	顶梁不含土方	m^3	1 015.67	685.07	527.50	53.57
2	干挖桩不含土方	m^3	5 901.70	936.96	721.40	425.70
3	钢筋混凝土支撑	m^3	398.00	777.60	598.80	23.80
4	凿除桩头	m^3	305.50	68.17	43.00	1.30
A	工程费合计					1 054.30
B	设计费					8.90
C	风险费					26.80
D	监理费					40.00
E	包干费					50.00
	报价合计	A + B + C + D + E =				1 180.00

业主认可 A 施工单位优惠后的报价,并以 1 180 万元就合同内容一次包死。由于当时业主意向性认可土方开挖仍由 A 施工单位承包,故围护施工中顶梁围护桩的土方纳入今后土方开挖总量包干。可是,进入土方开挖阶段,业主以 640 万元的总价将 18 万 m^3 的土方任务包给 B 施工单位,并明确 640 万元中凿除桩头费用为 10 万元,降水费 1.5 元/m^3。

A 施工单位由于未接到土方开挖任务但实际已开挖土方,因此,向业主提出:要求按业主与 B 施工单位签订的土方单价补偿 A 施工单位在围护桩施工期间实际发生的土方费用。

问题:

1. A 施工单位要求是否合理?

2. 造价工程师应如何核算该部分费用?

解题思路:

本案例主要考核工程索赔成立的条件和索赔费用的计算。

参考答案:

1. A 施工单位在围护施工期间完成的土方任务,属合同之外的内容,且业已发生,A 施工单位要求补偿是合理的。

2. 土方开挖总价 640 万元，土方实际单价应扣除凿桩头及降水费用。即为：

$(6\,400\,000-100\,000-1.5\times180\,000)\div180\,000=33.5$(元/m^3)

$33.5\times(1\,015.7+5\,901.7)=231\,733$(元)

业主应支付给 A 施工单位 231 733 元土方开挖费用。

【案例四十五】

××山岭重丘区公路路基土、石方工程中，承包人在合同中标明有软石的地方未遇到软石，因此，该施工段的工期提前 1 个月。但另一施工段在合同中没有标明有岩石的地方遇到了较多的次坚石，使开挖工作变得更加困难，工期因此拖延了 5 个月。由于工期拖延，使得施工不得不在雨季进行。按一般公认标准计算，影响工期 2 个月，由于实际遇到的地质条件比原合理预计的复杂，造成了实际生产率比原计划低得多，折算影响工期 3 个月。为此，承包人准备提出索赔。

问题：

该索赔计划有关索赔的内容、理由、证据、通知、文件编写等，用文字简要说明其要点。

解题思路：

本案例主要考核工程索赔成立的条件与索赔责任的划分，索赔的内容与证据，索赔文件的种类、内容及形式。

参考答案：

1. 索赔的内容

本事件使承包人由于意外地质条件造成施工困难，导致工期延长，相应产生额外的工程费用，因此，应包括费用索赔和工期索赔。

2. 索赔的理由

施工中遇到在合向中未标明的较多次坚石，施工现场的施工条件与原来的勘察有很大差异，超出合同提供的条件，属于业主的责任范围。

3. 索赔的证据

(1)工程照片，各项由业主代表或监理工程师签认的签证，工程施工现场实施情况记录，与本事件相关的合同文件(如标书、图纸、设计交底记录、变更指令等)。这些证明用以说明施工条件变化的程度及是否真实等情况。

(2)施工进度表、施工备忘录、会议记录或纪要，以及以上各种记录报告，用以分析计算延误的工期情况并证实其可信性。

(3)与本事件相关的人工报表、材料报表、机械设备报表，用以分析计算多用了人工或延长工作时间，增加了设备数量、种类或工作时间，以及多用材料数量。

4. 索赔的文件

索赔的文件主要包括：索赔信、索赔报告、详细计算书与证据。

5. 索赔的通知

应在索赔事件发生后合同规定的有效期内向业主或造价工程师提出索赔要求，在发出通知后，承包人应进一步开展索赔的取证工作，以备要求进一步补充索赔理由和证据。

索赔通知的参考形式如下：

索 赔 通 知

致业主代表或监理工程师：

我方希望你方对土方开挖中工程地质条件变化问题引起重视。

一、在合同文件中标明有软石的地方未遇到预计的软石。

二、在合同文件中未标明有岩石的地方遇到较多的次坚石。

由于第一条，我方实际工期提前。

由于第二条，我方实际生产率降低，而引起工期拖延，并不得不在雨季施工。

综合上述情况，由于施工条件变化造成我方实际工期拖延四个月，并由此使得我方费用比合同预计的增加很多。所以，我方就施工现场的施工条件与原勘察设计有很大不同，向你方提出工期索赔及费用索赔，具体工期索赔及费用索赔依据及数额的计算在随后的索赔报告中。

承包人

××年××月××日

【案例四十六】

××公路工程业主与承包人签订了工程承包合同，合同约定工期600天，每提前一天奖励0.5万元，每推迟一天罚款0.7万元。当施工到120天时，监理工程师对某种工程材料检验，发现材料质量不合格，由此造成承包人整个工程停工30天。此后工程进行到200天时，业主提出变更设计，又造成承包人部分工程停工20天。最终工期597天。

问题：

根据上述背景情况分析说明承包人在何种合同规定下，通过何种办法，能够争取到多少补偿。

注：全部工程停工一天损失3万元，部分工程停工一天损失1.2万元。

解题思路：

本案例主要考核工程索赔成立的条件与索赔费用的计算。

参考答案：

根据建设工程一般施工合同条件的规定，由于材料不合格造成的停工所发生的费用，不予补偿。由于业主提出设计变更造成部分工程停工所发生的费用应予补偿，最终竣工工期比合同约定工期提前三天，应按合同规定给予奖励。因此，承包人可得到的补偿为：

$$20 \times 1.2 + 3 \times 0.5 = 15.5(\text{万元})$$

【案例四十七】

××公路工程公司于某年3月10日与某业主签订一工程施工承包合同。合同中有关工程价款及其支付的条款摘要如下：

1. 合同总价为6 000万元，其中工程主要材料和结构件总值占合同总价的60%；

2. 预付备料款为合同总价的25%，于3月20日前拨付给承包人；

3. 工程进度款由承包人逐月（每月月末）申报，经审核后于下月5日前支付；

4. 工程竣工并交付竣工结算报告后30日内，支付工程总价款的95%，留5%为工程质量保修金,保修期(1 年)满后,全部结清。

合同中有关工程工期的规定为:4 月 1 日开工,9 月 20 日竣工;工程款逾期支付按每日 8‰的利率计息;逾期竣工,按每日 10 000 元罚款。根据经业主代表批准的施工进度,各月计划完成产值(合同价)如下表所示:

单位:万元

月份	4	5	6	7	8	9
完成产值	800	1 000	1 200	1 200	1 000	800

在工程施工至 8 月 16 日时,因施工设备出现故障,停工 2 天,造成窝工 50 工日(每工日工资 19.50 元),8 月份实际产值比原计划少 30 万元。工程施工至 9 月 6 日,因业主提供的某种材料质量不合格、效果差,业主决定更换材料,造成拆除用工 60 工日(每工日工资 19.50 元),机械多闲置 3 个台班(每台班按 4 000 元计),材料费损失 5 万元,其他费用损失 1 万元,重新修建费 10 万元,因拆除、重修使工期延长 5 天,最终工程于 9 月 29 日竣工。

问题:

1. 按原施工进度计划,为业主提供一份完整的逐月拨款计划。

2. 承包人分别于 8 月 20 日和 9 月 28 日提出延长工期 3 天、费用索赔额 1 092 元和延长工期 6 天、费用索赔额 162 370 元。请问该两项索赔能否成立?应批准延长工期为几天?索赔费为多少元?

3. 8 月份和 9 月份,承包人应申报的工程结算款分别为多少?

解题思路:

本案例主要考核工程结算按月结算的计算方法及工程索赔费用的计算。

参考答案:

1. 按原施工进度计划的逐月拨款计划:

①预付备料款:6 000 × 0.25 = 1 500(万元)

②预付备料款的扣点:6 000 − 1 500 ÷ 0.6 = 3 500(万元)

③逐月拨款计划:

4 月份:工程款 800 万元,累计完成 800 万元;

5 月份:工程款 1 000 万元,累计完成 1 800 万元;

6 月份:工程款 1 200 万元,累计完成 3 000 万元;

7 月份:已达到起扣点情况下的应收工程款为:

工程款 = 当月已完工作量 − (当月累计已完工作量 − 起扣点) × 主材所占比重

= 1 200 − (3 000 + 1 200 − 3 500) × 0.6 = 780(万元)

累计完成 3 780 万元;

8 月份:工程款 = 当月已完工作量 × (1 − 主材所占比重)

= 1 000 × (1 − 0.6) = 400(万元)

累计完成 4 180 万元;

9 月份:工程款 = 当月已完工作量 × (1 − 主材所占比重) − 保留金

= 800 × (1 − 0.6) − 6 000 × 0.05 × 20(万元)

累计完成 4 200 万元。

2. 第一项不予批准。第二项应予批准,但应予以修正,应批准延长工期为 5 天,费用索赔额为 162 370 元。

3.8 月份承包人应申报的工程结算款为:400 - 30 = 370(万元)

9 月份承包人应申报的工程结算款为:20 + 16.237 = 36.237(万元)

【案例四十八】

××地区拟由政府投资修建一条高等级公路。该项目为该地区规划建设的重点工程项目之一,且已列入地方年度固定资产投资计划,概算已经主管部门批准,征地工作尚未全部完成,施工图及有关技术资料齐全。现决定对该项目进行施工招标。因估计除本地区施工单位参加投标外,还可能有外省(市)的施工单位参加投标,故业主委托咨询单位编制了两个标底,准备分别用于对本地区和外省(市)施工单位投标价的评定。业主对投标单位就招标文件所提出的所有问题统一作了书面答复,并以备忘录的形式分发给各投标单位,为简明起见,采用如下表格形式。

序　号	问　题	提问单位	提问时间	答　复
1				
2				
…				
n				

在书面答复投标单位的提问后,业主组织各投标单位进行了施工现场踏勘。在投标截止日期前 10 天,业主以书面形式通知各投标单位,由于某种原因,决定将收费站工程从原招标范围内删除。

问题:

1. 该项目的标底应采用什么方法编制?简述其理由。

2. 业主对投标单位进行资格预审应包括哪些内容?

3. 该项目施工招标在哪些方面存在问题或不当之处?请逐一说明。

解题思路:

本案例主要考核建设工程施工招标在开标(投标截止日期)前的有关问题,主要涉及招标方式的选择、招标需具备的条件、招标程序、标底编制的依据、投标单位资格预审等问题。

参考答案:

1. 由于该项目的施工图及有关技术资料齐全,因此,其标底应采用《公路工程预算定额》、《公路基本建设工程概算、预算编制办法》、《公路工程机械台班定额》等计价依据按工料单价法进行编制。

2. 业主对投标单位进行资格预审应包括以下内容:

①投标单位的组织与机构和企业概况。

②近三年完成的公路建设项目的工程情况。

③目前正在履行的合同情况。

④企业财务、管理、技术、劳力、设备等方面的情况。

⑤其他资料(如获得的各种奖励或处罚等)。

3. 该项目施工招标存在如下五个方面的问题:

①该项目征地工作尚未全部完成，尚不具备施工招标的必要条件，因而还不能进行施工招标。

②不应编制两个标底，因为根据规定，一个工程只能编制一个标底，不能对不同的投标单位采用不同的标底进行评标。

③业主对投标单位的提问只能针对具体的问题作出明确的答复，但不应提及具体的提问单位（投标单位），也不必提及提问的时间。

④根据《中华人民共和国招标投标法》的规定，若招标人需改变招标范围或变更招标文件，应在投标截止日期至少15天前以书面形式通知所有招标文件的收受人。若迟于这一时限发出变更招标文件的通知，则应将原定的投标截止日期适当延长，以便投标单位有足够的时间来充分考虑这种变更对报价的影响，并将其在投标文件中反映出来。本案例背景资料未说明投标截止日期已相应延长。

⑤现场踏勘应安排在书面答复投标单位提问之前，因为投标单位对施工现场条件也可能提出问题。

【案例四十九】

在××公路桥的设计中，根据目前交通量情况只需两车道桥梁，但根据今后交通量的增加可能需要四车道桥梁，现提出两种设计方案。方案A：现时只修建两车道桥梁，需投资1 500万元，今后再加宽两车道，需再投资900万元；方案B：现时就修建四车道桥梁，需投资2 000万元。

问题：

根据当地交通量的发展情况，可能在第五年末就需要四车道的桥梁，请问应选择哪一设计方案（设年利率为9%）？（按两种方案的现值作平衡点分析，求平衡点年数确定方案）

已知：$(P/F,0.09,6)=0.596$，$(P/F,0.09,7)=0.547$

解题思路：

本案例主要考核熟练运用工程经济学中资金时间价值的计算公式。

参考答案：

按两种方案的现值作平衡点分析，取时间x（年）为变量。

方案A：$PV_a=f_1(x)=1\ 500+900(P/F,0.09,x)$

方案B：$PV_v=f_2(x)=2\ 000$

令$f_2(x)=(x)$

则：$1\ 500+900\times(P/F,0.09,x)=2\ 000$

$(P/F,0.09)=(2\ 000-1\ 500)\div 900=0.555\ 6$

内插得：$z=6.82$年（平衡点）。因第五年末就需要四车道，因此，应选B方案。

【案例五十】

××涵洞工程混凝土总需要量为5 000m^3，混凝土工程施工有两种方案可供选择。方案A为现场制作，方案B为购买商品混凝土。已知商品混凝土的平均单价为410元/m^3，现场混凝土的单价计算公式为：

$$C = \frac{C_1}{Q} + \frac{C_2 \times T}{Q} + C_3$$

式中：C——现场制作混凝土的单价(元/m^3)；

C_1——现场搅拌站一次性投资，本工程为200 000元；

C_2——搅拌站设备的租金及维修费(与工期有关的费用)，本工程为15 000元/月；

C_3——现场搅拌混凝土所需的费用(与混凝土数量有关的费用)本工程为320元/m^3；

Q——现场搅拌混凝土的数量(m^3)；

T——工期(月)。

问题：

若混凝土施工工期不同时，A、B两个方案哪一个经济？当混凝土施工工期为12个月时，现场制作混凝土最少为多少m^3才比购买商品混凝土经济？

解题思路：

本案例主要考核运用给定的技术经济指标进行混凝土施工方案的分析与选择。

参考答案：

采用的方案与工期的关系，当A、B两个方案的成本相同时，工期T满足以下关系：

$200\ 000 \div 5\ 000 + 15\ 000 \times T \div 5\ 000 + 320 = 410$

$T = (410 - 320 - 200\ 000 \div 5\ 000) \div 15\ 000 \times 5\ 000 = 16.67$(月)

由此可得到以下结论：

工期为16.67个月时，A、B两个方案成本相同；

当工期$T < 16.67$个月时，A方案比B方案经济；

当工期$T > 16.67$个月时，B方案比A方案经济。

当工期为12个月时，现场制作混凝土的最少数量为：

设最少数量为x，则有：$200\ 000 \div x + 15\ 000 \times 12 \div x + 320 = 410$

$x = (200\ 000 + 15\ 000 \times 12) \div (410 - 320) = 4\ 222.22(m^3)$

即当$T = 12$个月时，现场制作混凝土的数量必须大于4 222.22m^3才比购买商品混凝土经济。

【案例五十一】

造价工程师在××桥梁工程中，采用价值工程的方法对该工程的设计方案和编制的施工方案进行了全面的技术经济评价，取得了良好的经济效益和社会效益。有五个设计方案，经有关专家对上述方案进行技术经济分析和论证，得出资料见下表。

功能重要性评分表

方案功能	F_1	F_2	F_3	F_4	F_5
F_1	0	4	2	3	2
F_2	4	0	3	4	2
F_3	2	3	0	2	2
F_4	3	4	2	0	1
F_5	2	2	2	1	0

方案功能得分及单方造价

方案功能	方案功能得分				
	A	*B*	*C*	*D*	*E*
F_1	9	10	9	8	7
F_2	10	9	10	9	8
F_3	9	8	7	8	10
F_4	7	9	8	7	6
F_5	8	7	8	10	9
单方造价(元/m^2)	2 200.00	2 100.00	2 000.00	1 900.00	1 800.00

问题:

1. 计算功能重要性系数。

2. 计算功能系数、成本系数、价值系数,选择最优设计方案。

3. 在对施工单位提出的施工方案进行技术经济分析时,造价工程师提出将评价指标分为:工程成本、工程工期、工程质量和其他四个方面。请将这四个方面的指标进一步细化。

解题思路:

本案例主要考核工程设计阶段设计方案的评价方法与评价准则。运用价值工程进行设计方案评价的方法,要求根据方案得分和功能重要性系数确定功能系数,根据单方造价确定成本系数,根据功能系数和成本系数确定价值系数并选择最优设计方案。

参考答案:

1. 计算功能重要性系数

F_1 得分 $=4+2+3+2=11$

F_2 得分 $=4+3+4+2=13$

F_3 得分 $=2+3+2+2=9$

F_4 得分 $=3+4+2+1=10$

F_5 得分 $=1+2+3+1=7$

总得分 $=11+13+9+10+7=50$

F_1 功能重要性系数 $=11\div50=0.22$

F_2 功能重要性系数 $=13\div50=0.26$

F_3 功能重要性系数 $=9\div50=0.18$

F_4 功能重要性系数 $=10\div50=0.20$

F_5 功能重要性系数 $=7\div50=0.14$

2. 计算功能系数、成本系数、价值系数,选择最优设计方案。

①计算功能系数

方案功能得分:

F_A 得分 $=9\times0.22+10\times0.26+9\times0.18+7\times0.20+8\times0.14=8.72$

F_B 得分 $=10\times0.22+9\times0.26+8\times0.18+9\times0.20+7\times0.14=8.76$

F_C 得分 $=9\times0.22+10\times0.26+7\times0.18+8\times0.20+8\times0.14=8.56$

F_D 得分 $=8\times0.22+9\times0.26+8\times0.18+7\times0.20+10\times0.14=8.34$

F_E 得分 $=7\times0.22+8\times0.26+10\times0.18+6\times0.20+9\times0.14=7.88$

总得分 $=8.72+8.76+8.56+8.34+7.88=42.26$

功能系数计算：

$A=8.72\div42.26=0.206$

$B=8.76\div42.26=0.207$

$C=8.56\div42.26=0.203$

$D=8.34\div42.26=0.197$

$E=7.88\div42.26=0.186$

②确定成本系数和价值系数

成本系数和价值系数的计算见下表，在五个方案中，D 方案价值系数最大，所以 D 方案为最优方案。

方案名称	单方造价（元/m³）	成本系数	功能系数	价值系数	最优方案
A	2 200.00	0.220	0.206	0.936	
B	2 100.00	0.210	0.207	0.986	
C	2 000.00	0.200	0.203	1.015	
D	1 900.00	0.190	0.197	1.037	最优
E	1 800.00	0.180	0.186	1.033	
合计	10 000.00	1.000	1.000		

3. 施工方案的技术经济指标体系：

①工程成本包括：单位工程量成本、工程成本降低率（或成本节约额）、工料节约率（或主要材料消耗指标）、劳动生产率（或劳动力消耗）、机械利用率。

②工程工期包括：工期、施工均衡性、竣工率。

③工程质量包括：合格品率、优良品率。

④其他包括：施工机械化程度、安全生产、文明施工等。

【案例五十二】

××施工单位经研究决定参与××桥梁工程的投标。经造价工程师估价，该工程预算成本为 8 500 万元，其中材料费占 60%。拟采用高、中、低三个报价方案，其利润率分别为 8%、5%、3%，根据过去类似工程的投标经验，相应的中标概率分别为 0.2、0.5、0.8。该工程业主在招标文件中明确规定采用固定总价合同，据估计，在施工过程中材料费可能平均上涨2.5%，其发生的概率为 0.4。（编制投标文件的费用为 10 万元）

问题：

该施工单位应按哪个方案投标报价？计算相应的报价和期望利润。

解题思路：

本案例主要考核决策树的概念、绘制、计算及应用决策树进行决策。分析思路如下：

本案例由于采用固定总价合同，故材料涨价将导致报价中的利润减少，且各方案利润减少的额度和发生的概率是相同的，从而使承包后的效果有好（材料不涨价）和差（材料涨价）两种。

在分析时还应注意以下问题：

（1）背景材料中给定的条件是“施工单位经研究决定参加投标”，故不考虑“不投标”方案，否则画蛇添足。

（2）估价与报价的区别。报价属决策，一般是在保本（预算成本）的基础上加上适当的利润。

(3)期望利润与实际报价中的利润的区别。期望利润是综合考虑各投标方案中标概率和不中标概率所可能实现的利润,其数值大小是决策的依据,但并不是决策方案实际报价中的利润。决策方案报价应以预算成本加上相应投标方案的计算利润,而不是预算成本加期望利润。

另外需说明的是,材料涨价的幅度有多种可能,各种可能性发生的概率也不尽相同,本案例从解题的角度加以简化了,可以理解为平均涨价幅度和平均发生概率(不是算术平均值,而是从期望值考虑的平均值)。

参考答案:

1.计算各投标方案的利润

①投高标且材料不涨价时的利润:

8 500 ×8% =680 万元

②投高标且材料涨价时的利润:

8 500 ×8% -8 500 ×60% ×2.5% =552.5 万元

③投中标且材料不涨价时的利润:

8 500 ×5% =425 万元

④投中标且材料涨价时的利润:

8 500 ×5% -8 500 ×60% ×2.5% =297.5 万元

⑤投低标且材料不涨价时的利润:

8 500 ×3% =255 万元

⑥投低标且材料涨价时的利润:

8 500 ×3% -8 500 ×60% ×2.5% =127.5 万元

将以上计算结果列于下表:

方　案	效　果	概　率	利润(万元)
高标	好	0.6	680
	差	0.4	552.5
中标	好	0.6	425
	差	0.4	297.5
低标	好	0.6	253
	差	0.4	127.5

2.画决策树,标明各方案的概率和利润,见下图。

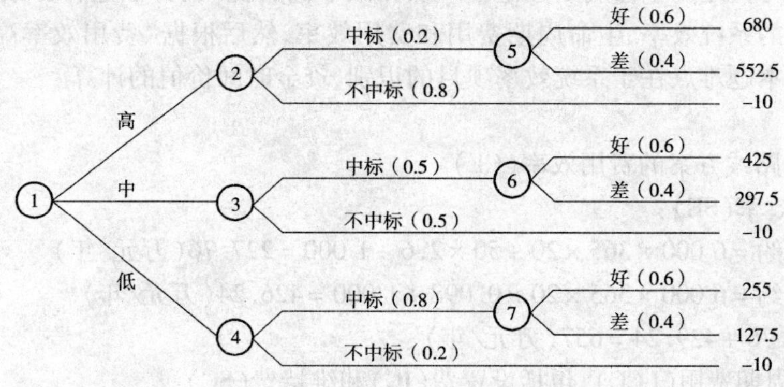

3. 计算决策树中各机会点的期望值。

点⑤的期望值:680 ×0.6 +552.5 ×0.4 =629(万元)

点⑥的期望值:425 ×0.6 +297.5 ×0.4 =374(万元)

点⑦的期望值:255 ×0.6 +127.5 ×0.4 =204(万元)

点②的期望值:629 ×0.2 -10 ×0.8 =117.8(万元)

点③的期望值:374 ×0.5 -10 ×0.5 =182(万元)

点④的期望值:204 ×0.8 -10 ×0.2 =161.2(万元)

4. 决策。

由于点③的期望利润最大,因此应投中标。

相应的报价为:8 500 ×(1 +5%) =8 925(万元)

相应的期望利润为:182 万元。

【案例五十三】

某城市里修建一条快速干线,正在考虑两条备选路线,沿河路线与穿山路线,两条路线的平均车速都提高了50km/h,日平均流量都是6 000 辆,寿命均为30 年,且无残值,基准收益率为12%,其他数据如下表所示。

两方案的费用效益

指标＼方案	沿河路线(A)	穿山路线(B)
全长(km)	20	15
初期投资(万元)	490	650
年维护运行费[万元/(km·年)]	0.2	0.25
大修(每十年一次,万元/10 年)	85	65
运输费用节约[元/(km·辆)]	0.098	0.112 7
时间费用节约[元/(h·辆)]	2.6	2.6

问题:

试用全生命周期费用分析 CE 法比较两条路线的优劣,并做出方案选择(计算结果保留两位小数)。

解题思路:

本案例主要考查运用生命周期理论,即“费用效率高者优”的方法进行方案选优。依次分别求出两个方案的系统效率、生命周期费用和费用效率,然后根据“费用效率高者优”的思路进行方案选择。本题难点在于系统效率项目的识别、资金时间价值的计算。

参考答案:

1)计算沿河路线方案的费用效率(CE)

(1)求系统效率(SE):

时间费用节约 =6 000 ×365 ×20 ÷50 ×2.6 ÷1 000 =227.76(万元/年)

运输费用节约 =6 000 ×365 ×20 ×0.098 ÷1 000 =426.24(万元/年)

则 SE =227.76 +429.24 =657(万元/年)

(2)求生命周期费用(LCC),包括设置费(IC)和维持费(SC)

$IC = 490(A/P,12\%,30) = 490 \times 12\%(1+12\%)30/[(1+12\%)30-1]$

$= 490 \times 0.1241$

$= 60.81$(万元/年)

$SC = 0.2 \times 20 + [85(P/F,12\%,10) + 85(P/F,12\%,20)](A/P,12\%,30)$

$= 4 + [85 \times (1+12\%) - 10 + 85 \times (1+12\%) - 20] \times 0.124\ 1$

$= 4 + [85 \times 0.322\ 0 + 85 \times 0.103\ 7] \times 0.124\ 1$

$= 8.49$(万元/年)

则 $LCC = IC + SC = 60.81 + 8.49 = 69.3$(万元/年)

(3)求费用效率(CE)

$CE = SE \div LCC = 657 \div 69.3 = 9.48$

2)计算穿山路线方案的费用效率(CE)

(1)求系统效率(SE)

时间费用节约 $= 6\ 000 \times 365 \times 15 \div 50 \times 2.6 \div 10\ 000$

$= 170.82$(万元/年)

运输费用节约 $= 6\ 000 \times 365 \times 15 \times 0.1127 \div 100\ 00$

$= 370.22$(万元/年)

则 $SE = 170.82 + 370.22$

$= 541.04$(万元/年)

(2)求生命周期费用(LCC),包括设置费(IC)和维持费(SC)

①$IC = 650(A/P,12\%,30)$

$= 650 \times 12\%(1+12\%)30/[(1+12\%)30-1]$

$= 650 \times 0.1241$

$= 80.67$(万元/年)

②$SC = 0.25 \times 15 + [65(P/F,12\%,10) + 65(P/F,12\%,20)](A/P,12\%,30)$

$= 3.75 + [65 \times (1+12\%) - 10 + 65 \times (1+12\%) - 20] \times 0.1241$

$= 3.75 + [65 \times 0.322\ 0 + 65 \times 0.103\ 7] \times 0.124\ 1$

$= 7.18$(万元/年)

则 $LCC = IC + SC = 80.67 + 7.18 = 87.85$(万元/年)

(3)求费用效率(CE)

$CE = SE \div LCC = 541.04 \div 87.85 = 6.16$

3)方案选择

因为沿河路线方案的费用效率(CE)>穿山路线方案费用效率(CE)

所以选择沿河路线方案

【案例五十四】

某高速公路项目利用世界银行贷款修建,施工合同采用 FIDIC 合同条件,由工程师代表业主对项目建设实施管理。该工程在施工过程中,陆续发生了如下索赔事件(索赔工期与费用数据均符合实际):

(1)施工期间,承包人发现施工图纸有误,需设计单位进行修改,由于图纸修改造成停工

20天。承包人提出工期延期20天与费用补偿2万元的要求。

(2)施工期间下雨,为保证路基工程填筑质量,工程师下达了暂停施工指令,共停工10天,其中连续4天出现低于工程所在地雨季平均降雨量的雨天气候和连续6天出现50年一遇的特大暴雨。承包人提出工期延期5天与费用补偿1万元的要求。

(3)施工过程中,现场周围居民称承包人施工噪声扰民,阻止承包人的混凝土浇筑工作。承包人提出工期延期5天与费用补偿1万元的要求。

(4)由于业主要求,在原设计中的一座互通式立交桥设计长度增加了5m,工程师向承包人下达了变更指令,承包人收到变更指令后及时向该桥的分包单位发出了变更通知。分包单位及时向承包人提出了索赔报告,报告内容包括:

①由于增加立交桥长度而增加的费用20万元和分包合同工期延期30天的索赔;

②此设计变更前因承包人占用而未按分包合同约定提供施工场地,导致工程材料到场第二次倒运增加的费用1万元和分包合同工期延期10天的索赔。

承包人以已向分包单位支付索赔款21万元的凭证为索赔证据,向工程师提出要求补偿该笔费用21万元和延长工期40天的要求。

(5)由于某路段路基底是淤泥,根据设计文件要求,需进行换填,在招标文件中已提供了地质的技术资料。承包人原计划使用隧道出渣作为填料换填,但施工中发现隧道出渣级配不符合设计要求,需进一步破碎以达到级配要求,承包人认为施工费用高出合同单价,如仍按原价支付不合理,需另外给予延期20天与费用补偿20万元的要求。

问题:

1.判定承包人索赔成立的条件有哪些?

2.针对承包人提出的上述索赔要求,工程师应如何签署意见?

解题思路:

本案例主要考查:判定索赔成立的条件,不利的地质条件和人为障碍、异常恶劣的气候条件以及安全文明施工引起的索赔处理问题,索赔的合同关系处理。

不利的地质条件和为人障碍引起的索赔问题,承包人既可以要求工期补偿、也可以要求费用补偿。而异常恶劣的气候条件只能要求工期顺延,注意不利的气候条件(如季节性下雨)是不能索赔的。

业主、承包人、分包商人之间只能按合同关系进行索赔,也就是说只有有合同关系的当事人之间才能进行索赔,否则不能索赔。

参考答案:

问题1:

判定承包人索赔成立的条件:

(1)与合同相对照,事件已造成了承包人施工成本的额外支出,或直接工期损失。

(2)造成(1)的原因,按合同约定不属于承包人的行为责任或风险责任。

(3)承包人按合同规定的程序提交了索赔意向通知和索赔报告。

问题2:

工程师应这样签署意见:

(1)这是非承包人原因造成的,故造价工程师应批准工期补偿和费用补偿。

(2)由于异常恶劣气候造成的6天停工是承包人不可预见的,应签证给予工期补偿6天,但不给费用补偿；对于低于雨季正常降雨量造成的4天停工，是承包人应该预见的，故不应该签证给予工期补偿和费用补偿。

(3)这是承包人自身原因造成的，故不应给予费用补偿和工期补偿。

(4)工程师应批准由于设计变更导致的费用补偿20万元和工期补偿30天，因其属于业主责任(或不属于承包人责任)；不应批准材料倒运增加的费用补偿1万元和工期补偿10天，因其属于承包人责任。

(5)这是承包人应合理预见到的，故工程师不应签证给予费用补偿和工期补偿。

【案例五十五】

某建设项目，企业自筹资金420万元，银行贷款本息850万元，中央预算投资185万元，地方预算投资160万元。在建设期内完成建筑工程438万元，安装工程150万元，需安装设备375万元，不需要安装设备86万元，生产器具80万元(其中，达到固定资产标准的为42万元)。其他投资完成：建设单位管理费70万元，土地征用费130万元，勘察设计费65万元，专利费42万元，生产职工培训费18万元，非常损失6万元，库存设备132万元，库存材料60万元，债权总额37万元。

问题：

1. 建设项目竣工结算的组成内容包括哪些？

2. 如何对新增资产按经济内容进行划分？各部分主要包括的内容是什么？

3. 试根据已知数据填写该项目竣工财务决算表。

参考答案：

1. 竣工决算的组成内容有竣工决算表、竣工决算报告说明书、竣工工程平面示意图、工程造价比较分析四部分组成。

2. 新增资产按经济内容不同划分为固定资产、流动资产、无形资产、递延资产、其他资产。其各部分包括的内容如下：

1)固定资产主要包括：

(1)已交付使用的建安工程造价；

(2)达到固定资产标准的设备、工具购置费。

建设项目竣工财务决算总表　　　　单位：万元

建设项目名称：×××建设项目

项目投资来源	金额	项目投资完成情况及资金	金额	补充材料
一、国家预算内投资		一、基建支出合计		1. 应收生产单位款
1. 中央预算投资		(一)交付使用资产		2. 基建时期其他收入款
2. 地方预算投资		1. 固定资产		其中：
二、利用国内贷款		2. 流动资产		试车产品收入
1. 国内商业银行贷款		3. 无形资产		试车收入
2. 其他渠道筹款		4. 递延资产		3. 收入分配情况
三、自筹资金		5. 其他资产		其中：
1. 部门自筹资金		(二)未完工程尚需支出合计		上缴财政

续上表

项目投资来源	金额	项目投资完成情况及资金	金额	补充材料
2. 地方自筹资金		其中：		企业自留
3. 企业自筹资金		1. 建安工程支出		施工单位分成
4. 其他自筹资金		2. 设备支出		上缴主管部门
四、利用外资		3. 待摊投资支出		
1. 国内商业银行贷款		4. 其他支出		
2. 世界银行、亚洲银行等优惠贷款		二、项目结余资金		4. 投资来源分析
3. 国外直接投资		其中：		其中：
4. 其他直接投资		1. 库存设备		资本金
五、从证券市场筹措资金		2. 库存材料		负债
1. 企业债券资金		3. 货币资金		
2. 发行企业股票		4. 债权债务净额		
六、其他来源的投资		债权总额		
1. 联营投资		债务总额		
2. 其他				
合　计		合　计		

2）流动资产主要包括：

(1)货币性资金；

(2)应收及预付款；

(3)各种存货。

3）无形资产主要包括：

(1)专利权；

(2)商标权；

(3)土地使用权等。

4）递延资产主要包括：

(1)开办费；

(2)租赁固定资产的改良工程支出。

5）其他资产主要包括特准储备物资等。

3. 建设项目竣工财务决算表，见建设项目竣工财务决算总表。

建设项目竣工财务决算总表

单位：万元

建设项目名称：×××建设项目

项目投资来源	金额	项目投资完成情况及资金	金额	补充材料
一、国家预算内投资	345	一、基建支出合计	1 460	1. 应收生产单位款
1. 中央预算投资	185	交付使用资产	1 460	2. 基建时期其他收入款
2. 地方预算投资	160	1. 固定资产	1 356	其中：
二、利用国内贷款	850	2. 流动资产	38	试车产品收入
1. 国内商业银行贷款		3. 无形资产	42	试车收入

续上表

项目投资来源	金额	项目投资完成情况及资金	金额	补充材料
2. 其他渠道筹款		4. 递延资产		3. 收入分配情况
三、自筹资金	420	5. 其他资产		其中：
1. 部门自筹资金		未完工程尚需支出合计		上缴财政
2. 地方自筹资金		其中：		企业自留
3. 企业自筹资金	420	1. 建安工程支出		施工单位分成
4. 其他自筹资金		2. 设备支出		上缴主管部门
四、利用外资		3. 待摊投资支出		
1. 国内商业银行贷款		4. 其他支出		
2. 世界银行、亚洲银行等优惠贷款		二、项目结余资金	192	4. 投资来源分析
3. 国外直接投资		其中：		其中：
4. 其他直接投资		1. 库存设备	132	资本金
五、从证券市场筹措资金	37	2. 库存材料	60	负债
1. 企业债券资金	37	3. 货币资金		
2. 发行企业股票		4. 债权债务净额		
六、其他来源的投资		(1)债权总额		
1. 联营投资		(2)债务总额		
2. 其他				
合计	1 652	合计	1 652	

【案例五十六】

某投资公司承担的某高速公路工程项目，竣工时反映的财务核算资料如下：

(1)经验收合格，交付使用的资产有：

①线路、桥梁、隧道等建筑安装工程资产价值 218 560 万元；设备、收费、通信系统价值 54 775万元；②为运营准备使用期在一年以内的工器具、物品等 125 万元；使用期在一年以上，单件价值在 2 000 元以上的工、器具 40 万元；③建设期间购买非专利技术 75 万元，摊销期 5 年；④筹建期间的开办费 136 万元。

(2)收尾零星工程支出的项目有：

①建筑安装工程支出 185 万元；②设备、工器具投资 45 万元；③建设单位管理费、勘察设计费等待摊投资 25 万元；④其他支出 35 万元。

(3)非经营性项目发生待核销基建支出 60 万元。

(4)购置需安装设备 65 万元，其中待处理设备损失 8 万元。

(5)货币资金 1 560 万元。

(6)应收有偿调出材料款 45 万元。

(7)建设单位自有固定资产原值 8 750 万元，累计折旧 2 140 万元。

反映在“资金平衡表”上的资金来源的资金余额是：

(1)预算拨款 72 350 万元。

(2)自筹资金拨款 62 639 万元。

(3)商业银行借款 145 962 万元。

(4)交付使用资产价值中,有 120 万元属利用投资借款形成的待冲基建支出。

(5)应付设备商设备款 965 万元,应付承包人工程款(扣留的保留金未归还部分)8 123 万元尚未支付。

(6)未交税金 158 万元;未交基建收入 24 万元。

问题:

试编制建设项目竣工财务决算表。

参考答案:

建设项目竣工财务决算表见表所示。

竣工财务决算表 货币单位:人民币万元

资金来源	金额	资金占用	金额
一、基建拨款	134 989	一、基本建设支出	274 061
1. 预算拨款	72 350	1. 交付使用资产	273 711
2. 基建基金拨款		2. 在建工程	290
3. 进口设备转账拨款		3. 待核销基建支出	60
4. 器材转账拨款		4. 非经营性项目转出投资	
5. 煤代油转用基金拨款		二、应收借款	
6. 自筹资金拨款	62 639	三、应收生产单位投资借款	
7. 其他拨款		四、器材	65
二、项目资本		其中待处理器材损失	8
1. 国家资本		五、货币资金	9 560
2. 法人资本		六、预付及应收款	45
3. 个人资本		七、有价证券	
三、项目资本公积		八、固定资产	6 610
四、基建借款	145 962	固定资产原值	8 750
五、上级拨入投资借款		减:累计折旧	2 140
六、企业债券资金		固定资产净值	6 610
七、待冲基建支出	120	固定资产清理	
八、应付款	9 088	待处理固定资产损失	
九、未交款	182		
1. 未交税金	158		
2. 未交基建收入	24		
3. 未交基建包干结余			
4. 其他未交款			
十、上级拨人资金			
十一、留成收入			
合计	290 341	合计	290 341

【案例五十七】

建设单位准备对该项目进行竣决算的编制。经过一段时间紧张的工作形成了竣工决算文件,其内容包括:

1. 建设项目竣工决算报告情况说明书,该说明书含以下内容:

(1)工程进度方面分析说明;

(2)工程质量、安全方面说明;

(3)工程造价方面说明;

(4)建设项目竣工工程概况表;

(5)新增生产能力效益分析;

(6)工程建设的经验教训和有待解决的问题。

2. 竣工决算报表,包括:

(1)建设项目竣工财务决算表;

(2)交付使用固定资产明细表;

(3)交付使用流动资产明细表;

(4)概算执行情况分析和编制说明;

(5)待摊投资明细表。

3. 工程造价比较分析,内容包括:

(1)主要实物工程量;

(2)主要材料消耗量;

(3)财务分析。

问题:

1. 对于建设单位编制的上述竣工决算,你认为有哪些不妥?如何进行调整?

2. 竣工决算依据哪些资料进行编制?

3. 如何进行竣工决算的编制?

解题思路:

本题要求对竣工决算的各组成内容要非常熟练,知道各组成部分包括的内容,掌握竣工决算的编制依据和编制步骤。

参考答案:

1. 上述内容不妥之处有:

(1)在建设项目竣工决算情况说明书中,“建设项目竣工工程概况表”不属于该部分内容,而属于“竣工决算报表”范围,应将该内容放在竣工决算报表内。

(2)在“竣工决算报表”中,交付使用固定资产明细表和交付使用流动资产明细表,在建设项目竣工财务决算表中已经包括,此处应将其去掉。

(3)应将“工程造价比较分析”中的“财务分析”调整到建设项目竣工决算情况说明书中。

2. 竣工决算的编制主要依据下列资料:

(1)经批准的可行性研究报告和投资估算书;

(2)经批准的初步设计或扩大初步设计及其概算或修正概算书;

(3)经批准的施工图设计及其施工图预算书;

(4)设计交底或图纸会审会议纪要;

(5)标底、承包合同、工程结算资料;

(6)施工记录或施工签证单及其他施工发生的费用记录,如索赔报告与记录等停(交)工报告;

(7)竣工图及各种竣工验收资料;

(8)历年基建资料、财务决算及批复文件;

(9)设备、材料调价文件和调价记录;

(10)有关财务核算制度、办法和其他有关资料、文件等。

3.竣工决算的编制应按下列步骤进行:

(1)搜集、整理、分析原始资料;

(2)对照、核实工程及变更情况,核实各单位工程、单项工程造价;

(3)审定各有关投资情况;

(4)编制竣工财务决算说明书;

(5)认真填报竣工财务决算报表;

(6)认真作好工程造价对比分析;

(7)清理、装订好竣工图;

(8)按国家规定上报审批、存档。

某建设项目固定资产投资估算表

单位:万元

序号	工程费用名称	估算价值					占固定资产投资比例(%)
		建筑工程	设备购置	安装工程	其他费用	合计	
1	工程费用	7 060	7 490	1 430		15 980	81.23
1.1	主要生产项目	2 800	3 900	700		7 400	
1.2	辅助生产项目	1 900	2 600	400		4 900	
1.3	公用工程	1 320	660	220		2 200	
1.4	环境保护工程	330	220	110		660	
1.5	总图运输工程	220	110			330	
1.6	服务性工程	160				160	
1.7	生活福利工程	220				220	
1.8	厂外工程	110				110	
2	工程建设其他费用				400	400	2.03
	1~2小计	7 060	7 490	1 430	400	16 380	
3	预备费			3 292	3 292	16.74	
3.1	基本预备费				1 638	1 638	
3.2	涨价预备费				1 654	1 654	
4	投资方向调节税				984	984	
5	建设期贷款利息				612	612	
	总计	7 060	7 490	1 430	5 288	21 268	

【案例五十八】

某企业拟投资兴建一公路项目。预计该项目的生命周期为12年,其中:建设期为2年,生产期为10年。项目投资的现金流量数据如下表所示。根据国家规定,全部数据均按发生在各年年末计算。项目的折现率按照银行贷款年利率12%计算,按季计息。

某项目全部投资现金流量表　　单位:万元

序号	年份 项目	建设期		生　产　期									
		1	2	3	4	5	6	7	8	9	10	11	12
1	现金流入												
1.1	销售收入			2 600	4 000	4 000	4 000	4 000	4 000	4 000	4 000	4 000	2 600
1.2	固定资产余值回收												500
1.3	流动资金回收												900
2	现金流出												
2.1	建设投资	1 800	1 800										
2.2	流动资金			500	400								
2.3	经营成本			1 560	2 400	2 400	2 400	2 400	2 400	2 400	2 400	2 400	1 560
2.4	销售税金及附加												
2.5	所得税												
3	净现金流量												
4	累计净现金流量												
5	折现系数												
6	折现净现金流量												
7	累计折现净现金流量												

问题:

1. 分别按6%、33%的税率计算运营期内每年的销售税金及附加和所得税(生产期第一年和最后一年的年总成本为2 400万元,其余各年总成本均为3 600万元)。

2. 计算现金流入量、现金流出量和净现金流量、累计净现金流量。

3. 计算年实际利率、每年折现系数、折现净现金流量、累计折现净现金流量。

4. 计算该项目的静态、动态投资回收期。

5. 根据计算结果,评价该项目的可行性。

说明:仅要求对年实际利率和静态、动态投资回收期列式计算,其余均直接在表中计算。

参考答案:

1. 和2. 计算结果见表中相应栏目。

某项目全部投资现金流量表　　单位:万元

序号	年份 项目	建设期		生　产　期									
		1	2	3	4	5	6	7	8	9	10	11	12
1	现金流入		2 600	4 000	4 000	4 000	4 000	4 000	4 000	4 000	4 000	4 000	
1.1	销售收入			2 600	4 000	4 000	4 000	4 000	4 000	4 000	4 000	4 000	2 600

续上表

序号	项目＼年份	建设期		生产期									
		1	2	3	4	5	6	7	8	9	10	11	12
1.2	固定资产回收												500
1.3	流动资金回收												900
2	现金流出	1 800	1 800	2 231	3 093	2 693	2 693	2 693	2 693	2 693	2 693	2 693	1 731
2.1	建设投资	1 800	1 800										
2.2	流动资金			500	400								
2.3	经营成本			1 560	2 400	2 400	2 400	2 400	2 400	2 400	2 400	2 400	1 560
2.4	销售税及附加			156	240	240	240	240	240	240	240	240	156
2.5	所得税			15	53	53	53	53	53	53	53	53	15
3	净现金流量	-1 800	-1 800	369	907	1 307	1 307	1 307	1 307	1 307	1 307	1 307	2 269
4	累计净现金流量	- 1800	-3 600	-3 231	-2 324	-1 017	290	1 597	2 904	4 211	5 518	6 825	9 094
5	折现系数	0.888	0.789	0.701	0.623	0.554	0.492	0.437	0.388	0.345	0.307	0.272	0.242
6	折现净现金流量	-1 598	-1 420	259	565	724	643	571	507	451	401	356	549
7	累计折现净现金流量	- 1598	-3 018	-2 759	-2 194	-1 470	-827	-256	251	702	1 103	1 459	2 008

3. 年实际利率 $=(1+12\%\div4)4-1=12.55\%$

每年折现系数、折现净现金流量、累计折现净现金流量见上表。

4. 该项目静态投资回收期为 $=(6-1)+|-1\ 017|\div1\ 307=5.78$（年）

该项目动态投资回收期为 $=(8-1)+|-256|\div507=7.50$（年）

5. 根据上述计算结果，NPV＝2 008 万元＞0；静态投资回收期＝5.78 年，动态投资回收期＝7.50 年，均小于该项目计算期 12 年（如果给定基准投资回收期，应将静态、动态投资回收期与基准投资回收期比较），所以该项目是可行的。

【案例五十九】

如果某隧道工程的施工网络计划如下图所示。

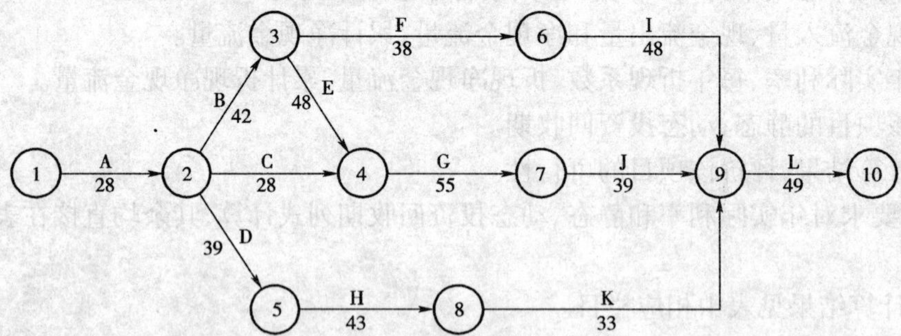

问题：

压缩哪些关键工作可能会改变关键线路？压缩哪些关键工作不会改变关键线路？为什么？

解题思路：

如果用具体的数据通过计算来确定关键线路是否变化，就能得出正确的结论。不能笼统地说，压缩关键工作会改变关键线路。

参考答案：

该施工网络计划图的关键线路及总时差计算如下图：

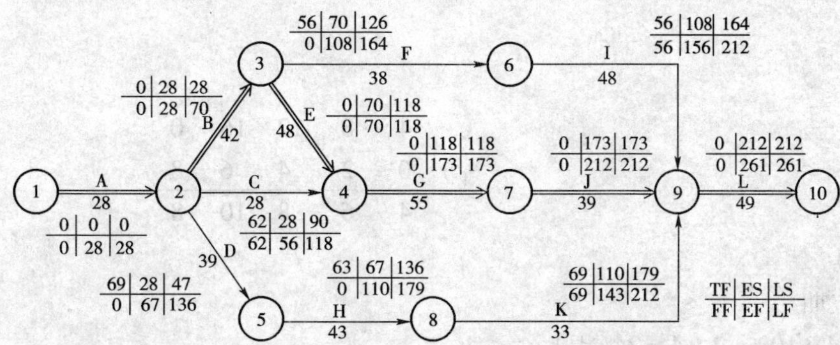

图中双线线路为关键线路，线路：A－B－F－I－L的总时差为56；A－D－H－K－L的总时差为69；A－C－G－J－L的总时差为62。由于B、E、G、J每个工作的时间都小于min{56、69、62}。所以，当B、E、G、J四项工作的总压缩时间小于56时就可能改变关键线路。

压缩关键工作A、L不会改变关键线路，因为工作A、L是所有线路（包括关键线路和非关键线路）的共有工作，其持续时间缩短则所有线路的持续时间都相应缩短，不改变非关键线路的时差。

【案例六十一】

某工程由A、B、C、D四个施工过程组成，施工顺序为：A→B→C→D，分别在四个施工段上，各施工过程相应的流水节拍为：$t_A=2$天，$t_B=4$天；$t_C=4$天，$t_D=2$天。

问题：

在劳动力相对固定的条件下，试确定流水施工方案。

参考答案：

从流水节拍特点看，可组织异节拍专业流水；但因劳动力不能增加，无法做到等步距。为了保证专业工作队连续施工，按无节奏专业流水方式组织施工。

1. 确定施工段数、工序数

为使专业工作队连续施工，取施工段数等于施工过程数，即：$m=n=4$

2. 求累加数列

A：2，4，6，8　　　B：4，8，12，16

C：4，8，12，16　　D：2，4，6，8

3. 确定流水步距

(1) $K_{A,B}$

$$\begin{array}{rrrrrr} & 2 & 4 & 6 & 8 & 0 \\ -) & 0 & 4 & 8 & 12 & 16 \\ \hline & 2 & 0 & -2 & -4 & -16 \end{array}$$

$K_{A,B}=2$

(2) $K_{B,C}$

$$
\begin{array}{rrrrrr}
 & 4 & 8 & 12 & 16 & 0 \\
-) & 0 & 4 & 8 & 12 & 16 \\
\hline
 & 4 & 4 & 4 & 4 & 16
\end{array}
$$

$K_{B,C}=4$

(3)$K_{C,D}$

$$
\begin{array}{rrrrrr}
 & 4 & 8 & 12 & 16 & 0 \\
-) & 0 & 2 & 4 & 6 & 8 \\
\hline
 & 4 & 6 & 8 & 10 & 8
\end{array}
$$

$K_{C,D}=10$

4. 计算工期

T =(2 +4 +10) +2 ×4 =24(天)

5. 绘制流水施工进度图表,见下图所示。

施工过程名称	施工进度(天)											
	2	4	6	8	10	12	14	16	18	20	22	24
A	①	②	③	④								
B	K_{AB}	①		②		③		④				
C		K_{BC}		①		②		③		④		
D						K_{CD}			①	②	③	④

【案例六十一】

国内 × × 工程参照 FIDIC 合同条件规定,承包人要求索赔成立的条件必须具备如下四个条件:

1. 与合同相比较已经造成实际的额外费用增加或工期损失;

2. 造成费用增加或工期损失的原因不是由于承包人的过失;

3. 按合同规定不应由承包人承担的风险;

4. 承包人在事件发生后的规定时限内提出了书面的索赔意向通知。

由于该工程项目工程变更,使钢筋混凝土项目与原合同估算工程量 8 300m^3(单价 150 美元/m^3,超过 25% 以上才允许调整单位价格)增加成 12 500m^3。因此承包人按上述条件要求在规定的时限内向造价工程师提出了书面的索赔通知。

问题:

通过造价工程师的努力,最后与承包人达成一致意见,超出部分的钢筋混凝土单价为 135 美元/m^3。请问业主应付给承包人总计多少美元?

解题思路:

本案例主要考核工程量变更后,工程价款的计算原则。

参考答案:

12 500 − 8 300 =4 200

4 200 ÷ 8 300 = 50.6%

已超过原工程量的25%,25%以内的钢筋混凝土按原价计,25%以外的钢筋混凝土按新价计。

83 000 × (1 + 0.25) × 150 + [12 500 − 8 300 × (1 + 0.25)] × 135

= 8 300 × 1.25 × 150 + (12 500 − 8 300 × 1.25) × 135

= 1 843 125(美元)

附录　往年考试案例分析试题

2005 年甲级公路工程造价人员资格考试案例分析试题

一、某混凝土工程的观察测量情况是:对象是 9 名工人,施工条件正常,整个过程完成的工程量为 50m^3 混凝土。基本工作时间 514min,因没有水泥而停工 15min,因停电耽误 12min,辅助工作时间占基本工作时间 5%,准备结束时间为 28.3min,工人上班迟到 8min,不可避免中断时间为 11.6min,休息时间占定额时间的 4%。

问题:(15 分)(计算时均取三位小数)

请计算该混凝土工作的施工定额(计量单位取 10m^3)。

二、某高速公路沥青路面项目,路线长 36km,行车道宽度 22m,沥青混凝土厚度 18cm。在距路线两端 1/3 处各 1 处较平整场地适宜设置沥青拌和场,上路距离均为 200m,根据经验估计每设置 1 处拌和场的费用约为 90 万元。施工组织提出了设 1 处和 2 处拌和场的两种施工组织方案进行比选。

问题:(20 分)

假设施工时工料机价格水平与定额基价一致,请从经济角度出发,选择费用较省的施工组织方案?

三、某钢筋混凝土拱涵,标准跨径 4m,涵台高 3m,洞口为八字墙,涵洞长度为 54m,拱部的断面为半圆形。其施工图设计图纸工程量如下表:

序　号	项　目	单　位	工　程　量
1	挖基坑土方(干处)	m^3	2 800
2	挖基坑石方(干处)	m^3	2 300
3	M7.5 浆砌片石基础	m^3	600
4	M7.5 浆砌片石涵底和洞口辅助	m^3	80
5	2cm 水泥砂浆抹面	m^2	60
6	M7.5 浆砌块石台、墙	m^3	800
7	混凝土帽石	m^3	3
8	拱 C25 混凝土	m^3	120
9	拱钢筋	t	4.8
10	砂砾垫层	m^3	450

问题:(20 分)

某造价工程师编制的施工图预算如下表所示,请问该造价文件中存在哪些问题?根据你的理解请改正这些问题，并在表中补充修改，需要时应列式计算或说明。

序号	工程细目名称		单位	定额代号	工程量	定额调整或系数
1	挖基处(干处)	土方	$10m^3$	4003002	280	
		石方	$10m^3$	4003006	230	
2	M7.5 浆砌片石	基础	$10m^3$	4031001	60	
		涵底和洞口辅助	$10m^3$	4031001	8	
3	2cm 水泥砂浆抹面		$100m^2$	4105017	0.6	
4	M7.5 浆砌块石台、墙		$10m^3$	4032005	80	
5	混凝土帽石		$10m^3$	4039002	0.3	
6	现浇 C25 混凝土拱		$10m^3$	4047005	12	
7	现浇拱钢筋		t	4047008	4.8	
8	砂砾垫层		$10m^3$	4104001	45	

四、某隧道工程长约 500m，隧道围岩为石灰岩。隧道洞口地势较平坦，隧道弃渣堆放在洞口附近。距隧道洞口 25km 处有一碎石料场，2cm 碎石供应价为 25 元/m^3（含装卸费等杂费）。当地运价标准为 0.5 元/(t · km)，人工工资单价 15 元/工日，250 × 150 电动碎石机台班预算单价 100 元/台班，滚筒式筛分机台班预算单价 120 元/台班。

问题：(25 分)(计算结果均取两位小数)

1. 假设隧道弃渣经破碎筛分后能满足隧道混凝土工程需要，请合理确定本项目 2cm 碎石的预算单价。

2. 如果隧道弃渣加工的碎石仅能满足 200m 隧道混凝土工程的需要，此时的 2cm 碎石的预算单价是多少？

五、某地拟建一条高速公路，根据交通量需要和全寿命周期成本控制的要求，设计单位提出了 A(沥青混凝土路面)、B(水泥混凝土路面)两个方案进行比选，面层数量为 710.850m^2、基层数量为 771.780m^2、垫层数量为 832.710m^2。为对两个方案进行深入比选，设计单位进行了认真的调查研究和分析，有关情况如下：

1. 公路通车年建设成本为：沥青混凝土面层 120 元/m^2、水泥混凝土面层 85 元/m^2、路面基层 45 元/m^2、路面垫层 28 元/m^2，公路使用寿命为 10 年，预计沥青混凝土路面每 15 年大修一次，水泥混凝土路面每 10 年大修一次，大修费用按重新铺筑面层计算。

2. 旧路面挖除费用为：A 方案 4.5 元/m^2、B 方案 8.0 元/m^2。

3. 假定社会成本为：A 方案 500 000 元/年、B 方案 1 000 000 元/年。

4. 每次大修时，将增加有关社会和经济成本：预计将减少收费收入 100 万元，增加燃油损耗、时间损失等社会成本 200 万元。

问题：(30 分)

假设两个方案营运养护管理成本相等，社会折现率取 5%，请从全寿命周期成本的角度，选择经济合理的方案。

六、××预应力混凝土连续梁桥，桥跨组合为50+3×80+50，桥梁全长345.50m，桥宽度为25.00m。基础为钻孔灌注桩，采用回旋钻机施工，桥墩为每排3根共6根2.50m的桩，桥台为8根2.50m的桩。承台尺寸为8.00×20.00×3.00m。除桥台为干处施工外，其余均为水中施工（水深4~5m）。混凝土均要求采用集中拌和、泵送施工，水上混凝土施工考虑搭便桥的方法，便桥费用不计。本工程计划工期为18个月。其施工图设计的主要工程数量见下表：

项目		钻孔深度(m)				钢筋(t)
		砂、黏土	砂砾	软石	次坚石	
灌注桩	桥墩	87	862	176	27	329
	桥台	67	333	160	—	
承台		封底混凝土(m^3)		承台混凝土(m^3)		钢筋(t)

问题：(30分)(计算结果均取三位小数)

请根据上述资料列出本该桥梁基础工程造价所涉及的相关定额的名称、单位、定额代号、数量等内容，并填入表格中，需要时应列式计算或文字说明。

参考答案

一、答:

1. 辅助工作时间

$514 \times 5\% = 25.7(\text{min})$

2. 定额时间

$(514 + 25.7 + 28.3 + 11.6) \div (1 - 4\%) = 603.75(\text{min})$

3. 该混凝土工作的劳动定额

$603.75 \times 9 \div 60 \div 8 \div 50 \times 10 = 2.264$(工日/10$m^3$)

4. 该混凝土工作的机械定额

$603.75 \div 60 \div 8 \div 50 \times 10 = 0.252$(台班/10$m^3$)

二、答:

1. 混合料综合平均运距计算

设置1处拌和场:

拌和场设置在路线1/3处,距路线起终点分别为12km和24km,平均运距分别为6km和12km,其混合料综合平均运距为:

$(36 \div 3 \times 36 \div 3 \div 2 + 36 \div 3 \times 2 \times 36 \div 3 \times 2 \div 2) \div 36 + 0.2 = 10.2(\text{km})$

设置2处拌和场:

拌和场设置在距路线两端1/3处,两个拌和场供料范围均为18km,每个拌和场距其供料路段的起终点分别为12km和6km,平均运距分别为6km和3km,其混合料综合平均运距为:

$(36 \div 3 \times 36 \div 3 \div 2 + 36 \div 3 \times 2 \times 36 \div 3 \div 2 \div 2) \times 2 \div 36 + 0.2 = 5.2(\text{km})$

2. 混合料运输费用计算

混合料工程量 $= 0.18 \times 22 \times 36\,000 = 142\,560(m^3)$

设置1处拌和场混合料运输费用为:

$(841 + 115 \times 9.2) \times 142\,560 \div 100 = 2\,707\,214$(元)

设置2处拌和场时混合料运输费用为:

$(841 + 115 \times 4.2) \times 142\,560 \div 100 = 1\,887\,494$(元)

3. 两方案的经济性比较

设置1处拌和场时的综合费用为:

$900\,000 + 2\,707\,214 = 3\,607\,214$(元)

设置2处拌和场时的综合费用为:

$900\,000 \times 2 + 1\,887\,494 = 3\,687\,494$(元)

由于设置1处拌和场的综合费用低于设置2处拌和场的综合费用,从经济角度出发,推荐设置1处拌和场的施工组织方案。

三、答:

1. 本项目挖基工程量较大,达5 000m^3 以上,因此挖基工程按桥涵挖基定额计算不合适,应按路基土石方定额计价。

2. 漏计浆砌块石台、墙砂浆强度等级调整和现浇混凝土拱混凝土强度等级调整。

3. 漏计拱涵拱盔及支架。

$54 \times 4 = 216(m^2)$

4. 漏计防水层。

防水层采用涂沥青,其数量为:$54 \times 4 \times \pi \div 2 = 339.3(m^2)$

5. 漏计沉降缝。

按平均5m设一道沉降缝,填缝深度按10cm考虑,则其数量为:

$54 \div 5 - 1 = 9.8$(道),按10道计算。

$10 \times (4 \times \pi \div 2 + 3 \times 2 + 4) \times 2 \times 0.1 = 32.6(m^2)$

序号	工程细目名称		单 位	定额代号	工 程 量	定额调整或系数
1	挖基坑(干处)	土方	$100m^3$	1007002	28	
		石方	$100m^3$	1017001	23	
2	M7.5浆砌块石台、墙		$10m^3$	4032005	80	M5砂浆调整为M7.5
3	现浇C25混凝土拱		$10m^3$	4047005	12	C20混凝土调整为C25
4	现浇拱盔及支架		$100m^2$	4089002	2.16	
5	防水层(涂沥青)		$10m^2$	4103005	33.93	
6	沉降缝		m^2	4106008	32.6	

四、答:

1. 外购碎石预算单价计算

$(25 + 25 \times 0.5 \times 1.5 \times 1.5) \times 1.01 \times 1.025 = 55.00$(元/$m^3$)

2. 考虑利用隧道弃渣自行加工碎石预算单价计算

片石单价计算:隧道弃渣不需再进行开采,根据定额规定套用检清片石定额计算片石单价,即:

$36 \times 15 \times 1.15 \div 100 = 6.21$(元/$m^3$)

碎石单价计算:

$(90.1 \times 15 \times 1.15 + 117.6 \times 6.21 + 11 \times 100 + 11 \times 120) \div 100 = 47.05$(元/$m^3$)

3. 综合选定

由于利用隧道弃渣加工碎石单价低于外购碎石单价,因此本项目碎石应利用隧道弃渣进行加工。即本项目2cm碎石预算单价为47.05元/m^3。

4. 2cm碎石预算单价综合计算

由于利用隧道弃渣加工碎石仅能满足200m隧道混凝土工程的需要,即自采加工碎石的比重为：

200 ÷ 500 = 0.4

因此，本项目2cm碎石预算单价为：

55.00 × 0.6 + 47.05 × 0.4 = 51.82(元/m^3)

五、答：

1. 建设成本的计算

A方案：120 × 710 850 + 45 × 771 780 + 28 × 832 710 = 143 347 980(元)

B方案：85 × 710 850 + 45 × 771 780 + 28 × 832 710 = 118 468 230(元)

2. 大修成本的计算

A方案：(120 × 710 850 + 4.5 × 710 850 + 1 000 000 + 2 000 000) × (1 + 5%) − 15 × [1 − (1 + 5%) − 90] ÷ [1 − (1 + 5%) − 15] = 91 500 825 × 0.915 4 = 83 759 855(元)

B方案：(85 × 710 850 + 8 × 710 850 + 1 000 000 + 2 000 000) × (1 + 5%) − 10 × [1 − (1 + 5%) − 90] ÷ [1 − (1 + 5%) − 10] = 69 109 050 × 1.570 4 = 108 528 852(元)

3. 社会成本计算

A方案：500 000 × [(1 + 5%)100 − 1] ÷ [5% × (1 + 5%)100] = 500 000 × 19.847 9 = 9 923 950(元)

B方案：1 000 000 × [(1 + 5%)100 − 1] ÷ [5% × (1 + 5%)100] = 1 000 000 × 19.847 9 = 19 847 900(元)

4. 确定项目全寿命周期成本

A方案：143 347 980 + 83 759 855 + 9 923 950 = 237 031 785(元)

B方案：118 468 230 + 108 528 852 + 19 847 900 = 246 844 982(元)

5. 确定合理方案

由于237 031 785元 < 246 844 982元，因此A方案比B方案经济(即应选择沥青混凝土路面设计方案)。

六、答：

1. 钻孔灌注桩护筒数量的确定

根据钻孔土质情况，拟定桥台钻孔桩的护筒长度平均为2.0m。其质量为：

8 × 2 × 2 × 0.580 3 = 18.570(t)

根据钻孔土质情况，拟定桥墩钻孔桩的护筒长度平均为8.0m。其质量为：

6 × 4 × 8 × 0.580 3 = 111.418(t)

2. 水中施工钻孔工作平台数量的确定

根据承台平面尺寸，拟定工作平台尺寸为10 × 25m，其面积为：

10 × 25 × 4 = 1 000(m^2)

3. 灌注桩混凝土数量的计算

(67 + 333 + 160 + 87 + 862 + 176 + 27) × 2.52 × π ÷ 4 = 8 403.76(m^3)

4. 承台采用钢套箱施工，按低桩承台考虑，钢套箱高度按高出水面0.5m计算，其质量按150kg/m^2计算，为：

$$(8+20)\times 2\times 5.5\times 0.15\times 4=184.8(t)$$

序号	工程细目			定额代号	单位	数量	定额调整或系数
1	径2.5m	孔深40m内	砂、黏土	4025085	10m	6.7	
2			砂砾	4025086	10m	33.3	
3			软石	4025089	10m	16	
4		孔深60m内	砂、黏土	4025204	10m	8.7	
5			砂砾	4025205	10m	86.2	
6			软石	4025208	10m	17.6	
7			次坚石	4025209	10m	2.7	
8	灌注桩混凝土			4027010	$10m^3$	840.376	
9	护筒		桥台	4028001	t	18.570	
10			桥墩	4028002	t	111.418	
11	水中施工工作平台			4029001	$100m^2$	10	
12	灌注桩钢筋			4027011	t	329	
13	承台封底混凝土			4037011	$10m^3$	64	
14	承台混凝土			4037010	$10m^3$	192	
15	承台钢筋			4037013	t	91	
16	钢套箱			4010001	10t	18.48	
17	抽换人工、250L搅拌机			—	$10m^3$	1 096.376	
18	混凝土搅拌站拌和			4110006	$10m^3$	840.376	1.226
19	混凝土搅拌站拌和			4110006	$10m^3$	256	1.04

2005 年乙级公路工程造价人员资格考试案例分析试题

一、用工作日写实法测算某项工作的测时数据如下：

项　目	测时编号							
	1	2	3	4	5	6	7	8
完成的工作量（件）	12	24	32	10	15	20	20	25
消耗时间（小时）	19.2	25.8	32.8	14.9	18.3	18.9	21.3	23.5

问题：（15 分）（计算时均取三位小数）

假定该工作的非工作耗时（指准备工作时间、合理中断和休息时间及结束整理时间）占定额时间的 11%，请确定施工定额。

二、某桥梁基础为 1.5m 挖孔灌注桩，造价工程师编制的施工图预算如下表所示：

序号	工程细目	定额代号	单　位	数　量	定额调整或系数
1	挖孔（土）	4020001	$10m^3$	42.4	
2	挖孔（石）	4020002	$10m^3$	98.8	
3	挖孔桩混凝土	4027001	$10m^3$	141.2	
4	挖孔桩钢筋	4025208	t	132.6	
5					
6					
7					
8					
9					
10					

问题：（15 分）

请问该造价工程师编制的造价文件中存在哪些问题？根据你的理解请改正这些问题，并在上表中补充修改。

三、××二级公路建设项目路基土石方的工程量（断面方）见下表：

挖方（m^3）		填方（m^3）		借方填方（m^3）	
普通土	次坚石	土方	石方	普通土	次坚石
470 700	1 045 000	582 400	1 045 200	200 000	11 500

问题:(20 分)

1. 请问本项目土石方的计价方数量、断面方数量、利用方数量(天然密实方)、借方数量(天然密实方)和弃方数量各是多少?

2. 假设土的压实干密度为 1.35t/m³,自然状态土的含水率约低于其最佳含水率 1.5%,请问为达到压实要求,应增加的用水量是多少?

3. 假设填方路段路线长 20.000km,路基宽度 12.00m,大部分均为农田。平均填土高度为 2.00m,边坡坡率为 1∶1.5,请问耕地填前压料的工程数量应是多少?

四、某高速公路沥青路面项目,路线长 36km,行车道宽度 22m,沥青混凝土厚度 18cm。在距路线两端 1/3 处各有 1 处较平整场地适宜设置沥青拌和场,上路距离均为 200m,根据经验估计每设置 1 处拌和场的费用约为 90 万元。施工组织提出了设 1 处和 2 处拌和场的两种施工组织方案进行比选。

问题:(25 分)

假设施工时工料机价格水平与定额基价一致,请从经济角度出发,选择费用较省的施工组织方案?

五、某隧道工程长约 500m,隧道围岩为石灰岩。隧道洞口地势较平坦,隧道弃渣堆放在洞口附近。距隧道洞口 35km 处有一碎石料场,2cm 碎石供应价为 25 元/m³(含装卸费等杂费)。当地运价标准为 0.5 元/(t · km),人工工资单价 15 元/工日,250 × 150 电动碎石机台班预算单价 100 元/台班,滚筒式筛分机台班预算单价 120 元/台班。

问题:(30 分)

假设隧道弃渣经破碎筛分后能满足隧道混凝土工程需要,请合理确定本项目 2cm 碎石的预算单价。(计算结果均取两位小数)

六、某大桥工程,桥梁全长 1 002m,上部构造为 13 × 30m + 20 × 30m 先简支后连续预应力混凝土(后张法)T 形梁结构,每孔桥 14 片梁,梁高 1.8m,梁顶宽 1.5m,梁底宽 48cm,上部构造预制安装总工期按 8 个月计算,每片梁预制周期按 8 天计算。主要工程量见下表:

<table>
<tr><th>序号</th><th colspan="3">工程项目名称</th><th>单 位</th><th>工 程 量</th><th>备 注</th></tr>
<tr><td rowspan="2">1</td><td rowspan="5">30mT 梁</td><td rowspan="2">C50 混凝土</td><td>现浇</td><td>m³</td><td>2 696</td><td rowspan="5">锚具数量:OVM15—7:3234 套</td></tr>
<tr><td>预制</td><td>m³</td><td>9 243</td></tr>
<tr><td>2</td><td colspan="2">钢绞线</td><td>t</td><td>296.136</td></tr>
<tr><td>3</td><td colspan="2">Ⅰ级钢筋</td><td>t</td><td>724.954</td></tr>
<tr><td>4</td><td colspan="2">Ⅱ级钢筋</td><td>t</td><td>1 224.839</td></tr>
</table>

问题:(15 分)

在不考虑构件运输的情况下,请列出该桥梁工程上部构造施工图预算所涉及的相关定额的名称、单位、定额代号、数量、定额调整等内容并填入表格中,需要时应列式计算或文字说明。

参考答案

一、答:

1. 完成每件产品的耗时

项　目	测时编号							
	1	2	3	4	5	6	7	8
完成每件产品耗时(h)	1.6	1.075	1.025	1.49	1.22	0.945	1.065	0.94

2. 完成每件产品的平均耗时

(1.6 + 1.075 + 1.025 + 1.49 + 1.22 + 0.945 + 1.025 + 0.94) ÷ 8 = 1.17(h/件)

3. 完成每件产品的先进平均耗时

(1.075 + 1.025 + 0.945 + 1.065 + 0.94) ÷ 5 = 1.01(h/件)

4. 完成每件产品的平均先进耗时

(1.17 + 1.01) ÷ 2 = 1.09(h/件)

5. 完成每件产品的施工定额

1.09 ÷ (1 - 11%) ÷ 8 = 0.153(工日/件)

二、答:

造价文件中存在的问题是:漏计挖孔桩的护壁费用,挖孔数量中漏计护壁的数量,挖孔桩钢筋定额代号错误。

1. 定额代号修改

序号	工程细目	定额代号	单　位	数　量
1	挖孔桩钢筋	4027011		

2. 补充挖孔桩护壁的费用

序号	工程细目	定额代号	单　位	数　量
1	现浇护壁	5108113	$10m^3$	40.16

或

序号	工程细目		定额代号	单　位	数　量
1	预制护壁	预制	4028008	$10m^3$	40.16
		安装	4020003	10m	79.9

3. 补充挖护壁的费用

序号	工程细目	定额代号	单　位	数　量
1	挖土	4020001	$10m^3$	12.06
	挖石	4020002	$10m^3$	28.1

注:在挖孔桩挖土、石细目的定额调整栏填入 1.284 的系数也为正确。

三、答:

1. 计价方数量 470 700 + 1 045 000 + 200 000 + 11 500 = 1 727 200(m^3)

2. 断面方数量 470 700 + 1 045 000 + 582 400 + 1 045 200 = 3 143 300(m^3)

3. 利用方数量(582 400 - 200 000) × 1.16 + (1 045 200 - 11 500) × 0.92 = 1 394 588(m^3)

4. 借方数量 200 000 × 1.16 + 11 500 × 0.92 = 242 580(m^3)

5. 弃方数量

470 700 - (582 400 - 200 000) × 1.16 + 1 045 000 - (1 045 200 - 11 500) × 0.92 = 121 112(m^3)

6. 土方压实需加水数量 582 400 × 1.35 × 1.5% = 11 794(m^3)

7. 耕地填前压实数量 20 000 × (12 + 2 × 1.5 × 2) = 360 000(m^2)

四、答:

1. 混合料综合平均运距计算

设置 1 处拌和场:

拌和场设置在路线 1/3 处,距路线起终点分别为 12km 和 24km,平均运距分别为 6km 和 12km,其混合料综合平均运距为:

(36 ÷ 3 × 36 ÷ 3 ÷ 2 + 36 ÷ 3 × 2 × 36 ÷ 3 × 2 ÷ 2) ÷ 36 + 0.2 = 10.2(km)

设置 2 处拌和场:

拌和场设置在距路线两端 1/3 处,两个拌和场供料范围均为 18km,每个拌和场距其供料路段的起终点分别为 12km 和 6km,平均运距分别为 6km 和 3km,其混合料综合平均运距为:

(36 ÷ 3 × 36 ÷ 3 ÷ 2 + 36 ÷ 3 ÷ 2 × 36 ÷ 3 ÷ 2 ÷ 2) × 2 ÷ 36 + 0.2 = 5.2(km)

2. 混合料运输费用计算

混合料工程量 = 0.18 × 22 × 36 000 = 142 560m^3

设置 1 处拌和场时混合料运输费用为:

(841 + 115 × 9.2) × 142 560 ÷ 100 = 2 707 214(元)

设置 2 处拌和场时混合料运输费用为:

(841 + 115 × 4.2) × 142 560 ÷ 100 = 1 887 494(元)

3. 两方案的经济性比较

设置 1 处拌和场时的综合费用为:900 000 + 2 707 214 = 3 607 214(元)

设置 2 处拌和场时的综合费用为:900 000 × 2 + 1 887 494 = 3 687 494(元)

由于设置 1 处拌和场的综合费用低于设置 2 处拌和场的综合费用,从经济角度出发,推荐设置 1 处拌和场的施工组织方案。

五、答:

1. 外购碎石预算单价计算(25 + 35 × 0.5 × 1.5) × 1.01 × 1.025 = 53.06 元/m^3

2. 考虑利用隧道弃渣自行加工碎石预算单价计算

片石单价计算:隧道弃渣不需要再进行开采,根据定额规定套用检清片石定额计算片石单价,即:36 × 15 × 1.15 ÷ 100 = 6.21 元/m^3

碎石单价计算：$(90.1\times15\times1.15+117.6\times6.21+11\times100+11\times120)\div100=47.05$ 元/m^3

3. 综合选定

由于利用隧道弃渣加工碎石单价低于外购碎石单价，因此本项目碎石应利用隧道弃渣进行加工，即本项目 2cm 碎石预算单价为 47.05 元/m^3。

六、答：

1. 预制底座计算

需要预制的 T 形梁的数量：$(13+20)\times14=462$（片）

T 形梁的预制安装总工期为 8 个月，考虑到预制与安装存在一定的时差，本题按 1 个月考虑，因此，预制与安装的工期均按 7 个月计算，每片梁预制需要 8 天，故需要底座数量为：

$462\times8\div210=17.6$（个），即底座数量应不少于 18 个。

底座面积为：$18\times(30+2)\times(1.5+1)=1\ 440(m^2)$

2. 吊装设备计算

场地龙门架：应配备两套（即预制一套、存梁一套），质量参考预算定额的参考质量按跨径 20m、高 12m 计算，即：$43.9\times2=87.8$(t)。设备使用期按安装、拆除 1 个月，使用 8 个月共 9 个月计算。

架桥机：假定按每天安装 3 片梁，全桥共需：$462\div3\div30=5.13$ 个月，全桥配一套架桥机可以在规定工期内完成，质量参考预算定额中的参考质量计算，即 130t。设备使用期按安装、拆除 2 个月，使用 7 个月共 9 个月计算。

3. 预应力钢绞线束数量的计算

$3\ 234\div2\div293.136=5.46$（束/t）。

序号	工 程 细 目	定额代号	单　位	数　量	定额调整或系数
1	T 梁预制	4062001	$10m^3$	924.3	C40 混凝土调整为 C50
2	Ⅰ级钢筋	4062002	1t	724.954	Ⅰ级 1.025，Ⅱ级 0
3	Ⅱ级钢筋	4062002	1t	1 224.839	Ⅰ级 0，Ⅱ级 1.025
4	T 梁安装	4062005	$10m^3$	924.3	
5	现浇 T 梁	4062006	$10m^3$	269.6	C40 混凝土调整为 C50
6	预应力钢绞线	4068032	1t	296.136	—
7		4068033	1t	296.136	−0.04
8	大梁预制底座	4108001	$10m^2$	144	—
9	T 梁运输出坑堆放	4086006	$10m^3$	924.3	—
10	双导梁	4079002	10t	13	设备摊销费，4 950
11	预制场龙门架	4079004	10t	8.78	设备摊销费，4 950

2006 年甲级公路工程造价人员资格考试案例分析试题

一、某工作采用统计分析法编制劳动定额，有关统计数据如下表：

项　目	数据组编号								
	1	2	3	4	5	6	7	8	9
完成的工程量(件)	2	5	12	3	7	4	6	10	2
消耗时间(min)	85	190	450	126	266	165	240	368	78

根据经验，在工作期间，准备与结束工作时间约占总时间的5%，由于材料供应或停电造成的停工时间约占总时间的10%，不可避免的休息时间约占10%。

问题：(15 分)(计算时均取三位小数)

请根据上述资料按平均先进水平编制该工作的产量定额。

二、某工地有一台水泥混凝土拌和站，其动力依靠工地配备的柴油发电机组供应。假定当地柴油价格为5.00 元/kg，人工工资单价为20.00 元/工日，发电机组总功率为300kW，拌和站和发电机组的基本情况如下表：

项　目	机械名称	
	水泥混凝土拌和站	发电机组
折旧费(元/台班)	800	200
大修理费(元/台班)	150	90
经常修理费(元/台班)	250	200
安装拆卸及辅助设施费(元/台班)	0	10
人工(工日/台班)	8	2
电[(kW·h)/台班]	700	
柴油(kg/台班)		300

问题：(15 分)(计算时均取两位小数)

请计算水泥混凝土拌和站的机械台班预算单价。

三、某桥梁工程全长460m，上部构造为15×30m 预应力T 梁，上部构造施工有两种方案可供选择。方案A 为现场预制T 梁，方案B 为购买半成品T 梁。

已知：每片T 梁混凝土方量为25m³，每孔桥由6 片梁组成。半成品T 梁的购买单价为15 000元/片，运输费用为20 元/m³。现场预制梁混凝土拌和站安拆及场地处理费为30 万元，预制底座费用为30 000 元/个，现场混凝土预制费用为400 元/m³，现场预制其他费用为2 万元/月，每片梁预制周期为10 天。

问题：(20 分)

假设T梁预制工期为8个月，请从经济角度比较A、B两个方案的优劣。

四、某土方开挖项目，土方总量30 000m^3，运土平均距离5km，计划工期20天，施工单位现有斗容量0.5、0.75、1.0m^3挖掘机各2台及4、8、15t自卸汽车各10台，其主要参数如下：

挖掘机：

斗容量(m^3)	0.5	0.75	1.00
台班产量(m^3)	400	550	700
台班价格(元/台班)	450	500	700

自卸汽车：

载重能力	4t	8t	15t
运距5km台班产量(m^3)	40	60	100
台班价格(元/台班)	300	400	700

问题：(30 分)

1. 挖掘机和自卸汽车按表中型号只能取一种，如何组合最经济？

2. 若按两班制组织施工，则需配备几台挖掘机和几台自卸汽车？

3. 按照选定的机械配备，计算该土方工程的实际工期。

五、某公路设计有A、B两个方案，两条路线的交通量预测结果均为日平均流量5 000辆。假设该公路营运年限为20年，残值为0，期间不进行大修，基准收益率10%，其他数据如下表：

项　目	方案A	方案B
里程(km)	20	15
初期建设投资(万元)	5 000	6 000
年维护运行费(万元/公里年)	0.8	0.9
运输时间费用节约(元/辆)	2.5	3.0

问题：(30 分)(计算结果均取两位小数)

请从项目全寿命周期的角度比较两个方案的优劣。

六、某隧道工程全长1 800m，其中V级围岩(对应原II类围岩)设计开挖断面面积100m^2，占隧道总长的20%，实际开挖数量38 000m^3；IV级围岩(对应原III类围岩)设计开挖断面面积90m^2，占隧道总长的40%，实际开挖数量68 000m^3；III级围岩(对应原IV类围岩)设计开挖断面面积80m^2，占隧道总长的40%，实际开挖数量59 500m^3；洞外出渣运距为1 600m，超挖部分回填采用M7.5浆砌片石。

问题：(30 分)

请列出该隧道工程施工图预算所涉及的相关定额的名称、单位、定额代号、数量、定额调整等内容并填入表格中，需要时应列式计算或文字说明。

序号	工程细目	定额代号	单　位	数　量	定额调整或系数
1					
2					
3					
4					
5					
6					
7					
8					
9					
10					
11					
12					
13					
14					
15					
16					
17					
18					
19					
20					
21					
22					
23					
24					

参考答案

一、答：

按算术平均方法计算：

1. 完成每件产品的耗时

项　目	数据组编号								
	1	2	3	4	5	6	7	8	9
完成每件产品耗时(min)	42.5	38	37.5	42	38	41.25	40	36.8	39

2. 完成每件产品的平均耗时

(42.5 + 38 + 37.5 + 42 + 38 + 41.25 + 40 + 36.8 + 39) ÷ 9 = 39.45(min/件)

3. 完成每件产品的先进平均耗时

(38 + 37.5 + 38 + 36.8 + 39) ÷ 5 = 37.86(min/件)

4. 完成每件产品的平均先进耗时

(37.86 + 39.45) ÷ 2 = 38.655(min/件)

5. 扣除非定额时间的影响，完成每件产品的定额时间

38.655 × (1 − 10%) = 34.79(min/件)

6. 产量定额

8 × 60 ÷ 34.79 = 13.797(件/工日)

按加权平均方法计算：

1. 完成每件产品的耗时，同算术平均计算方法

2. 完成每件产品的平均耗时

(85 + 190 + 450 + 126 + 266 + 165 + 240 + 368 + 78) ÷ (2 + 5 + 12 + 3 + 7 + 4 + 6 + 10 + 2) = 38.588(min/件)

3. 完成每件产品的先进平均耗时

(190 + 450 + 266 + 368) ÷ (5 + 12 + 7 + 10) = 37.471(min/件)

4. 完成每件产品的平均先进耗时

(37.471 + 38.588) ÷ 2 = 38.03(min/件)

5. 扣除非定额时间的影响，完成每件产品的定额时间

38.03 × (1 − 10%) = 34.227(min/件)

6. 产量定额

8 × 60 ÷ 34.227 = 14.024(件/工日)

二、答：

1. 计算发电机组的台班预算单价

不变费用 = 200 + 90 + 200 + 10 = 500(元/台班)

可变费用 =2 ×20 +300 ×5 =1 540(元/台班)

发电机组台班单价 =500 +1 540 =2 040(元/台班)

2. 计算自发电电价

根据编制办法中电价计算公式 A =0.34 ×发电机组台班单价 ÷发电机组总功率

电价 =0.34 ×2 040 ÷300 =2.31[元/(kW·h)]

3. 计算水泥混凝土拌和站台班预算单价

不变费用 =800 +150 +250 =1 200(元/台班)

可变费用 =8 ×20 +700 ×2.31 =1 777(元/台班)

计算水泥混凝土拌和站台班预算单价 =1 200 +1 777 =2 977(元/台班)

三、答:

1. 预制底座数量的计算

T 形梁片数的计算:15 ×6 =90(片)

T 形梁混凝土数量的计算:90 ×25 =2 250(m^3)

T 梁预制周期为 10 天,8 个月工期每个底座可预制 8 ×3 =24(片)

预制底座数量的计算:90 ÷24 =3.75(个)

因此,应设置 4 个底座。

2. A、B 方案的经济性比较

A 方案费用的计算:

300 000 +4 ×30 000 +2 250 ×400 +20 000 ×8 =1 480 000(元)

B 方案费用的计算:

(15 000 +20 ×25) ×90 =1 395 000(元)

因为 A 方案费用高于 B 方案费用,因此,从经济角度比较,B 方案优于 A 方案。

四、答:

1. 最经济组合计算:

各型号挖掘机挖每 m^3 土的费用:

斗容 0.5m^3 挖掘机:450 ÷400 =1.13(元/m^3)

斗容 0.75m^3 挖掘机:500 ÷550 =0.91(元/m^3)

斗容 1.00m^3 挖掘机:700 ÷700 =1.00(元/m^3)

各型号自卸车运 5km 每 m^3 土费用:

4t 自卸汽车:300 ÷40 =7.5(元/m^3)

8t 自卸汽车:400 ÷60 =6.67(元/m^3)

15t 自卸汽车:700 ÷100 =7.0(元/m^3)

选用斗容 0.75m^3 挖掘机和 8t 自卸汽车费用最经济。

2. 每天需要的挖掘机和自卸汽车数量

总共 30 000m^3 土方,工期 20 天,每天按 2 班组织施工,按前面选定的型号,每天需挖掘机:30 000 ÷20 ÷2 ÷550 =1.36(台)

故应选择配备 2 台挖掘机。

挖掘机与自卸汽车配备比例关系为:550 ÷ 60 = 9.17,取 9 台。

所以每台挖掘机应配备 9 台 8t 自卸汽车,共需 18 台,但施工单位只有 10 台 8t 自卸汽车,应采用 15t 自卸汽车代替。

所需 15t 自卸汽车数量:(18 - 10) × 60 ÷ 100 = 4.8(台),取 5 台。

即每天配备斗容 $0.75m^3$ 挖掘机 2 台、8t 自卸汽车 10 台、15t 自卸汽车 5 台。

3. 实际工期计算

按挖掘机生产能力计算:

工期 = 30 000 ÷ 2 ÷ 2 ÷ 550 = 13.63(天)

按自卸汽车生产能力计算:

工期 = 30 000 ÷ 2 ÷ (10 × 60 + 5 × 100) = 13.64(天)

所以,完成土方施工工期为 13.64 天。

五、答:

按现值法计算:

1. 计算项目生命周期成本,包括初期建设成本和运营期维护运行和养护费用

A 方案初期建设成本:5 000 万元

A 方案年维护运行费:0.8 × 20 = 16(万元/年)

A 方案维护运行费现值:$\frac{(1+10\%)^{20}-1}{10\%\times(1+10\%)^{20}}$ = 136.22(万元)

A 方案生命周期成本现值:5 000 + 136.22 = 5 136.22(万元)

B 方案初期建设成本:6 000 万元

B 方案年维护运行费:0.9 × 15 = 13.5(万元/年)

B 方案维护运行费现值:$\frac{(1+10\%)^{20}-1}{10\%\times(1+10\%)^{20}}$ = 114.93(万元)

B 方案生命周期成本现值:6 000 + 114.93 = 6 114.93(万元)

2. 计算各方案效益(即运输时间节约费用)

A 方案年运输时间节约费用:365 × 5 000 × 2.5 ÷ 10 000 = 456.25(万元/年)

A 方案效益费用现值:$\frac{(1+10\%)^{20}-1}{10\%\times(1+10\%)^{20}}$ = 3 884.31(万元)

B 方案年运输时间节约费用:365 × 5 000 × 3 ÷ 10 000 = 547.50(万元/年)

B 方案效益费用现值:$\frac{(1+10\%)^{20}-1}{10\%\times(1+10\%)^{20}}$ = 4 661.18(万元)

3. 计算两个方案的成本效益合计(成本 - 效益)

A 方案:5 136.22 - 3 884.31 = 1 251.91(万元)

B 方案:6 114.93 - 4 661.18 = 1 453.75(万元)

4. 确定合理方案

由于 1 251.91 万元 < 1 453.75 万元,A 方案成本效益合计小于 B 方案,因此 A 方案优于 B 方案。

按终值法计算:

1. 计算项目生命周期成本终值,包括初期建设成本和运营期维护运行和养护费用

A 方案初期建设成本终值:5 000 ×(1 +10%)20 =33 637.4998(万元)

A 方案年维护运行费:0.8 ×20 =16(万元/年)

A 方案维护运行费终值:$16\times\dfrac{(1+10\%)^{20}-1}{10\%}=916.400\ 0$(万元)

A 方案生命周期成本终值:33 637.499 8 +916.400 0 =34 553.899 8(万元)

B 方案初期建设成本终值:6 000 ×(1 +10%)20 =40 364.999 7(万元)

B 方案年维护运行费:0.9 ×15 =13.5(万元/年)

B 方案维护运行费终值:$\dfrac{(1+10\%)^{20}-1}{10\%}=773.212\ 5$(万元)

B 方案生命周期成本终值:40 364.999 7 +773.212 5 =41 138.212 2(万元)

2. 计算各方案效益(即运输时间节约费用)

A 方案年运输时间节约费用:365 ×5 000 ×2.5 ÷10 000 =456.25(万元/年)

A 方案效益费用终值:$\dfrac{(1+10\%)^{20}-1}{10\%}=26\ 131.718\ 5$(万元)

B 方案年运输时间节约费用:365 ×5 000 ×3 ÷10 000 =547.50(万元/年)

B 方案效益费用终值:$\dfrac{(1+10\%)^{20}-1}{10\%}=31\ 358.062\ 2$(万元)

3. 计算两个方案的成本效益合计(成本 - 效益)

A 方案:34 553.899 8 -26 131.718 5 =8 422.181 3(万元)

B 方案:41 138.212 2 -31 358.062 2 =9 780.150 0(万元)

4. 确定合理方案

由于 8 422.181 3 万元 <9 780.150 0 万元,A 方案成本效益合计小于 B 方案,因此 A 方案优于 B 方案。

按年值法计算:

1. 计算项目生命周期成本,包括初期建设成本和运营期维护运行和养护费用

A 方案初期建设成本年值:$5\ 000\times\dfrac{10\%\times(1+10\%)^{20}}{(1+10\%)^{20}-1}=587.298\ 1$(万元/年)

A 方案年维护运行费:0.8 ×20 =16.000 0(万元/年)

A 方案生命周期年成本:587.298 1 +16.000 0 =603.298 1(万元/年)

B 方案初期建设成本年值:$\dfrac{10\%\times(1+10\%)^{20}}{(1+10\%)^{20}-1}=704.757\ 7$(万元/年)

B 方案年维护运行费:0.9 ×15 =13.500 0(万元/年)

B 方案生命周期年成本:704.757 7 +13.500 0 =718.257 7(万元/年)

2. 计算各方案效益(即运输时间节约费用)

A 方案年运输时间节约费用:365 ×5 000 ×2.5 ÷10 000 =456.250 0(万元/年)

B 方案年运输时间节约费用:365 ×5 000 ×3 ÷10 000 =547.500 0(万元/年)

3. 计算两个方案的成本效益合计(成本 - 效益)

A 方案:603.298 1 -456.250 0 =147.048 1(万元/年)

B 方案:718.257 7 -547.500 0 =170.757 7(万元/年)

4. 确定合理方案

由于147.048 1万元/年<170.757 7万元/年,A方案成本效益合计小于B方案,因此A方案优于B方案。

六、答:

1. 洞身开挖数量计算

按照定额中的工程量计算规则,开挖数量 = 设计开挖断面 × 隧道长度,定额中已考虑超挖因素,不得将超挖数量计入工程量。

V级围岩开挖数量:1 800 × 20% × 100 = 36 000(m^3)

根据定额说明规定V级围岩应为土质

IV级围岩开挖数量:1 800 × 40% × 90 = 64 800(m^3)

根据定额说明规定IV级围岩应为软石

III级围岩开挖数量:1 800 × 40% × 80 = 57 600(m^3)

根据定额说明规定III级围岩应为次坚石

2. 隧道长度系数调整计算

隧道长度为1 800m,施工工作面距洞口的距离为:1 800 ÷ 2 = 900(m),大于定额中规定的500m,因此应增加长度调整系数。由于900 − 500 = 400(m) < 500m,按规定洞身开挖项目中的人工和施工机械只能增加5%。

3. 弃渣洞外运输调整

定额中洞外出渣距离200m,本隧道出渣距离达1 600m,应增加运距1.4km,按规定采用路基工程中增运定额计算。

4. 回填工程量计算

根据定额规定,回填工程量为设计容许超挖量,一般控制在设计开挖量的4%以内。

V级围岩超挖数量:38 000 − 36 000 = 2 000(m^3),占设计开挖数量的2 000 ÷ 36 000 = 5.56%,超出定额规定,回填数量应为:36 000 × 4% = 1 440(m^3)

IV级围岩超挖数量:68 000 − 64 800 = 3 200(m^3),占设计开挖数量的3 200 ÷ 64 800 = 4.94%,同样超出定额规定,回填数量应为:64 800 × 4% = 2 592(m^3)

III级围岩超挖数量:59 500 − 57 600 = 1 900(m^3),占设计开挖数量的1 900 ÷ 57 600 = 3.3%,符合定额规定,回填数量应为:1 900(m^3)

回填工程量 = 1 440 + 2 592 + 1 900 = 5 932(m^3)

序号	工程细目		定额代号	单位	数量	定额调整或系数
1	隧道洞身开挖	土质	3003001	100m^3	360	人工1.05,机械1.05
2		软石	3003002	100m^3	648	人工1.05,机械1.05
3		次坚石	3003003	100m^3	576	人工1.05,机械1.05
4	弃渣增运	土方	1013010	1 000m^3	36	定额×3
5		石方	1013022	1 000m^3	122.4	定额×3
6	拱顶边墙回填		3009002	10m^3	593.2	

注:本题评分时,隧道弃渣运输采用12~15t的自卸汽车均为正确答案。

2006年乙级公路工程造价人员资格考试案例分析试题

一、某三级公路施工图设计提供的路基土石方表如下：

挖方(m^3)		本桩利用(m^3)		远运利用(m^3)		填方(m^3)	
普通土	软石	土方	石方	土方	石方	土方	石方
60 000	20 000	11 550	2 100	40 950	10 500	80 000	30 000

问题：(15分)(注：表中利用方数量均为天然密实方)

假设借土方为普通土，请根据上表数据计算本项目土石方的计价方数量、断面方数量、利用方数量、借方数量和弃方数量各是多少？

二、某工作采用统计分析法编制劳动定额，有关统计数据如下表：

项　目	数据组编号								
	1	2	3	4	5	6	7	8	9
完成的工程量(件)	2	5	12	3	7	4	6	10	2
消耗时间(min)	85	190	450	126	266	165	240	368	78

根据经验，在工作期间，准备与结束工作时间约占总时间的5%，由于材料供应或停电造成的停工时间约占总时间的10%，不可避免的休息时间约占10%。

问题：(20分)(计算时均取三位小数)

请根据上述资料按平均先进水平编制该工作的产量定额。

三、某工地有一台水泥混凝土拌和站，其动力依靠工地配备的柴油发电机组供应。假定当地柴油价格为5.00元/kg，人工工资单价为20.00元/工日，发电机组总功率为300kW，拌和站和发电机组的基本情况如下表：

项　目	机械名称	
	水泥混凝土拌和站	发电机组
折旧费(元/台班)	800	200
大修理费(元/台班)	150	90
经常修理费(元/台班)	250	200
安装拆卸及辅助设施费(元/台班)	0	10
人工(工日/台班)	8	2
电[(kW·h)/台班]	700	
柴油(kg/台班)		300

问题:(20 分)(计算时均取两位小数)

请计算水泥混凝土拌和站的机械台班预算单价。

四、某桥梁工程全长460m,上部构造为15×30m 预应力 T 梁,上部构造施工有两种方案可供选择。方案 A 为现场预制 T 梁,方案 B 为购买半成品 T 梁。

已知:每片 T 梁混凝土方量为 $25m^3$,每孔桥由 6 片梁组成。半成品 T 梁的购买单价为 15 000元/片,运输费用为 20 元/m^3。现场预制梁混凝土拌和站安拆及场地处理费为 30 万元,预制底座费用为 30 000 元/个,现场混凝土预制费用为 400 元/m^3,现场预制其他费用为 2 万元/月,每片梁预制周期为 10 天。

问题:(25 分)

假设 T 梁预制工期为 8 个月,请从经济角度比较 A、B 两个方案的优劣。

五、某盖板涵工程,孔径 3m,台高 3m,涵长 31m,其施工图设计主要工程量如下表:

序号	项 目	单 位	工 程 量
1	基坑土方	m^3	420
2	C20 混凝土基础	m^3	250
3	C20 混凝土台墙	m^3	280
4	C20 混凝土帽石	m^3	0.5
5	C30 混凝土矩形板	m^3	52
6	矩形板光圆钢筋	kg	500
7	矩形板带肋钢筋	kg	4 500

问题:(25 分)

请根据上述资料列出本涵洞工程造价所涉及的相关定额的名称、单位、定额代号、数量等内容,并填入表格中,需要时应列式计算。

序号	工 程 细 目	定额代号	单 位	数 量	定额调整或系数
1					
2					
3					
4					
5					
6					
7					
8					
9					
10					
11					
12					

六、某隧道工程全长800m,其中V级围岩(对应原II类围岩)设计开挖断面面积$100m^2$,占隧道总长的20%,实际开挖数量17 000m^3;IV级围岩(对应原III类围岩)设计开挖断面面积$90m^2$,占隧道总长的40%,实际开挖数量30 000m^3;III级围岩(对应原IV类围岩)设计开挖断面面积$80m^2$,占隧道总长的40%,实际开挖数量26 000m^3;洞外出渣运距为1 700m,超挖部分回填采用M7.5浆砌片石。

问题:(35分)

请列出该隧道工程施工图预算所涉及的相关定额的名称、单位、定额代号、数量、定额调整等内容并填入表格中,需要时应列式计算或文字说明。

序号	工程细目	定额代号	单位	数量	定额调整或系数
1					
2					
3					
4					
5					
6					
7					
8					
9					
10					
11					
12					

参考答案

一、答：

1. 断面方数量

$60\ 000+20\ 000+80\ 000+30\ 000=190\ 000(m^3)$

2. 计价方数量

$60\ 000+20\ 000+80\ 000+30\ 000-11\ 550\div1.05-2\ 100\div0.84-40\ 950\div1.05-10\ 500\div0.84=125\ 000(m^3)$

3. 利用方数量

$11\ 550\div1.05+2\ 100\div0.84+40\ 950\div1.05+10\ 500\div0.84=65\ 000(m^3)$

4. 借方数量

$80\ 000-(11\ 550+40\ 950)\div1.05+30\ 000-(2\ 100+10\ 500)\div0.84=45\ 000(m^3)$

5. 弃方数量

$60\ 000-11\ 550-40\ 950+20\ 000-2\ 100-10\ 500=14\ 900(m^3)$

二、答：

按算术平均方法计算：

1. 完成每件产品的耗时

项　目	数据组编号								
	1	2	3	4	5	6	7	8	9
完成每件产品耗时(min)	42.5	38	37.5	42	38	41.25	40	36.8	39

2. 完成每件产品的平均耗时

$(42.5+38+37.5+42+38+41.25+40+36.8+39)\div9=39.45$(min/件)

3. 完成每件产品的先进平均耗时

$(38+37.5+38+36.8+39)\div5=37.86$(min/件)

4. 完成每件产品的平均先进耗时

$(37.86+39.45)\div2=38.655$(min/件)

5. 扣除非定额时间的影响，完成每件产品的定额时间

$38.655\times(1-10\%)=34.79$(min/件)

6. 产量定额

$8\times60\div34.79=13.797$(件/工日)

按加权平均方法计算：

1. 完成每件产品的耗时，同算术平均计算方法

2. 完成每件产品的平均耗时

(85 + 190 + 450 + 126 + 266 + 165 + 240 + 368 + 78) ÷ (2 + 5 + 12 + 3 + 7 + 4 + 6 + 10 + 2) = 38.588(min/件)

3. 完成每件产品的先进平均耗时

(190 + 450 + 266 + 368) ÷ (5 + 12 + 7 + 10) = 37.471(min/件)

4. 完成每件产品的平均先进耗时

(37.471 + 38.588) ÷ 2 = 38.03(min/件)

5. 扣除非定额时间的影响,完成每件产品的定额时间

38.03 × (1 − 10%) = 34.227(min/件)

6. 产量定额

8 × 60 ÷ 34.227 = 14.024(件/工日)

三、答:

1. 计算发电机组的台班预算单价

不变费用 = 200 + 90 + 200 + 10 = 500(元/台班)

可变费用 = 2 × 20 + 300 × 5 = 1 540(元/台班)

发电机组台班单价 = 500 + 1 540 = 2 040(元/台班)

2. 计算自发电电价

根据编制办法中电价计算公式 A = 0.34 × 发电机组台班单价 ÷ 发电机组总功率

电价 = 0.34 × 2 040 ÷ 300 = 2.31[元/(kW · h)]

3. 计算水泥混凝土拌和站台班预算单价

不变费用 = 800 + 150 + 250 = 1 200(元/台班)

可变费用 = 8 × 20 + 700 × 2.31 = 1 777(元/台班)

计算水泥混凝土拌和站台班预算单价 = 1 200 + 1 777 = 2 977(元/台班)

四、答:

1. 预制底座数量的计算

T 形梁片数的计算:15 × 6 = 90(片)

T 形梁混凝土数量的计算:90 × 25 = 2 250(m^3)

T 梁预制周期为 10 天,8 个月工期每个底座可预制 8 × 3 = 24(片)

预制底座数量的计算:90 ÷ 24 = 3.75(个)

因此,应设置 4 个底座。

2. A、B 方案的经济性比较

A 方案费用的计算:

300 000 + 4 × 30 000 + 2 250 × 400 + 20 000 × 8 = 1 480 000(元)

B 方案费用的计算:

(15 000 + 20 × 25) × 90 = 1 395 000(元)

因为 A 方案费用高于 B 方案费用,因此,从经济角度比较,B 方案优于 A 方案。

五、答：

1. 防水层

防水层采用涂沥青，其数量为：$31\times3=93(m^2)$

2. 沉降缝

按平均5m设一道沉降缝，填缝深度按15cm考虑，则其数量为：

$31\div5-1=5.2$(道)，按5道计算。

$5\times3\times2\times0.15=4.5(m^2)$

序号	工 程 细 目	定额代号	单位	数量	定额调整或系数
1	基坑开挖	4003003	$10m^3$	42	
2	C20 混凝土基础	4037001	$10m^3$	25	C15 混凝土调整为 C20
3	C25 混凝土台墙	4038002	$10m^3$	28	—
4	C30 混凝土帽石	4039001	$10m^3$	0.05	—
5	预制 C30 混凝土矩形板	4057001	$10m^3$	5.2	C20 混凝土调整为 C30
6	安装矩形板	4058002	$10m^3$	5.2	—
7	矩形板钢筋	4057003	1t	5	I 级，0.102、II 级，0.923
8	防水层（涂沥青）	4103005	$10m^2$	9.3	—
9	沉降缝	4106008	m^2	0.45	—

注：本题评分时，沉降缝只要计算合理均为正确答案。

六、答：

1. 计算洞身开挖数量

根据定额说明，开挖工程量按设计断面计算，定额中已考虑超挖因素，不得将超挖数量计入工程量

V 级围岩开挖数量：$800\times20\%\times100=16\,000(m^3)$

根据定额说明规定 V 级围岩应为土质

IV 级围岩开挖数量：$800\times40\%\times90=28\,800(m^3)$

根据定额说明规定 IV 级围岩应为软石

III 级围岩开挖数量：$800\times40\%\times80=25\,600(m^3)$

根据定额说明规定 III 级围岩应为次坚石

2. 隧道长度系数调整计算

隧道长度为800m，在定额规定范围内，不需进行定额调整。

3. 弃渣洞外运输调整

定额中洞外出渣距离200m，本隧道出渣距离达1 700m，应增加运距1.5km，按规定采用路基工程中增运定额计算。

4. 回填工程量计算

根据定额规定，回填工程量为设计容许超挖量，一般控制在设计开挖量的4%以内。

回填工程量 = 实际开挖数量 - 设计开挖数量

= (17 000 + 30 000 + 26 000) - (16 000 + 28 800 + 25 600)

= 2 600 (m^3)

占设计开挖量的比例 = 2 600 ÷ (16 000 + 28 800 + 25 600) = 3.7%

符合定额规定，因此回填工程量为 2 600 (m^3)

序号	工程细目		定额代号	单位	数量	定额调整或系数
1	隧道洞身开挖	土质	3003001	100m^3	160	—
2		软石	3003002	100m^3	288	—
3		次坚石	3003003	100m^3	256	—
4	弃渣增运	土方	1013010	1 000m^3	16	定额×3
5		石方	1013022	1 000m^3	54.4	定额×3
6	拱顶边墙回填		3009002	10m^3	260	

注：本题评分时，隧道弃渣运输采用12～15t的自卸汽车均为正确答案。